"十三五"职业教育国家规划教材

浙江省普通高校新形态教材
浙江省会计优势专业建设项目成果

行业会计比较
（第三版）

新世纪高职高专教材编审委员会 组编
主　编　王忠孝　赵　威　赵　婷
副主编　谢春苗　赵　筠

大连理工大学出版社

图书在版编目(CIP)数据

行业会计比较 / 王忠孝,赵威,赵婷主编. -- 3 版
. -- 大连:大连理工大学出版社,2021.2(2023.1重印)
 新世纪高职高专会计专业系列规划教材
 ISBN 978-7-5685-2738-5

Ⅰ.①行… Ⅱ.①王… ②赵… ③赵… Ⅲ.①部门经济－会计－对比研究－高等职业教育－教材 Ⅳ.
①F235－03

中国版本图书馆 CIP 数据核字(2020)第 203960 号

大连理工大学出版社出版

地址:大连市软件园路 80 号 邮政编码:116023
发行:0411-84708842 邮购:0411-84708943 传真:0411-84701466
E-mail:dutp@dutp.cn URL:https://www.dutp.cn
辽宁星海彩色印刷有限公司印刷 大连理工大学出版社发行

幅面尺寸:185mm×260mm　　印张:15　　字数:365 千字
2012 年 8 月第 1 版　　　　　　　　　　2021 年 2 月第 3 版
2023 年 1 月第 5 次印刷

责任编辑:王　健　　　　　　　　　　责任校对:刘俊如
封面设计:对岸书影

ISBN 978-7-5685-2738-5　　　　　　　　　　定　价:39.80 元

本书如有印装质量问题,请与我社发行部联系更换。

前言

《行业会计比较》(第三版)是"十三五"职业教育国家规划教材,也是新世纪高职高专教材编审委员会组编的会计专业系列规划教材之一。

行业会计比较课程是财务会计类专业的拓展课程。近年来,随着企业"财务业务一体化"的快速发展,除了要求会计学生在具有财务知识和技能的基础上,还要具备一定的业务知识。但不同行业的业务内容有自己的特殊性,无法在会计专业核心课程中系统呈现出来,而行业会计比较课程却可以融入更多的业务内容。因此,行业会计比较课程越来越重要。

本教材按照工作过程系统化思路,采取了全新的编写方式,结合现行企业会计准则和税收政策的变化,对相关行业典型工作任务进行了梳理,结合具体业务,介绍了相关行业会计的具体核算内容和方法。

本教材从学习的系统性考虑,在"绪论"部分阐述了行业会计的基本内容和特点,在此基础上分八个项目,系统讲述了以下内容:商品流通企业会计;运输企业会计;建筑施工企业会计;房地产开发企业会计;旅游、餐饮、服务企业会计;商业银行会计;农业企业会计;行政事业单位会计。

本教材的特点如下:

1.内容体现了现行企业会计准则和法律法规变化。教材中涉及的企业会计准则以及相关税收法律均以更新后的内容为依据编写,具有较强的时效性。如增值税税率调整的税收政策变化等。

2.结合企业实际典型工作任务,实现"业财融合"。教材在以各行业业务为基础、突出各行业自身特色的同时,努力做到"财务业务一体化"讲解。

3.以学以致用为目标,注重职业技能讲解。教材中对基本理论知识讲解简明扼要,并详细、全面地讲述了各行业自身典型工作任务的会计核算方法,注重实务操作,有利于学生提高职业技能。

本教材由浙江金融职业学院王忠孝、浙江工业职业技术学院赵威、新乡职业技术学院赵婷担任主编，由浙江金融职业学院谢春苗、赵筠担任副主编。具体分工如下：王忠孝编写绪论和项目一、项目八；赵威编写项目四、项目五；赵婷编写项目六；谢春苗编写项目二、项目三；赵筠编写项目七。

在编写本教材的过程中，编者参考、引用和改编了国内外出版物中的相关资料以及网络资源，在此表示深深的谢意！相关著作权人看到本教材后，请与出版社联系，出版社将按照相关法律的规定支付稿酬。

本教材可作为高职高专院校财务会计类专业的主干课程教材，也适合作为经济管理类专业选修课程的教材，还可供相关单位培训或学生自学使用。

行业会计比较涉及面广、内容繁多，尽管我们在教材的特色建设方面做出许多努力，但书中难免会有不妥、疏漏之处，敬请广大读者批评指正，并将意见和建议及时反馈给我们，以便修订时完善。

编　者

2021 年 2 月

所有意见和建议请发往:dutpgz@163.com

欢迎访问职教数字化服务平台:https://www.dutp.cn/sve/

联系电话:0411-84707492　84706104

目 录

◎ 绪论　行业会计认知 ········· 1
- 认知一　行业与行业会计 ········· 1
- 认知二　行业会计比较 ········· 5
- 项目小结 ········· 6
- 项目练习 ········· 7

◎ 项目一　商品流通企业会计 ········· 8
- 任务一　商品流通企业会计认知 ········· 8
- 任务二　批发商品流通业务的核算 ········· 12
- 任务三　零售商品流通业务的核算 ········· 26
- 项目小结 ········· 36
- 项目练习 ········· 36

◎ 项目二　运输企业会计 ········· 39
- 任务一　运输企业会计认知 ········· 39
- 任务二　运输企业存货的核算 ········· 40
- 任务三　运输企业营运收入的核算 ········· 45
- 任务四　运输企业营运成本的核算 ········· 51
- 项目小结 ········· 63
- 项目练习 ········· 63

◎ 项目三　建筑施工企业会计 ········· 66
- 任务一　建筑施工企业会计认知 ········· 66
- 任务二　建筑施工材料的核算 ········· 67
- 任务三　建筑施工往来业务的核算 ········· 77
- 任务四　工程成本的核算 ········· 80
- 任务五　工程合同收入与合同费用的核算 ········· 94
- 项目小结 ········· 103
- 项目练习 ········· 103

项目四　房地产开发企业会计 ……………………………………………… 107

- 任务一　房地产开发企业会计认知 ………………………………… 107
- 任务二　开发成本的核算 …………………………………………… 111
- 任务三　开发产品的核算 …………………………………………… 123
- 任务四　营业收入的核算 …………………………………………… 130
- 任务五　物业管理企业会计核算 …………………………………… 135
- 项目小结 ……………………………………………………………… 145
- 项目练习 ……………………………………………………………… 145

项目五　旅游、餐饮、服务企业会计 ……………………………………… 149

- 任务一　旅游、餐饮、服务企业会计认知 ………………………… 149
- 任务二　旅游企业经营业务的核算 ………………………………… 150
- 任务三　餐饮企业经营业务的核算 ………………………………… 157
- 任务四　服务企业经营业务的核算 ………………………………… 164
- 项目小结 ……………………………………………………………… 168
- 项目练习 ……………………………………………………………… 168

项目六　商业银行会计 …………………………………………………… 171

- 任务一　商业银行会计认知 ………………………………………… 171
- 任务二　商业银行会计核算 ………………………………………… 172
- 任务三　中央银行会计核算 ………………………………………… 183
- 项目小结 ……………………………………………………………… 188
- 项目练习 ……………………………………………………………… 188

项目七　农业企业会计 …………………………………………………… 192

- 任务一　农业企业会计认知 ………………………………………… 192
- 任务二　农业企业会计核算 ………………………………………… 193
- 项目小结 ……………………………………………………………… 210
- 项目练习 ……………………………………………………………… 210

项目八　行政事业单位会计 ……………………………………………… 214

- 任务一　行政事业单位会计认知 …………………………………… 214
- 任务二　资产和负债的核算 ………………………………………… 217
- 任务三　净资产的核算 ……………………………………………… 221
- 任务四　收入和费用的核算 ………………………………………… 223
- 项目小结 ……………………………………………………………… 231
- 项目练习 ……………………………………………………………… 232

绪论 行业会计认知

学习目标

1. 了解我国行业划分及行业会计划分；
2. 了解行业会计之间的联系与区别；
3. 掌握行业会计比较方法。

认知一　行业与行业会计

一、我国行业划分及其主要特征

我国企业按大的行业划分，一般可分为以下几类：

（一）制造企业

制造企业是指从事工业性产品（劳务）生产经营的企业，主要包括采掘制造企业和加工制造企业。制造企业在国民经济中起主导作用，承担着国民经济各部门所需要的各种技术装备的制造任务，为社会及人民生活的需要供应各种物质，是国民经济生产的物质技术基础。制造企业的特点是：大规模地采用机器设备等劳动手段进行生产，并系统地将科学技术应用于生产过程的各个环节，内部劳动分工细密，协作配合复杂严密，生产过程具有高度的连续性和系统性，生产社会化程度高，与国民经济其他部门有着广泛、密切的外部联系。

（二）商品流通企业

商品流通企业是指利用各种手段完成各种社会产品从生产到消费的转换，从而实现社会产品价值的企业。商品流通企业不仅包括处于商品流转过程的批发、零售企业，还包括生产资料企业、生活资料企业、对外贸易企业等。商品流通企业的特点是：所做的工作、所应用的机器设备等都是为商品流通服务的；大范围信息传递、严密的经营管理是其存在和取得经济效益的重要基础。

（三）建筑施工企业

建筑施工企业是指从事土木建筑和设备安装工程的企业，主要包括建筑公司、工程公司、安装公司、装饰公司等。建筑施工企业是国民经济中的重要支柱,它所提供的产品是各工厂建筑、矿井、港口、铁路、桥梁、机场、道路、住宅等,形成各种生产或非生产固定资产,这些资产是国民经济各部门和人民生活的重要物质基础。建筑施工企业的特点是:所提供的产品具有指定的目的和用途;必须按建设单位的设计要求进行施工生产;施工生产具有流动性;产品规模一般较大、价值较高;生产周期一般较长,受自然条件影响较大。

(四)房地产开发企业

房地产开发企业是指从事房地产开发经营、管理和服务的企业。房地产开发企业也是国民经济的重要支柱,它为人们的政治、经济、文化生活提供了一定的空间地域。房地产开发企业的特点是:生产经营范畴包括规划设计、土地开发、组织施工、竣工验收、经营销售、物业管理等方面,将生产和流通两个领域紧密地联系到一起,在国民经济活动中具有综合性的特点。

(五)旅游、餐饮、服务企业

旅游、餐饮、服务企业是指以旅游资源和服务设施为条件、向消费者提供劳务的服务性企业,主要包括旅游、餐饮、宾馆、娱乐、美发、洗染、照相等企业。旅游、餐饮、服务企业的特点是:投资少、利润多、收益快。旅游、餐饮、服务企业的运作不是孤立的,它需要通过运输、工业、商业等相关企业的密切配合才能顺利发展,而其自身的发展也会促进相关企业的发展。

(六)运输企业

运输企业是指利用运输工具专门从事运输生产或直接为运输生产服务的企业,主要包括铁路、公路、水路、航空运输等企业。只有通过运输企业,制造企业的产品才能进入分配和消费领域,同时制造企业所需的原料才能得到不断的供应。运输企业的特点是:运输过程只改变劳动对象的空间位置,不创造新的物质产品;其运输过程具有流动性和分散性,只消耗劳动工具,不消耗劳动对象。

(七)商业银行

商业银行是指专门经营货币和信用业务的企业,通过信用中介将社会各方面的闲散资金汇集起来,为企业、个人和其他组织提供有偿使用,商业银行提供货币信贷业务,可以提高全社会的资金利用率,促进和扩大市场经济发展,满足社会经济快速发展的需求。

(八)农业企业

农业企业是指从事农业、林业、牧业、渔业等生产经营活动的企业。农业是国民经济的基础,它不仅能够为人类提供赖以生存的农副产品,而且也能够为经济发展提供工业原料、市场、资金、劳动力和其他相关物资。

(九)行政事业单位

行政事业单位分为行政单位和事业单位。行政事业单位会计分为行政单位会计与事业单位会计两大体系,是各级行政机关、事业单位和其他类似组织核算、反映和监督单位预算执行和各项业务活动的专业会计,是预算会计的组成部分。

二、行业会计

行业会计是指以货币为主要计量单位,采用专门的方法对本行业的经济活动进行核算和监督的一项管理活动,是反映、监督不同行业生产及业务活动的专门会计。

(一)行业会计划分

1.企业会计

企业会计是指从事各种生产经营业务活动的企业所运用的专门会计。在我国主要有:商品流通企业会计;运输企业会计;建筑施工企业会计;房地产开发企业会计;旅游、餐饮、服务企业会计;商业银行会计;农业企业会计;行政事业单位会计等。

2.非企业会计

非企业会计是指从事总预算和事业单位预算会计核算与会计监督的专门会计。在我国主要有总预算会计、事业单位会计、行政单位会计等。

(二)行业会计特点

1.会计研究对象的多样性

会计研究对象是会计核算与会计监督的内容。经济部门和非经济部门的经济活动,在市场经济条件下,总是表现为一定的资金运动。但因行业不同,这种资金运动的形式和内容必然存在一定的差异,如商品流通企业的购、销、存业务与其他行业的经济业务有着明显的差异。以营利为目的的行业会计的研究对象和以非营利为目的的行业会计的研究对象不同。这就形成了行业会计研究对象的多样性。

2.执行会计核算一般原则不同

以营利为目的的行业会计和以非营利为目的的行业会计尽管都要遵循可靠性、相关性、可理解性、可比性、及时性等原则,但由于会计研究对象的性质不同,会引起会计原则使用上的差异。

3.会计方法的特殊性

不同行业的经济事项不尽相同,因此其经济业务就有着各自的特殊性。行业会计在具体会计方法的应用上,需要结合各行业的特点,对各行业经济活动中的特殊业务采用特殊的方法进行核算。例如,商品流通企业中的批发商品存货的会计核算采用进价核算法核算,而零售商品存货则采用售价核算法核算;在营业收入方面,商品流通企业的商品销售收入与建筑施工企业的工程收入的确认条件不同。因此,只有采用与本行业相适应的会计核算方法,才能充分发挥会计在整个经济管理中的作用。

三、行业会计之间的联系与区别

(一)行业会计之间的联系

1.各行业的会计实务都以基本会计准则、统一会计制度为依据

(1)各行业会计核算都要遵循基本会计准则和统一会计制度所规定的会计核算一般原则。

(2)各行业会计要素的命名和划分大体相同。各行业都按照会计基本准则和统一会计制度的要求将会计对象划分为资产、负债、所有者权益、收入、费用和利润六大会计要素。而且各行业对相同会计要素的确认、计量的标准也是大体相同的,如对资产确认的范围、时间,对资产的计量方式、方法,各行业会计基本一致。

(3)各行业会计报表的名称、格式、内容和编制方式基本相同。所有的行业会计都要按照基本会计准则和统一会计制度的要求编制资产负债表、利润表、现金流量表和所有者权益变动表,以满足市场经济统一会计信息的需要。

2.各行业会计对共同性业务的会计处理基本相同

尽管不同行业的生产经营活动存在着较大差别,但有些经济业务在每一个行业基本上都是相同的,属于共同性业务。

(二)行业会计之间的区别

1.存货的核算

存货是指企业在日常生产经营过程中持有以备出售,或者仍然处在生产过程,或者在生产或提供劳务过程中将要消耗的材料或物料等,包括各类材料、商品、在产品、半成品、产成品等。由于不同行业的企业从事生产经营活动需要不同类型的存货,因此不同行业存货的核算不同,是行业会计核算的特点之一。例如,从存货种类来看,商品流通企业主要的经营过程只是购入货物和销售货物,没有生产制造过程,因此其存货主要是购入待销的商品类存货以及为自身经营而准备自用的材料物资等;旅游、餐饮、服务企业处于社会生产的消费环节,为社会提供各项服务,满足消费者各方面的消费需求,既不生产产品,也不经销产品,因而其存货种类、数量都很少,只包括少量的物料用品。因此,各行业存货的核算在盘存制度、计价方法、信息披露等方面都有较大的不同。

2.收入的核算

收入是指企业在日常活动中形成的、会导致所有者权益增加的、与所有者投入资本无关的经济利益总流入。由于企业生产经营活动纷繁复杂,不同行业的经营范围和经营内容千差万别,取得收入的具体形式也就多种多样,不仅不同类别收入的确认、计量方法不尽相同,即使是同一类收入,由于不同行业的具体核算内容不同,其确认、计量方面也存在着较大的差异。

例如,提供劳务收入普遍存在于制造业、建筑业、商品流通业和旅游与餐饮业,由于不同行业提供劳务收入的具体内容和赚取方式存在较大差异,因而其核算程序、方法以及科目的设置等都有较大的不同。制造业一般采用销售法确认劳务收入,同时,因该收入不属于主营业务,所以通过"其他业务收入"科目核算;而建筑业收入一般签有建造合同,其劳务收入采用完成合同法或完工百分比法确认,并作为建筑业的主要经营业务,通过"主营业务收入"科目核算。

3.成本费用的核算

成本是指企业为生产产品、提供劳务而发生的各种耗费。费用是指企业为销售商品、提供劳务等日常活动所发生的经济利益流出。成本费用是伴随着企业经营活动而产生的,是按配比原则,依照企业取得的收入而确定下来的,所以企业有什么样的业务收入,就相应地会有什么样的成本费用。由于各企业向社会提供的产品和劳务是多种多样的,因而不同行业的成本费用内容也不尽相同。例如,商品流通企业的主要业务是购、销、存活动,其成本费用一般表现为所销商品的进价成本以及所耗物料、折旧、支付的人工费用等经营费用和相关税费支出；旅游企业成本费用主要是为旅客支付的住宿、餐饮、交通、导游服务费用以及机构人员工资和其他相关税费等。

4.结算业务的核算

如果仅从会计处理角度来看，各行业结算业务所涉及的货币资金与往来款项核算的具体会计处理基本一致，并无大的差别。但就各行业经营管理的特点来看，行业之间的差异还是比较大的。例如，商品零售业、餐饮业的收入主要以增加现金为主；房地产开发企业的收入主要以分期收款方式取得；旅游业是先收到款项后提供服务，其收入的取得体现为负债的减少。此外，随着信息技术的飞速发展，电子商务也影响了各行各业，很多领域都使用了支付宝、微信支付以及网上支付等。它们与具有行业特征的业务相联系，又构成了一些新的行业核算管理方式。

认知二　行业会计比较

一、行业会计比较的内容

（一）行业会计研究对象的比较

行业会计核算与监督的内容即是会计对象。各行业经济活动、业务范围不同，会计对象的内容自然也不同。正确认识不同行业的特殊性、理解行业会计对象的多样性是充分发挥行业会计经济管理职能作用的关键。

（二）行业会计特殊业务的比较

各行业的经济活动，就经济部门而言，其实质就是资产、负债、所有者权益、收入、费用和利润六大会计要素的增减变动；就非经济部门而言，则是资产、负债、净资产、收入和支出五大会计要素的增减变动。但是各行业处于整个国民经济的不同环节，具体经济活动的差异非常明显，充分显示了行业经营业务的个性。例如，建筑施工企业有周转材料业务、临时实施业务、工程成本业务；对外贸易企业有外币业务、出口业务、进口业务等。这些经济业务只存在于本行业，充分体现了行业特色，但在宏观上又表现出一定的联系。

（三）行业会计特殊核算方法的比较

《企业会计准则》对各行业经济活动核算做了共性方面的规范，使会计信息具有可靠性和可比性。但由于各行业经营业务的特殊性，在具体核算中必然会有一些独特的会计处理方法，这是核算经营业务的客观性需要。例如，在成本核算上，商品流通企业的批发、零售业务销售成本核算、服务企业的成本核算、旅游企业的成本核算、房地产开发企业的成本核算等都有其自身特点。此外，在收入确认与计量、资产计价方法方面，各行业也有自己的个性。通过会计特殊核算方法的比较，可以更好地实现行业经营业务的科学核算。

二、行业会计比较的任务

(一)掌握各行业会计核算基本知识

一般地,一个行业具有与该行业相适应的专门知识。例如,商品流通业有商品流通会计、保险业有保险业会计,施工业有施工会计等。行业会计比较则是根据各行业会计内容,通过比较,指出各行业会计间不同之处及其存在的理由,从宏观层面上针对性地掌握不同行业会计的特点。

(二)巩固从事各行业会计工作基本技能

通过比较,明确各行业会计核算中的异同之处,增强不同行业特殊业务会计信息的可比性和会计信息的有用性,帮助巩固从事各行业会计工作的基本技能。

(三)求同存异,提高行业会计信息质量

有条件的企业,在主营本行业独有业务的同时,还经营相关业务。例如,交通运输企业同时经营部分商品销售业务,商品流通企业主营批发业务的同时兼营零售业务等。这种多元化业务活动,不但分散了企业经营风险,而且为企业广开财源。针对这些不同经营业务,需要采用不同的核算方法、核算原则和核算程序进行会计核算和会计监督。

三、行业会计比较方法

行业会计比较方法一般有横向比较法与纵向比较法两种。

(一)横向比较法

横向比较法是以两个不同行业会计中的相同会计要素进行比较,揭示它们在会计核算中的共性与个性,重点突出相对比的两个行业会计间的差异。

(二)纵向比较法

纵向比较法是将某一行业会计核算内容与工业会计核算内容进行一一比较,揭示该行业会计核算与工业会计核算的共性与个性,重点突出每个行业会计与工业会计间的差异。

项目小结

行业是指一个国家国民经济运行中的各行各业。在国民经济体系中,各行业既相对独立,又相互联系。行业会计是指以货币为主要计量单位,采用专门的方法对本行业的经济活动进行核算和监督的一项管理活动,是反映、监督不同行业生产及业务活动的专门会计。行业会计比较是通过对不同行业会计特殊核算内容和特殊核算方法的比较,阐明其相同、相似和相异之处,以提高不同行业特殊业务的会计信息的相关性。它是比较会计学的一个分支,其内容涉及行业会计研究对象的比较、行业会计特殊业务的比较、行业会计特殊核算方法的比较,其方法主要有横向比较法和纵向比较法两种。

项目练习

1. 如何理解国民经济体系中的行业?
2. 什么是行业会计?我国目前主要有哪些行业会计?
3. 什么是行业会计比较?它有哪些内容?
4. 试举例说明行业会计比较方法。
5. 谈论你在学习会计基础和企业财务会计之后,学习行业会计比较的必要性。

项目一 商品流通企业会计

> **学习目标**
> 1. 理解各种商品流通活动；
> 2. 掌握商品流通企业会计处理核算方法；
> 3. 掌握相关会计业务处理。

任务一 商品流通企业会计认知

商品流通企业是指在整个社会经济活动中，从事商品流通活动、独立核算的经济组织以及以从事商品流通活动为主营业务的其他企业，包括商业、粮食、医药、外贸等业务的各种所有制形式的企业。在国民经济中，它是连接生产和消费的桥梁和纽带。

一、商品流通企业概述

(一)商品流通企业类型

商品流通企业按其在商品流通中所处的地位和作用不同，可以分为批发企业和零售企业这两种类型。

1. 批发企业

批发企业是指向生产企业或其他企业购进商品，供应给零售企业或其他批发企业用以转售，或供应给其他企业用以进一步加工的商品流通企业。它处于商品流通的起点或中间环节，是组织大宗商品销售的经济组织，是连接城乡之间、地区之间商品流通的桥梁。

2. 零售企业

零售企业是指从批发企业或生产厂商购进商品，销售给终端消费者，或销售给企事业单位等用于生产和非生产消费的商品流通企业，是直接为人民生活服务的基层商品流通企业。

(二)商品流通企业经营管理特点

1. 企业的业务活动一般只涉及商品购进和销售，不存在生产、加工环节，相对于生产型的企业而言，其业务内容较为简单。

2.企业的资金运用过程主要表现为"货币资金——商品资金——货币资金"的转换过程。

3.在全部资金占用形式中,商品存货的比重较大,商品存货的周转率是影响企业资金运转的关键因素。

4.资金结算频繁,涉及金额较大,企业必须保留大量的流动资金,满足营运资金的需要。

(三)商品购销的交接方式

在商品购销业务活动中,商品的交接方式一般有送货制、提货制和发货制三种。

1.送货制

送货制是指销货单位将商品送到购货单位指定的仓库或其他地点,由购货单位验收入库的一种交接方式。

2.提货制

提货制是指购货单位指派专人到销货单位指定的仓库或其他地点提取并验收商品的一种交接方式。

3.发货制

发货制是指销货单位根据购销合同规定的发货日期、品种、规格和数量等条件,将商品委托运输单位经铁路、公路、水路或航空运送到购货单位所在地或其他指定地区,如车站、码头或机场等,由购货单位领取并验收入库的一种交接方式。

(四)商品购销入账时间

商品购销过程也就是商品所有权的转移过程,因此,商品购销的入账时间应以商品所有权转移的时间为依据。也就是说,购货方以取得商品所有权的时间作为商品购进的入账时间,销货方以失去商品所有权的时间为商品销售的入账时间。

1.商品购进的入账时间

商品购进以支付货款或收到商品的时间为入账时间。在商品先到、货款尚未支付的情况下,以收到商品的时间作为购进的入账时间;在货款先付、商品后达的情况下,以支付货款的时间作为商品购进的入账时间。

2.商品销售的入账时间

商品销售是以发出商品、收到货款的时间作为入账时间,或者以发出商品、取得收款权的时间作为入账时间。

二、商品流通企业会计核算

商品流通企业会计是以商品流通企业为会计主体、以商品流通的交易或事项为对象的一种行业会计。它具有会计核算和会计监督两大职能,能够预测经济前景和参与经济决策,旨在提高商品流通企业经济效益和日常运营效率的经济管理活动。

(一)商品流通企业会计特征

商品流通企业会计核算和会计监督的对象就是其资金及资金的运动。商品流通企业会计具有一般企业会计特点,但由于商品流通业务特点,又有其自身特征。

1. 成本计算具有特殊性

无论商品流通企业的商品交易规模大小、经营商品种类多少、具体交易方式如何，商品购销活动始终是该类企业的基本业务内容。因为商品流通企业不生产产品，所以不存在产品生产成本的计算问题。

2. 库存商品成本核算方法存在多样性

商品流通企业的经营规模大小不同，经营品种存在差异，经营方式多种多样，对会计核算工作就提出了不同的要求。为了真实核算企业商品购销业务，正确计算库存商品的成本变动情况，合理反映企业的当前经营成果，商品流通企业应当根据自身经营管理的特点和要求采用不同的成本核算方法。

3. 期间费用的核算范围存在差异

商品流通企业期间费用的核算范围除了包括一般企业核算的管理费用、财务费用和销售费用等相关内容，采购商品的进货费用可以计入采购成本，也可以根据各单位核算要求纳入期间费用。

4. 加强营运资金的管理是会计监督的工作重点

由于商品流通企业一般只发生商品购销环节业务而没有生产环节业务，所以商品存货的成本核算相对于产品制造企业要简单。对商品存货的购销速度、存储数量的控制，以及有效利用在购销活动中所形成的债权、债务的结算资金，从而提高本企业营运资金的使用效率，成为商品流通企业会计监督的工作重点。

(二) 适用会计科目

商品流通企业所适用的会计科目，大部分与制造企业会计相同，但因其经济业务的独特性及会计核算与会计监督的需要，企业会计制度设置了一些主要适用于商品流通企业的会计科目。如在资产类设有"发出商品""商品进销差价"等科目。此外，有些会计科目名称虽然与制造企业相同，但核算内容却有差异，如"库存商品"科目主要核算外购商品的增加、减少及结存情况。

(三) 会计核算方法

按提供的明细分类核算指标的不同，商品流通企业会计核算方法分为数量金额核算方法和金额核算方法。库存商品可以按进价记账，也可以按售价记账，如图1-1所示。进价核算法是指以库存商品的购进价格来反映和控制商品购进、销售和储存的一种核算方法，这种方法又可再分为进价金额核算法和数量进价金额核算法。同样，售价核算法也可以再分为售价金额核算法和数量售价金额核算法。

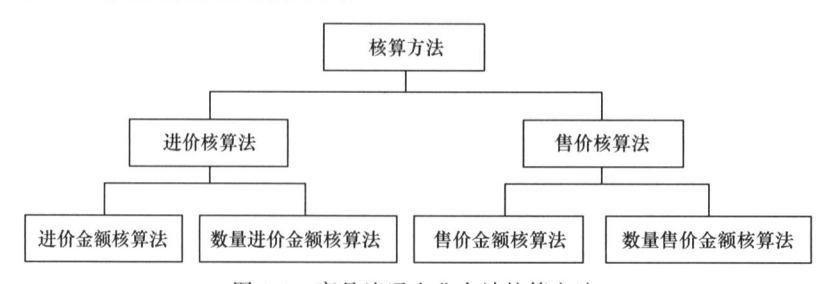

图1-1 商品流通企业会计核算方法

1. 进价金额核算法

进价金额核算法是指库存商品总分类科目和明细分类科目都只反映商品的进价金额，不反映实物数量的一种核算方法。采用这种方法，由于缺乏实物数量的记载，必须通过对库存商品进行实地盘点，计算出期末结存金额后，才能倒推出商品销售成本。

这种核算方法的优点是记账手续极为简便，工作量小。缺点是平时不能反映商品进、销、存数量。由于月末采用盘存计销的办法，将主营业务成本、商品损耗和差错事故混在一起，容易产生弊端，不易发现企业经营管理中存在的问题。因此，此种方法只适用于经营鲜活商品的零售企业或交易数量繁多的小商品批发企业。

2. 数量进价金额核算法

数量进价金额核算法是指库存商品总分类账和明细分类账除均按商品进价金额反映外，同时明细分类账还必须反映商品实物数量的一种核算方法。采用这种方法，可以根据已销商品的数量按进价结转商品销售成本。

这种核算方法的优点是能够按品名、规格来反映和监督每种商品进、销、存的数量和进价金额的变动情况，有利于加强对库存商品的管理和控制。缺点是每笔销售业务都必须填制销售凭证，并按商品的品名、规格登记商品明细账，记账工作量较大。这种方法主要适用于工业品批发公司、农副产品收购企业、部分专业性零售商店及贸易中心等企业。

3. 售价金额核算法

售价金额核算法是指库存商品总分类账和明细分类账都只反映商品的售价金额，不反映实物数量的一种核算方法。采用这种方法，库存商品的结存数量只能通过对库存商品进行实地盘点来掌握，其商品明细分类账则按经营商品的营业柜组或门市部设置，营业柜组或门市部对其经营的商品承担经济责任。财会部门通过商品的售价来控制营业柜组或门市部的商品。由于它是建立在实物负责制基础上，所以也称为"售价金额核算实物负责制"。

这种方法的优点是确定了商品的售价，一般不必为每笔销售业务填制销售凭证，也不必登记大量的实物数量明细账，记账较为简便。缺点是由于明细分类核算不反映和控制商品的数量，平时不易发现商品短缺，一般要在定期盘点时才能发现，难以分清溢缺商品的品种和数量，也难以分析溢缺的原因和责任。这种方法适用于综合性零售商店（如超市）和部分专业性零售商店。

4. 数量售价金额核算法

数量售价金额核算法是指库存商品总分类账和明细分类账除均按商品售价金额反映外，同时明细分类账还必须反映商品实物数量的一种核算方法。采用这种方法，必须按每一商品的品名、规格设置明细账，以便能随时掌握各种商品的结存数量。

这种核算方法的优点是能够按品名、规格对库存商品进行管理与控制。由于按售价记账，对商品销售收入的管理与控制也较为严密。缺点是在进货时既要复核商品的进价，又要计算商品售价和进价的差价，每笔销售业务都要填制销售凭证或做好销售记录，并按商品的品名、规格登记商品明细账，记账的工作量较大。这种方法适用于基层批发企业和部分专业性零售商店（如金银珠宝店等）。

（四）商品采购费用的处理方法

商品流通企业在采购商品过程中发生的运输费、装卸费、保险费以及其他可归属于商品采购成本的费用有三种不同的处理方法。

1. 采购费用直接计入商品采购成本

将商品采购费用连同商品的买价一并计入商品采购成本。这种方法的核算工作量最大,因为实际业务中很难将运费对应计入相应商品成本。因此,此方法通常适用于商品采购费用数额较大、商品品种规格不太多的国际贸易企业和批发企业。

2. 采购费用先在"进货费用"科目中归集

将商品采购费用先在"进货费用"科目中归集,期末将归集的进货费用按商品的存销比例分摊,将已销商品的进货费用转入"主营业务成本"科目;将未销商品的进货费用计入期末库存商品的成本。这种方法的核算工作量较大,因此通常适用于商品采购费用数额较大、商品品种规格较多的批发企业和零售企业。

存销比例分摊法下,进货费用的计算公式如下:

(1) 分摊率 = $\dfrac{\text{本期结存商品金额}}{\text{本期结存商品金额} + \text{本期销售商品金额}}$

(2) 本期结存商品应分摊的进货费用 = 本期应分摊的进货费用总额 × 分摊率

(3) 本期销售商品应分摊的进货费用 = 本期应分摊的进货费用总额 − 本期结存商品应分摊的进货费用

3. 采购费用直接计入当期损益

将商品采购费用直接计入当期损益,即记入"销售费用"科目中。这种方法核算最为简便,但商品采购费用全部由已销商品负担,不太合理。因此通常适用于商品采购费用较小、商品品种规格繁多的零售企业。

任务二 批发商品流通业务的核算

批发企业的主要业务是大宗商品购销,交易次数不像零售企业那样频繁,但每次的成交额却比零售企业大得多,因此,一般采用数量进价金额核算法。

一、商品购进业务核算

(一)一般商品购进业务核算

1. 同城商品购进业务

同城商品购进是指批发企业向当地的生产厂商购进商品或向同城的批发企业购进商品。同城商品购进的交接方式一般采用"送货制"和"提货制",货款通常采用转账支票和商业汇票结算,也可以采用银行本票结算。

【工作任务1-1】

杭州江海批发公司向本地惠新灯具厂购进落地电扇一批300台,每台100元,增值税专用发票上注明的货款总计30 000元,增值税3 900元。业务部门根据供货单位的增值税专用发票填制"收货单"。

首先,财务部门根据业务部门转来的增值税专用发票,审核无误后,签发转账支票支付货款,同时进行商品购进账务处理,应编制会计分录如下:

```
借:在途物资——家用电器——落地电扇                    30 000
    应交税费——应交增值税(进项税额)                    3 900
  贷:银行存款                                      33 900
```
其次,根据储运部门转来的"收货单"结转商品采购成本,进行商品验收入库账务处理,应编制会计分录如下:
```
借:库存商品——家用电器——落地电扇                    30 000
  贷:在途物资——家用电器——落地电扇                    30 000
```

2.异地商品购进业务

异地商品购进是指批发企业向外地的生产厂商购进商品或向外地的批发企业购进商品。异地商品购进的交接方式一般采用"发货制",货款通常采用托收承付结算、委托收款结算和银行汇票结算等。

对于异地购进商品,购货单位的财务部门在收到银行转来的银行结算凭证及附来的增值税专用发票和运单时,应先送交业务部门。业务部门根据购销合同核实无误后,填制"收货单"一式数联,送交储运部门,同时将银行结算凭证及附件退还财务部门。财务部门经审核无误后支付货款。当商品到达时,由储运部门根据"收货单"及增值税专用发票进行实物核对,无误后将商品验收入库,并在"收货单"各联加盖"收讫"章,自留一联,将"收货单"(入库联)送交财务部门。财务部门审核无误后,进行商品验收入库账务处理。

【工作任务1-2】

杭州江海批发公司从青岛海信集团购进42寸彩色电视机30台,每台3 500元,货款总计105 000元,增值税13 650元;支付运费2 000元,增值税180元,采用托收承付结算方式结算。

首先,财务部门收到银行转来托收承付凭证、增值税专用发票及运费凭证,经审核无误后付款,同时进行商品购进账务处理,应编制会计分录如下:
```
借:在途物资——家用电器——42寸彩色电视机              105 000
    应交税费——应交增值税(进项税额)                   13 830
    销售费用——运费                                  2 000
  贷:银行存款                                     120 830
```
其次,货物到达,财务部门根据储运部门转来的"收货单"结转商品采购成本,进行商品验收入库账务处理,应编制会计分录如下:
```
借:库存商品——家用电器——42寸彩色电视机              105 000
  贷:在途物资——家用电器——42寸彩色电视机              105 000
```

3.商品采购明细分类业务

为了详细反映和监督商品采购情况,加强对在途商品的管理和核算,批发企业对购进商品除进行总分类核算外,还必须进行明细分类核算。批发企业商品采购明细分类核算的方法主要有平行登记法和抽单核对法。

(1)平行登记法

平行登记法又称同行登记法或横线登记法,即采用两栏式账页,对同一批次购进的商品的货款支付和验收入库,分别记入账页同一行次的借方栏和贷方栏。通过借贷方的相互对照,逐一核销,以反映商品采购动态情况,有利于检查和监督购进商品的结算和入库情况。在商品分批到达验收入库时,企业可以根据自身需要,在该账页每一行次的贷方栏内,再增加若干小行,以便分别反映各批的进货。采用平行登记法的在途物资明细账的格式,见表1-1。

表 1-1　　　　　　　　　　　在途物资明细账

批次	供货单位	借方 2020年 月	日	凭证号	摘要	金额(元)	贷方 2020年 月	日	凭证号	摘要	金额(元)	核销号
1	美的集团	9	1	1	支付冰箱货款	574 000	9	5	2	冰箱入库	287 000	
							9	8	4	冰箱入库	287 000	√
2	海尔集团	9	6	3	支付洗衣机货款	452 000	9	10	5	洗衣机入库	452 000	√
3	格力集团	9	11	6	支付空调货款	960 000	9	15	7	空调入库	320 000	
							9	18	8	空调入库	320 000	√
							9	20	9	空调入库	320 000	

(2)抽单核对法

抽单核对法又称抽单法,指的是不设置明细分类账,而是充分利用收货单代替在途物资明细账进行明细分类核算的一种简化的核算方法。企业在购进商品时,财务部门根据业务部门转来的"收货单"结算联支付货款后,在"收货单"上加盖付款日期的戳记,以代替在途物资明细账借方发生额的记录,根据储运部门转来的"收货单"入库联进行商品入库核算后,在入库联上加盖入库日期戳记,以代替在途物资明细账贷方发生额的记录。

为了防止单证丢失,平时应将表示在途物资明细账的借贷方发生额的凭证用专门的账夹或账箱分别存放。每日通过核对后,将供货单位名称、购买商品数量、金额相符的"收货单"从账箱中抽出,就表示这批购进业务已经钱货两清,予以转销,并将抽出的凭证按抽出日期,分别装订成册,同其他会计账簿一样归入会计档案。期末结账时,检查账箱,将尚存的"收货单"结算联加总金额,表示在途物资明细账的借方余额;将尚存的"收货单"入库联加总的金额,表示在途物资明细账的贷方余额。

(二)特殊商品购进业务核算

1.进货退出业务

批发企业由于进货量大,一般对于原箱整件包装的商品,在验收时只进行抽样检查,因此,在入库后复验商品时,往往会发现商品的数量、品种、规格或质量与合同不符。在这种情况下,批发企业应及时与供货单位联系,征得供货单位同意后调换或补回商品,或者作为进货退出处理。在发生进货退出业务时,由供货单位开出红字增值税专用发票,企业收到后由业务部门据以填制"进货退出单",通知储运部门发运商品;财务部门根据储运部门转来的"进货退出单"进行核算。

【工作任务1-3】

杭州江海批发公司从义乌美达箱包公司购进W皮包100个,每个400元,增值税专用发票上注明的W皮包货款40 000元,增值税5 200元;支付运费100元,增值税9元。货款税金已付。该批皮包到货后,发现皮包款式不符合合同要求,经与供货方联系,对方同意退货。

商品已付款,并验收入库。复验时发现问题。首先,当收到义乌美达箱包公司寄来的红字增值税专用发票时,应编制会计分录如下:

借:在途物资——箱包——W皮包　　　　　　　　　　40 000
　　应交税费——应交增值税(进项税额)　　　　　　　5 209
　　销售费用——运费　　　　　　　　　　　　　　　100
　　贷:应付账款——义乌美达箱包公司　　　　　　　45 309

其次,当收到业务部门转来"进货退出单"时,应编制会计分录如下:

借:库存商品——箱包——W皮包　　　　　　　　　　40 000
　　贷:在途物资——箱包——W皮包　　　　　　　　40 000

将商品发回,以银行存款垫付退货运费时,应编制会计分录如下:

借:应付账款——义乌美达箱包公司　　　　　　　　　109
　　贷:银行存款　　　　　　　　　　　　　　　　　109

收到义乌美达箱包公司如数退回的全部货款、增值税及运费时,应编制会计分录如下:

借:银行存款　　　　　　　　　　　　　　　　　　　45 418
　　贷:应付账款——义乌美达箱包公司　　　　　　　45 418

2.购进商品退补价业务

批发企业购进商品后发生的商品退补价情况主要有两种:一种是因供货单位疏忽导致开错单价或金额;另一种是商品发货时是试销,按暂定价格结算,后又正式定价,需要调整商品货款。这两种情况均需要调整商品货款,因此发生商品退补价业务。在商品发生退补价时,应由供货单位填制更正发票交给购货单位,经购货单位业务部门审核后送交财务部门,财务部门审核无误后,据以进行退补价核算。

(1)购进商品退价

购进商品退价是指原结算货款的进价高于实际进价,应由供货单位将高于实际进价的差额退还给购货单位。

【工作任务1-4】

杭州江海批发公司于9月6日从浙江温岭服装厂购进棉衣200套,每套400元,货款及增值税已于当日付清,该批棉衣也已验收入库。9月20日,收到服装厂更正发票,所列棉衣每套应为350元,应退货款10 000元,应退增值税1 300元。

首先,根据红字增值税专用发票冲减采购货款和增值税,应编制会计分录如下:

借:在途物资——服装——棉衣　　　　　　　　10 000
　　应交税费——应交增值税(进项税额)　　　　1 300
　　　贷:应付账款——浙江温岭服装厂　　　　　　　　11 300

同时冲减库存商品价值,应编制会计分录如下:

借:库存商品　　　　　　　　　　　　　　　　10 000
　　贷:在途物资——服装——棉衣　　　　　　　　　10 000

收到货款时,应编制会计分录如下:

借:银行存款　　　　　　　　　　　　　　　　11 300
　　贷:应付账款——浙江温岭服装厂　　　　　　　　11 300

(2)购进商品补价

购进商品补价是指原结算货款的进价低于实际进价,应由购货单位将低于实际进价的差额补付给供货单位。

【工作任务1-5】

接〖工作任务1-4〗,如收到更正发票,所列棉衣每套应为500元,应补货款20 000元,应补增值税2 600元。

首先,根据更正发票补付采购货款和增值税,应编制会计分录如下:

借:在途物资——服装——棉衣　　　　　　　　20 000
　　应交税费——应交增值税(进项税额)　　　　2 600
　　　贷:应付账款——浙江温岭服装厂　　　　　　　　22 600

同时调增库存商品价值,应编制会计分录如下:

借:库存商品　　　　　　　　　　　　　　　　20 000
　　贷:在途物资——服装——棉衣　　　　　　　　　20 000

补付货款时,应编制会计分录如下:

借:应付账款——浙江温岭服装厂　　　　　　　22 600
　　贷:银行存款　　　　　　　　　　　　　　　　22 600

3.购进商品短缺、溢余业务

批发企业购进的商品,应及时入账,如果发现短缺或溢余情况,除根据实收数量入账外,还应查明原因,及时处理。一般来说,出现短缺或溢余的主要原因是:运输途中由于不可抗的自然力影响,使商品发生短缺或溢余;由于运输单位的失职而造成商品丢失;由于供货单位工作疏忽而造成少发或多发商品。

(1)购进商品短缺

当企业发生购进商品短缺时,应记入"待处理财产损溢"科目借方进行核算。待查明原因后,根据不同原因予以处理。如果是属于运输途中自然损耗,计入采购成本;如应由运输单位或相关责任人负责赔偿的,赔偿部分金额记入"其他应收款"科目;如果由本企业承担的,报经批准后,记入"营业外支出"科目。

【工作任务1-6】

杭州江海批发公司9月10日,从吉林长白山林场购进猴头菇2 000千克。每千克80元,采用托收承付方式,货款已承付,已取得发票。发票上注明猴头菇货款160 000元。9月16日,商品运达验收时发现短缺10千克,价值800元。

首先,财务部门根据储运部门转来的"收货单"和"商品购进短缺溢余报告单"以及实收商品数量,应编制会计分录如下:

借:库存商品——山货——猴头菇　　　　　　　　　　　159 200
　　待处理财产损溢——待处理流动资产损溢　　　　　　800
　　贷:在途物资——山货——猴头菇　　　　　　　　　160 000

假设已查明原因:对方少发8千克猴头菇,经商议此部分商品对方不再补发,已开来退货发票。编制会计分录如下:

借:应收账款——吉林长白山林场　　　　　　　　　　　723.20
　　贷:待处理财产损溢——待处理流动资产损溢　　　　640.00
　　　　应交税费——应交增值税(进项税额)　　　　　　83.20

其余2千克猴头菇为运输途中自然损耗,经批准计入采购成本,应编制会计分录如下:

借:库存商品　　　　　　　　　　　　　　　　　　　　160
　　贷:待处理财产损溢——待处理流动资产损溢　　　　160

(2)购进商品发生溢余

当企业发生购进商品溢余时,应记入"待处理财产损溢"科目贷方进行核算。待查明原因后,根据不同原因予以处理。如果是属于运输途中自然升溢,应冲减"销售费用"科目;如果是供货单位多发商品,在与对方联系后,确定是作为购进商品处理,还是将多出商品退回供货单位。

【工作任务1-7】

杭州江海批发公司9月12日从浙江永嘉糖业公司购进白砂糖10 000千克,每千克8元。采用托收承付方式,货款已承付,并取得增值税专用发票。增值税专用发票上注明白砂糖货款80 000元,增值税10 400元。9月18日,商品运达验收时发现溢余100千克,价值800元。

首先,财务部门根据储运部门转来的"收货单"和"商品购进短缺溢余报告单"以及实收商品数量,应编制会计分录如下:

借:库存商品——糖果——白砂糖　　　　　　　　　　　　80 800
　　贷:在途物资——糖果——白砂糖　　　　　　　　　　　　80 000
　　　　待处理财产损溢——待处理流动资产损溢　　　　　　　800

经与供货方联系发现,有100千克是对方多发商品,已补来增值税专用发票,开列货款800元,增值税104元,现作为商品购进,应编制会计分录如下:

借:待处理财产损溢——待处理流动资产损溢　　　　　　　800
　　贷:在途物资——糖果——白砂糖　　　　　　　　　　　　800

实际补付货款时,应编制会计分录如下:

借:在途物资——糖果——白砂糖　　　　　　　　　　　　800
　　应交税费——应交增值税(进项税额)　　　　　　　　　104
　　贷:银行存款　　　　　　　　　　　　　　　　　　　　904

4.购进商品拒付货款、拒收商品业务

批发企业从异地购进商品时,在验单付款方式下,如发现银行转来的托收凭证及其所附的增值税专用发票、运费凭证等与商品购销合同不符,或发现重复托收以及款项多记情况,应在银行规定的承付期内填制"拒绝承付理由书",拒付全部或部分货款。企业提出拒付款项时,应实事求是,不能因供货单位的部分差错而拒付全部货款,更不能借故无理拒付货款,损害供货单位利益。

批发企业从异地购进商品时,在验货付款方式下,对于供货单位发来的商品及随货同行的增值税专用发票,在与商品购销合同核对的基础上,认真检验该商品的数量、品种、规格和质量,如有不符,可以拒收商品。在拒收商品时,应由业务部门填制"拒收商品通知单",尽快通知供货单位,并需填制"代管商品收货单"一式数联,其中两联送交储运部门,储运部门验收后,加盖"收讫"章,将拒收商品妥善保管,并与企业自有库存商品分别存放。一联由储运部门转交财务部门,财务部门据以记入"代管商品物资"科目借方。

异地商品购进,由于托收凭证的传递与商品运送的渠道不同,支付货款与商品验收入库的时间往往也不一致,从而引起拒付货款和拒收商品先后发生,会出现以下三种情况:

(1)先拒付货款,后拒收商品。企业收到银行转来的托收凭证,发现内附的增值税专用发票与购销合同不符,拒付货款。等商品到达后,再拒收商品。由于没有发生结算与购销关系,只需在拒收商品时,将拒收商品记入"代管商品物资"科目。

(2)先拒收商品,后拒付货款。企业收到商品时,发现商品与购销合同不符,可拒收商品,将拒收商品记入"代管商品物资"科目,等银行转来托收凭证时,再拒付货款。

(3)先支付货款,后拒收商品。在验单付款方式下,企业收到从银行转来托收凭证,将内附的增值税专用发票与购销合同核对无误后支付货款。等商品到达进行验收时,发现商品与购销合同不符,除了将拒收商品记入"代管商品物资"科目外,还应将拒收商品货款、增值税与运费金额,分别冲减"在途物资""应交税费——应交增值税(进项税额)""销售费用""应付账款"等科目,等业务部门与供货单位协商解决后,再进行下一步账务处理。

二、商品销售业务核算

(一)一般商品销售业务核算

1. 同城商品销售业务

同城商品销售一般采用"送货制"或"提货制"的商品交接方式。货款结算一般采用转账支票和商业汇票结算方式,也可以采用银行本票方式进行货款结算,在符合结算规定条件的情况下还可以直接用现金进行货款结算。

同城商品销售业务程序一般是:批发企业根据购货单位提出的进货计划,经购货单位选派采购员看样确定所选的商品品种和数量后,由批发企业业务部门填制增值税专用发票,购货单位采购员据以向财务部门办理结算。批发企业财务部门根据销售业务的需要,收取转账支票、商业汇票或银行本票,或收取银行规定的现金结算限额之内的现金。

批发企业在实现商品销售后,按其增值税专用发票上注明的价税合计数借记"银行存款""应收票据""库存现金"或"应收账款"科目;按增值税专用发票列明的货款贷记"主营业务收入"科目,按列明的增值税贷记"应交税费——应交增值税(销项税额)"科目。同时,结转销售商品成本。

【工作任务1-8】

杭州江海批发公司9月12日销售容声冰箱10台,每台售价4 000元,进价3 000元,开具增值税专用发票,注明货款40 000元,增值税5 200元,当日收到转账支票。

收到转账支票时,应编制会计分录如下:

借:银行存款　　　　　　　　　　　　　　　　　　　　45 200
　　贷:主营业务收入　　　　　　　　　　　　　　　　　40 000
　　　　应交税费——应交增值税(销项税额)　　　　　 5 200

结转商品销售成本,应编制会计分录如下:

借:主营业务成本　　　　　　　　　　　　　　　　　　30 000
　　贷:库存商品——家用电器——冰箱　　　　　　　　30 000

2. 异地商品销售业务

异地商品销售一般采用"发货制"的商品交接方式,货款结算一般采用托收承付或委托收款结算方式。

异地商品销售业务程序一般是:由业务部门根据购销合同填制增值税专用发票,并交储运部门,储运部门收到后据以提货、包装并发运商品,随后将有关单证转交财务部门,财务部门根据增值税专用发票和运单等凭证向银行办理托收承付结算手续,并作为商品销售核算依据。根据购销合同规定,异地商品销售的运费,一般应由购货单位负担,因此销售单位在垫付运费时,应通过"应收账款"科目进行核算。

【工作任务 1-9】

杭州江海批发公司 9 月 16 日销售给苏宁公司海尔洗衣机 100 台,每台 2 000 元,开具的增值税专用发票上注明全部货款 200 000 元,增值税 26 000 元,代垫运费 3 000 元,已交银行办理委托收款。9 月 18 日,接到银行转来收账通知,款项全部收妥入账。该批洗衣机每台进价为 1 500 元。

向银行办理托收手续后,应编制会计分录如下:

借:应收账款——苏宁公司　　　　　　　　　　　　　　　229 000
　　贷:主营业务收入　　　　　　　　　　　　　　　　　　200 000
　　　　应交税费——应交增值税(销项税额)　　　　　　　　26 000
　　　　银行存款　　　　　　　　　　　　　　　　　　　　　3 000

接到银行收账通知时,应编制会计分录如下:

借:银行存款　　　　　　　　　　　　　　　　　　　　　229 000
　　贷:应收账款——苏宁公司　　　　　　　　　　　　　　229 000

结转商品销售成本时,应编制会计分录如下:

借:主营业务成本　　　　　　　　　　　　　　　　　　　150 000
　　贷:库存商品——家用电器——洗衣机　　　　　　　　　150 000

(二)特殊商品销售业务核算

1.直运商品销售业务

直运商品销售是指批发企业购进商品后,不经过本企业仓库储备,直接从供货单位发运给购货单位的一种销售方式。

直运商品销售涉及批发企业、供货单位和购货单位三方,并且三方不在同一地点,因此,批发企业可以委托供货单位代办商品发运,由供货单位代购货单位垫付费用并向购货单位办理货款结算,也可以派专员驻在供货单位自行办理商品直运和向购货单位办理货款及费用结算。而后,供货单位将托收凭证及增值税专用发票寄回批发企业,批发企业予以入账,支付货款后,反映为商品购进业务。与此同时,根据寄回的增值税专用发票就可向购货单位收取货款,并以此确认为商品销售。

在直运商品销售情况下,批发企业的购销业务几乎同时发生。并且,商品不通过批发企业仓库的储存环节,因此可以不通过"库存商品"科目核算,而直接在"在途物资"科目进行核算。批发企业确认商品购进,同时确认商品销售,并按照实际进价成本分销售批次随时结转。

【工作任务 1-10】

杭州江海批发公司向柯桥美达服装厂购进童装一批,价款为 20 000 元,增值税进项税额为 2 600 元。该批童装直运给长沙百货公司,售价为 30 000 元,增值税销项税额为 3 900 元。

杭州江海批发公司财务部门收到银行转来的供货单位托收凭证,并对此审核无误承付货款,应编制会计分录如下:

借:在途物资——服装——童装　　　　　　　　　　　　　20 000
　　应交税费——应交增值税(进项税额)　　　　　　　　　 2 600
　　贷:银行存款　　　　　　　　　　　　　　　　　　　　　　　22 600

当财务部门收到采购员寄回的销货托收凭证及发货单时,应编制会计分录如下:

借:应收账款——长沙百货公司　　　　　　　　　　　　　33 900
　　贷:主营业务收入　　　　　　　　　　　　　　　　　　　　　30 000
　　　　应交税费——应交增值税(销项税额)　　　　　　　　　3 900

同时结转其商品销售成本,应编制会计分录如下:

借:主营业务成本　　　　　　　　　　　　　　　　　　　20 000
　　贷:在途物资——服装——童装　　　　　　　　　　　　　　20 000

待收到银行转来的收账通知,收到货款时,再编制会计分录如下:

借:银行存款　　　　　　　　　　　　　　　　　　　　　33 900
　　贷:应收账款——长沙百货公司　　　　　　　　　　　　　　33 900

2.受托代销商品业务

代销商品是委托方将商品委托其他商品流通企业代为销售的一种销售方式。从委托方的角度来说,代销的商品作为委托代销商品核算;从受托方角度来说,代销的商品作为受托代销商品核算。代销商品销售有两种不同的处理方式:一种是视同买断方式,即由委托方和受托方签订协议,委托方按协议价收取所代销商品的货款,实际售价由受托方自定,实际售价与协议价之间的差额归受托方所有;二是收取手续费方式,即受托方代销商品时不得自行改变售价,只能按代销协议中委托方规定的价格销售,但受托方需根据销售额向委托方结算代销手续费。

(1)视同买断方式

①委托方核算

委托代销商品一般由业务部门根据"商品委托代销购销合同",填制"委托代销商品发货单";然后由储运部门将商品发运给受托单位,不转移商品所有权,根据合同规定,定期进行结算;到结算期时,由受托单位将销售清单交付委托方,委托方据以填制增值税专用发票,向受托方收取货款,确认销售收入。

【工作任务1-11】

杭州江海批发公司委托杭州晨光文具公司代销步步高电子词典200台,进价为每台400元,与杭州晨光文具公司协议售价为每台480元。委托代销合同规定每月结算一次货款。

杭州江海批发公司在发出商品时,应编制会计分录如下:

借:发出商品——杭州晨光文具公司　　　　　　　　　　80 000
　　贷:库存商品——文具——电子词典　　　　　　　　　　　80 000

月末,杭州晨光文具公司当月售出100台,货款为48 000(100×480)元,增值税为6 240元。收到杭州晨光文具公司交来销售清单及转账支票时,应编制会计分录如下:

借:银行存款　　　　　　　　　　　　　　　　　　　　　　　54 240
　贷:主营业务收入　　　　　　　　　　　　　　　　　　　　　48 000
　　　应交税费——应交增值税(销项税额)　　　　　　　　　　 6 240

同时,结转已销售的委托代销商品成本为40 000(100×400)元,应编制会计分录如下:

借:主营业务成本　　　　　　　　　　　　　　　　　　　　　　40 000
　贷:发出商品——杭州晨光文具公司　　　　　　　　　　　　　40 000

②受托方核算

接受代销商品的批发企业在收到代销商品并已验收入库时,虽然企业尚未取得商品的所有权,但是企业对代销商品有支配权,可以开展商品销售业务,以有效地利用供货单位的资金开展经营业务。受托方为了加强对代销商品的管理和核算,在收到商品时,借记"受托代销商品"科目,贷记"受托代销商品款"科目。

【工作任务1-12】

接【工作任务1-11】,杭州晨光文具公司代销的200台步步高电子词典以每台580元价格销售,当月销售100台,杭州晨光文具公司财务部门对上述业务处理如下:

收到杭州江海批发公司委托代销的200台电子词典时,应编制会计分录如下:

借:受托代销商品　　　　　　　　　　　　　　　　　　　　　　96 000
　贷:受托代销商品款　　　　　　　　　　　　　　　　　　　　96 000

售出其中100台,货款为58 000元,增值税为7 540元,收到转账支票时,应编制会计分录如下:

借:银行存款　　　　　　　　　　　　　　　　　　　　　　　　65 540
　贷:主营业务收入　　　　　　　　　　　　　　　　　　　　　58 000
　　　应交税费——应交增值税(销项税额)　　　　　　　　　　 7 540

同时,结转售出商品的销售成本48 000(100×480)元,应编制会计分录如下:

借:主营业务成本　　　　　　　　　　　　　　　　　　　　　　48 000
　贷:受托代销商品　　　　　　　　　　　　　　　　　　　　　48 000

月末,将销售清单送交杭州江海批发公司,取得开来的增值税专用发票,开出转账支票付清,结转受托代销商品款,应编制会计分录如下:

借:受托代销商品款　　　　　　　　　　　　　　　　　　　　　48 000
　　应交税费——应交增值税(进项税额)　　　　　　　　　　　 6 240
　贷:应付账款——杭州江海批发公司　　　　　　　　　　　　　54 240

按合同协议支付款项,应编制会计分录如下:

借:应付账款——杭州江海批发公司　　　　　　　　　　　　　　54 240
　贷:银行存款　　　　　　　　　　　　　　　　　　　　　　　54 240

(2)收取手续费方式

①委托方核算

采取支付代销手续费方式的委托代销商品,其业务程序及代销商品销售的核算方法与视同买断方式处理的方法基本相同。所不同的是,受托方不能自行改变售价,只能按代销协议中委托方规定的价格销售,并将其视为对委托方的应付账款。代销商品销售后,委托方根据合同规定,按销售额的一定比例支付给受托方代销手续费,记入"销售费用"科目。

【工作任务 1-13】

接《工作任务 1-11》,电子词典协议价为每台 480 元,委托代销合同规定代销手续费为销售额的 10%,每月结算一次。杭州江海批发公司的财务部门对该项业务处理如下:

发出代销商品时,应编制会计分录如下:
借:发出商品——杭州晨光文具公司　　　　　　　　　　　80 000
　　贷:库存商品——文具——电子词典　　　　　　　　　　　　80 000

月末,收到文具公司交来的销售清单,当月售出 100 台,货款为 48 000 元,增值税为 6 240 元,据此开出增值税专用发票,确定销售收入,应编制会计分录如下:
借:应收账款——杭州晨光文具公司　　　　　　　　　　　54 240
　　贷:主营业务收入　　　　　　　　　　　　　　　　　　　　48 000
　　　　应交税费——应交增值税(销项税额)　　　　　　　　　 6 240

同时,结转委托代销商品成本,应编制会计分录如下:
借:主营业务成本　　　　　　　　　　　　　　　　　　　40 000
　　贷:发出商品——杭州晨光文具公司　　　　　　　　　　　　40 000

收到杭州晨光文具公司开来的转账支票,存入银行,应编制会计分录如下:
借:银行存款　　　　　　　　　　　　　　　　　　　　　49 440
　　销售费用——代销手续费　　　　　　　　　　　　　　 4 800
　　贷:应收账款——杭州晨光文具公司　　　　　　　　　　　　54 240

②受托方核算

受托方根据合同规定收取的代销手续费,作为其他业务收入处理。

【工作任务 1-14】

接《工作任务 1-11》,电子词典协议价为每台 480 元,委托代销合同规定代销手续费为销售额的 10%,每月结算一次。杭州晨光文具公司财务部门对该项业务处理如下:

收到杭州江海批发公司委托代销的电子词典时,应编制会计分录如下:
借:受托代销商品　　　　　　　　　　　　　　　　　　　96 000
　　贷:受托代销商品款　　　　　　　　　　　　　　　　　　　96 000

售出 100 台,收到货款 48 000 元,增值税 6 240 元,存入银行,应编制会计分录如下:

借:银行存款　　　　　　　　　　　　　　　　　　　　　　　54 240
　　贷:应付账款——杭州江海批发公司　　　　　　　　　　　　　　48 000
　　　　应交税费——应交增值税(销项税额)　　　　　　　　　　　　6 240

同时,注销已售代销商品,应编制会计分录如下:

借:受托代销商品款　　　　　　　　　　　　　　　　　　　　48 000
　　贷:受托代销商品　　　　　　　　　　　　　　　　　　　　　　48 000

月末,将销售清单送交杭州江海批发公司,取得开来的增值税专用发票,根据代销合同,扣除代销手续费后,将余款开出转账支票付清,应编制会计分录如下:

借:应付账款——杭州江海批发公司　　　　　　　　　　　　　54 240
　　贷:其他业务收入　　　　　　　　　　　　　　　　　　　　　　4 800
　　　　银行存款　　　　　　　　　　　　　　　　　　　　　　　49 440

同时,增值税专用发票中的增值税,作为进项税额入账,应编制会计分录如下:

借:应交税费——应交增值税(进项税额)　　　　　　　　　　　6 240
　　贷:应付账款——杭州江海批发公司　　　　　　　　　　　　　　6 240

3.销售退回业务

批发企业在商品销售后,购货单位因商品的品种、规格、质量等与购销合同不符而提出退货时,经批发企业业务部门同意后,开具红字增值税专用发票并办理退货手续,其财务部门根据储运部门转来的发票结算货款,进行账务处理。

【工作任务 1-15】

杭州江海批发公司 9 月初销售给杭州学林日用品商店电磁炉 100 个,售价为每个 300 元,进价为每个 250 元。现商店发现有 10 个存在质量问题,要求退货。经批发公司业务部门同意,商品已退回验收入库,并开出转账支票,退回货款和增值税税款,财务部门对此进行如下处理:

开具红字增值税专用发票和转账支票时,应编制会计分录如下:

借:主营业务收入　　　　　　　　　　　　　　　　　　　　　3 000
　　应交税费——应交增值税(销项税额)　　　　　　　　　　　　390
　　贷:银行存款　　　　　　　　　　　　　　　　　　　　　　　　3 390

商品退回验收入库时,应编制会计分录如下:

借:库存商品——家用电器——电磁炉　　　　　　　　　　　　2 500
　　贷:主营业务成本　　　　　　　　　　　　　　　　　　　　　　2 500

4.销售退补价业务

批发企业在商品销售后,由于发现商品的规格和等级错发、货款计算错误或先按暂定价格结算后正式定价等情况,需要向购货单位退还或补收货款。

实际销售价格低于已经结算货款的价格是销售退价,销货单位应将多收的差额退还给购货单位。实际销售价格高于已经结算货款的价格是销售补价,销货单位应向购货单位补收少算的差额。销售商品发生退补价时,先由业务部门填制增值税专用发票予以更正,财务部门审核无误后,据以结算退补价款,进行账务处理。

【工作任务1-16】

杭州江海批发公司9月10日销售给杭州大光百货公司台式电扇200个,售价为每个130元,款项已入账。9月22日,查账时发现该台灯的售价应为每个125元,当即开出红字增值税专用发票和转账支票,退还相应款项,财务部门对此进行如下处理:

借:主营业务收入　　　　　　　　　　　　　　　　　1 000
　　应交税费——应交增值税(销项税额)　　　　　　　 130
　贷:银行存款　　　　　　　　　　　　　　　　　　 1 130

若发生销售补价,应借记"银行存款"科目,贷记"主营业务收入"和"应交税费"科目。

5.购货方拒付货款、拒收商品业务

批发企业在异地商品销售业务中,一般采用"发货制"的商品交接方式,并常采用托收承付结算方式,当商品发运后,向银行办理托收手续。当购货单位收到托收凭证时,发现内附增值税专用发票开列商品与合同不符,或与收到的商品数量、品种、规格或质量不符时,就会拒付货款或拒收商品。当批发企业财务部门收到银行转来的购货单位"拒绝付款理由书"时,暂不进行账务处理,但应通知业务部门,及时查明原因,并尽快与购货单位进行协商,然后根据不同的情况进行处理。

对于商品少发的处理有两种情况:一是补发商品,在商品发运后,收到购货单位货款、增值税及垫付运费时,借记"银行存款"科目,贷记"应收账款"科目。二是不再补发商品,少发商品作为销货退回处理。

对于货款开错的情况,由业务部门填制红字增值税专用发票,财务部门据以进行销货退款处理。

当月商品质量、品种、规格不符合要求而退回时,应由储运部门验收入库,财务部门根据转来的红字增值税专用发票进行销货退回处理,退回商品运费记入"销售费用"科目。

对于商品短缺情况,先冲减"主营业务收入""应交税费""应收账款"科目,再根据具体情况进行账务处理。如属于本企业责任,将商品短缺金额转入"待处理财产损溢"科目,经批准后,再转入"营业外支出"科目。

如购货单位支付了部分货款,拒付部分款项,应将收到的款项借记"银行存款"科目,对于尚未收到的款项,仍保留在"应收账款"科目内,与对方协商后再予以转销。

三、商品储存盘点业务核算

商品储存是指商品流通企业已经购进但尚未销售的商品,主要包括库存商品、受托代销商品、分期收款发出商品等。为了加强对商品储存的管理,批发企业的财务部门必须及时关注库存商品数量和价格的变化,并进行相应的核算。

库存商品可能会因管理不善或其他原因而发生溢余、短缺或毁损等数量变化,为保证库存商品账实相符,批发企业应定期或不定期对库存商品进行盘点,以查明库存商品数量上的短缺或溢余,以及质量上的残次、损坏、变质等情况。盘点时,由商品保管员负责填制"商品盘点表",如发现盘点的实存数量与账存数量不符,则应填制"商品盘点短缺溢余报告单",财务部门据以先将商品短缺或溢余金额记入"待处理财产损溢"科目,再根据其具体原因区别不同情况进行账务处理。

库存商品的溢余,应由"待处理财产损溢"科目借方转入当期损益。库存商品的盘亏或毁损、回收的残料价值以及可收回的保险赔偿和过失人赔偿,借记"原材料""其他应收款"等科目;剩余净损失,属于非常损失部分,记入"营业外支出"科目;属于一般经营损失部分,记入"管理费用"科目。根据规定,企业购进商品发生非正常损失,其进项税额不得从销项税额中抵扣,而应当从当期发生的进项税额中转出,并与遭受非正常损失的购进商品的进价成本一并进行账务处理。

【工作任务 1-17】

杭州江海批发公司在 9 月 30 日盘点时发现文具中订书机短缺 1 000 元,经查发现属仓库保管员保管不善所致,该公司决定由仓库保管员赔偿 80%,其余作为企业经营损失处理。

发生盘亏时,应结转盘亏文具成本及转出其非正常损失的进项税额,应编制会计分录如下:

借:待处理财产损溢——待处理流动资产损溢　　　　　　　1 000
　　贷:库存商品——文具——订书机　　　　　　　　　　　 1 000
查明原因后应转销盘亏文具的损失,应编制会计分录如下:
借:其他应收款——保管员　　　　　　　　　　　　　　　　904
　　管理费用　　　　　　　　　　　　　　　　　　　　　　226
　　贷:待处理财产损溢——待处理流动资产损溢　　　　　　1 000
　　　　应交税费——应交增值税(进项税额转出)　　　　　　130

任务三　零售商品流通业务的核算

零售企业处于商品流通过程的最终环节,一般采用售价金额核算,即实行实物负责制,库存商品按含税售价记账,同时为反映库存商品的进价成本,设置"商品进销差价"科目,反映商品进价与售价之间的差额。

一、商品购进业务核算

(一)一般商品购进业务核算

零售企业购进商品时,财务部门根据采购员交来的结算凭证和核价人员送来的发票联,复核无误后,按所列明的货款借记"在途物资"科目;按所列明的增值税借记"应交税费"科目;按价税合计贷记"银行存款""应付票据"或"其他货币资金"等科目。根据仓储部门送来的商品验收入库凭证,复核无误后,按售价金额借记"库存商品"科目,按进价金额贷记"在途物资"科目,售价金额与进价金额之间的差额,贷记"商品进销差价"科目。

"商品进销差价"科目是资产类科目,作为"库存商品"科目的备抵调整科目,用以反映库存商品售价金额与进价金额之间的差额。该科目贷方登记商品购进、溢余及调价增值等而发生的差额;借方登记结转已售商品进销差价、商品短缺、削价及调价减值等而注销的差价;余额在贷方,表示期末库存商品的进销差价。期末,"库存商品"科目余额减去"商品进销差价"科目余额,就是库存商品的进价金额。

【工作任务1-18】

杭州中山百货公司从当地杭州江海批发公司购进美的电压力锅30个,进价为每个200元,货款及进项税额合计6 780元,开出银行转账支票付讫。仓储部交来验收入库单,含税零售价为每个304.2元。

财务部门收到增值税专用发票,据以付款,应编制会计分录如下:

借:在途物资——杭州江海批发公司　　　　　　　　　　6 000
　　应交税费——应交增值税(进项税额)　　　　　　　　780
　　贷:银行存款　　　　　　　　　　　　　　　　　　　　6 780

收到入库单,结转商品采购成本,应编制会计分录如下:

借:库存商品——家电组　　　　　　　　　　　　　　　9 126
　　贷:商品进销差价　　　　　　　　　　　　　　　　　　3 126
　　　　在途物资——杭州江海批发公司　　　　　　　　　6 000

(二)特殊商品购进业务核算

1.进货退出业务

零售企业购进商品后,一般按箱整件验收入库,如果入库后发现商品的品种、规格、质量与发票合同所列不符等情况,应及时与供货单位联系,经供货单位同意后,由其开出红字增值税专用发票,办理退货手续,并将商品退还供货单位。零售企业财务部门据此进行进货退出处理。

【工作任务1-19】

接【工作任务1-18】,杭州中山百货公司在销售电压力锅时,发现有5个存在质量问题。经与杭州江海批发公司协商,予以退货。

当收到对方开来红字增值税专用发票时,应编制会计分录如下:

借:在途物资——杭州江海批发公司　　　　　　　　　　1 000
　　应交税费——应交增值税(进项税额)　　　　　　　　130
　　贷:应付账款——杭州江海批发公司　　　　　　　　　1 130

当收到业务部门转来"进货退出单"时,应编制会计分录如下:

　　借:库存商品——家电组　　　　　　　　　　　　　　　1 521
　　　贷:商品进销差价　　　　　　　　　　　　　　　　　　　521
　　　　在途物资——杭州江海批发公司　　　　　　　　　1 000

2.购进商品退补价业务

如果零售企业购进商品后,收到供货单位由于商品品种、等级差错等因素开错价格而重开来的更正发票时,企业应及时更正商品货款。更正商品货款主要有以下两种情况:

(1)只更正购进价格

在只更正购进价格情况下,商品的零售价格不受影响,因此在核算时,"库存商品"科目按零售价格反映,不需要调整,只需调整"商品进销差价"科目。若是供货单位退还货款,根据红字增值税专用发票冲减商品进价和进项税额。若是供货单位补收货款,则根据增值税专用发票增加商品进价和进项税额。

【工作任务1-20】

　　杭州中山百货公司9月1日从杭州利群家电批发公司购进饮水机300台,进价为每台200元,零售价为每台327.6元,货款已付,商品已验收入库。9月5日,收到杭州利群家电批发公司更正发票,该批饮水机批发价应为每台170元,应退货款9 000元,增值税1 170元。

　　首先,收到红字增值税专用发票时,冲减商品进价和进项税额,应编制会计分录如下:

　　借:在途物资——杭州利群家电批发公司　　　　　　　9 000
　　　　应交税费——应交增值税(进项税额)　　　　　　　1 170
　　　贷:应付账款——杭州利群家电批发公司　　　　　　10 170

　　然后调整商品进销差价,应编制会计分录如下:

　　借:在途物资　　　　　　　　　　　　　　　　　　　　9 000
　　　贷:商品进销差价　　　　　　　　　　　　　　　　　9 000

(2)同时更正购进价格与零售价格

在同时更正购进价格与零售价格的情况下,调整商品进价和进项税额核算方法与只更正购进价格的核算方法相同,同时,还要调整库存商品的售价金额和商品进销差价。若是供货单位退还货款,根据红字增值税专用发票冲减商品进价和进项税额。若是供货单位补收货款,则根据增值税专用发票补增商品进价和进项税额。

【工作任务1-21】

　　接〖工作任务1-20〗,如该饮水机零售价格因进价变更应调整为每台304.2元,在账务处理上,应在冲减商品采购额和进项税额后,同时冲减库存商品售价金额和进价成本。

首先,收到红字增值税专用发票时,冲减商品进价和进项税额,应编制会计分录如下:

借:在途物资——杭州利群家电批发公司　　9 000
　　应交税费——应交增值税(进项税额)　　1 170
　　贷:应付账款——杭州利群家电批发公司　　10 170

根据新的售价,调整商品售价和商品进销差价,应编制会计分录如下:

借:库存商品　　7 020
　　贷:商品进销差价　　1 980
　　　　在途物资——杭州利群家电批发公司　　9 000

3.购进商品短缺、溢余业务

零售企业的营业柜组在验收商品过程中,发现商品数量有短缺或溢余时,若是同城购进的可与供货单位联系,使对方补回其少发的商品,或将对方多发的商品退还,这样在会计核算上就不反映商品的短缺或溢余。或是异地购进商品,无法立即查明原因的,应由验收柜组填制"商品购进短缺溢余报告单",财务部门据以按进价将短缺或溢余商品先记入"待处理财产损溢"科目,并按实收商品数量的售价金额借记"库存商品"科目。查明原因后的核算方法与批发企业相同。

二、商品销售业务核算

(一)一般商品销售业务核算

1.商品销售业务程序

零售企业的商品销售业务,一般按营业柜组或门市部组织进行。商品销售的业务程序,根据企业的规模、经营特点及经营管理需要的不同而有所不同。对于零售企业的销售收入,大多数零售企业广泛实行现金交易。收款的方式主要有分散收款和集中收款两种。分散收款是指由营业员直接收款,一般不填制销售凭证,手续简便、交易迅速,但销货与收款都由营业员一人经手,容易产生差错和弊端。集中收款是指设立收款台,由营业员填制销货凭证,消费者据以向收款台交款,然后消费者持盖有收款台"现金收讫"章的销货凭证向营业员领取商品。采用集中收款方式,每日营业结束后,营业员应根据所开具销货凭证计算出销货总金额,并与收款台实收金额进行核对,以检查收款是否正确。在这种方式下,钱货分管,职责明确,因此不易发生差错,但销货与核对手续较为烦琐。

不论采用哪种收款方式,销货款均应在当天解缴。解缴的方式有分散解缴和集中解缴两种。若采取分散收款方式进行解缴,由各营业柜组或门市部安排专人负责解缴;若采取集中收款方式进行解缴,由收款员负责解缴。解缴方式,见表1-2。

表 1-2   解缴方式说明表

解缴方式	收款方式	程序
分散解缴	分散收款	由各营业柜组或门市部安排专人负责解缴
	集中收款	由收款员负责,按所收销货款,填制解缴单,将现金直接解存银行,取得解款单回单后,送交财务部门
集中解缴	分散收款	由各营业柜组或门市部安排专人负责解缴
	集中收款	由收款员负责,按所收销货款,填制"收入缴款单",连同销货款一并交给财务部门,财务部门将各营业柜组或门市部的销货款集中汇总后,填制解缴单,送存银行

2. 商品销售业务核算

零售企业的商品销售业务通过"主营业务收入"和"主营业务成本"科目进行核算。为了简化核算手续,平时在"主营业务收入"科目中反映含税的销售收入,月末再将其调整为不含税的商品销售额。

商品销售后,财务部门要反映销售收入和收入货款情况,同时要反映实物负责小组库存商品的购销动态和结存情况,需要随时转销已销库存商品成本。平时在"主营业务成本"科目中是按售价进行反映的,月末一次计算出当月已销商品的进销差价,通过"商品进销差价"科目将"主营业务成本"科目调整为进价。

【工作任务 1-22】

杭州中山百货公司 9 月 6 日各营业柜组的商品销售及货款收入,见表 1-3。其中,信用卡结算手续费为 5‰。

表 1-3   商品销售及货款收入表   (单位:元)

营业柜组	销售额	库存现金	转账支票	信用卡	现金溢缺
服装组	64 270	34 560	23 980	5 730	
家电组	119 790	54 570	42 420	22 800	
食品组	2 810	2 810			
百货组	23 960	23 960			
合计	210 830	115 900	66 400	28 530	

根据各营业柜组的交款单及现金、支票、信用卡签购单确认销售收入,应编制会计分录如下:

借:库存现金   115 900.00
    银行存款   94 787.35
    财务费用   142.65
  贷:主营业务收入——服装组   64 270.00
              ——家电组   119 790.00
              ——食品组   2 810.00
              ——百货组   23 960.00

将全部现金销售款送存银行,应编制会计分录如下:

借:银行存款　　　　　　　　　　　　　　　　　115 900
　贷:库存现金　　　　　　　　　　　　　　　　　　　　115 900

结转已销商品的销售成本,应编制会计分录如下:

借:主营业务成本——服装组　　　　　　　　　　64 270
　　　　　　　　——家电组　　　　　　　　　　119 790
　　　　　　　　——食品组　　　　　　　　　　　2 810
　　　　　　　　——百货组　　　　　　　　　　23 960
　贷:库存商品——服装组　　　　　　　　　　　　　　64 270
　　　　　　——家电组　　　　　　　　　　　　　　119 790
　　　　　　——食品组　　　　　　　　　　　　　　　2 810
　　　　　　——百货组　　　　　　　　　　　　　　23 960

3. 主营业务收入的调整

由于零售企业平时在"主营业务收入"科目中反映的是含税收入,因此应于月末时进行调整,将销项税额从含税收入中分离出来,将"主营业务收入"科目还原为不含税收入,含税收入的调整公式如下:

$$销售额 = \frac{含税收入}{1+增值税税率}$$

$$销项税额 = 含税收入 - 销售额$$

或者　$$销项税额 = 销售额 \times 增值税税率$$

【工作任务1-23】

杭州中山百货公司9月末的"主营业务收入"科目余额为210 830元,"主营业务收入"科目的调整计算如下:

$$销售额 = \frac{210\ 830}{1+13\%} = 186\ 575.22(元)$$

销项税额 = 210 830 - 186 575.22 = 24 254.78(元)

根据以上计算结果,应编制会计分录如下:

借:主营业务收入　　　　　　　　　　　　　　　24 254.78
　贷:应交税费——应交增值税(销项税额)　　　　　　24 254.78

4. 主营业务成本的调整

为了简化核算,零售企业平时按商品售价结转主营业务成本,月末为了正确核算商品销售经营成果,需要通过计算和结转已销商品的进销差价将商品的销售成本由售价调整为进价。零售企业计算已销商品进销差价的方法有综合差价率计算法、分柜组差价率计算法和实际进销差价计算法三种。

(1)综合差价率计算法。采用综合差价率计算法,零售企业应按全部商品的存销比例计算本期已销商品分摊的进销差价。计算公式如下:

$$综合差价率=\frac{调整前商品进销差价余额}{期末库存商品余额+期末受托代销商品余额+本期主营业务收入}\times 100\%$$

$$本期已销商品进销差价=本期主营业务收入\times 综合差价率$$

【工作任务 1-24】

杭州中山百货公司 9 月 30 日有关科目余额如下:

调整前"商品进销差价"科目余额:4 865 820 元

期末"库存商品"科目余额:2 946 750 元

期末"受托代销商品"科目余额:58 000 元

"主营业务收入"科目余额:18 845 120 元

$$综合差价率=\frac{4\ 865\ 820}{2\ 946\ 750+58\ 000+18\ 845\ 120}\times 100\%=22.27\%$$

本期已销商品进销差价=18 845 120×22.27%=4 196 808.22(元)

根据上述计算结果,应编制会计分录如下:

借:商品进销差价　　　　　　　　　　　　4 196 808.22

　　贷:主营业务成本　　　　　　　　　　　　　4 196 808.22

(2)分柜组差价率计算法。采用分柜组差价率计算法是按各营业柜组或门市部的存销比例,计算本期已销商品应分摊进销差价的一种方法。这种方法要求按营业柜组分别计算,其计算方法和综合差价率计算法相同,财务部门可编制"已销商品进销差价计算表"进行计算。

【工作任务 1-25】

杭州中山百货公司下设服装、家电、食品和百货 4 个营业柜组,9 月 30 日有关科目的余额,见表 1-4、表 1-5。

表 1-4　　　　　　　　　　营业柜组科目余额表　　　　　　　　　　(单位:元)

营业柜组	调整前商品进销差价余额	期末库存商品余额	期末受托代销商品余额	本期主营业务收入余额
服装组	1 447 080	589 350		4 548 800
家电组	2 170 600	1 178 700		5 848 500
食品组	162 800	294 675		1 949 500
百货组	1 085 340	884 025	58 000	6 498 320
合计	4 865 820	2 946 750	58 000	18 845 120

根据表 1-4,编制本月已销商品进销差价计算表,见 1-5。

表 1-5　　　　　　　　　已销商品进销差价计算表　　　　　　　　（单位：元）

营业柜组	调整前商品进销差价余额①	期末库存商品余额②	期末受托代销商品余额③	主营业务收入余额④	分柜组差价率⑤=①÷(②+③+④)	已销商品进销差价⑥=④×⑤	期末商品进销差价⑦=①-⑥
服装组	1 447 080	589 350		4 548 800	28.16%	1 280 942.08	166 137.92
家电组	2 170 600	1 178 700		5 848 500	30.89%	1 806 601.65	363 998.35
食品组	162 800	294 675		1 949 500	7.25%	141 338.75	21 461.25
百货组	1 085 340	884 025	58 000	6 498 320	14.59%	948 104.89	137 235.11
合计	4 865 820	2 946 750	58 000	18 845 120	—	4 176 987.37	688 832.63

根据表 1-5，应编制会计分录如下：

借：商品进销差价——服装组　　　　　　　　　1 280 942.08
　　　　　　　　——家电组　　　　　　　　　1 806 601.65
　　　　　　　　——食品组　　　　　　　　　　141 338.75
　　　　　　　　——百货组　　　　　　　　　　948 104.89
　贷：主营业务成本——服装组　　　　　　　　　1 280 942.08
　　　　　　　　——家电组　　　　　　　　　1 806 601.65
　　　　　　　　——食品组　　　　　　　　　　141 338.75
　　　　　　　　——百货组　　　　　　　　　　948 104.89

（3）实际进销差价计算法。采用实际进销差价计算法是先计算出期末商品的进销差价，然后在此基础上倒挤出已销商品的进销差价。期末各营业柜组或门市部通过商品盘点，编制"库存商品盘存表"和"受托代销商品盘存表"，根据各种商品实存数，分别乘以售价和进价，计算出期末商品的售价金额和进价金额。具体计算公式如下：

$$\text{期末商品进销差价} = \text{期末库存商品售价金额} - \text{期末库存商品进价金额} + \text{期末受托代销商品售价金额} - \text{期末受托代销商品进价金额}$$

已销商品进销差价 = 调整前商品进销差价余额 - 期末商品进销差价

【工作任务 1-26】

接《工作任务 1-25》，杭州中山百货公司采用实际进销差价计算法计算已销商品的进销差价。根据表 1-5，9 月 30 日计算并结转各营业柜组已销商品进销差价，应编制会计分录如下：

借：商品进销差价——服装组　（1 447 080－166 137.92）1 280 942.08
　　　　　　　　——家电组　（2 170 600－363 998.35）1 806 601.65
　　　　　　　　——食品组　　（162 800－21 461.25）141 338.75
　　　　　　　　——百货组　（1 085 340－137 235.11）948 104.89

贷:主营业务成本——服装组		1 280 942.08
——家电组		1 806 601.65
——食品组		141 338.75
——百货组		948 104.89

(二)特殊商品销售业务核算

受托代销商品业务是指零售企业接受其他单位委托,代其他单位销售商品的业务。受托代销商品销售有两种不同的处理方式,即视同买断方式和收取手续费方式。

1.视同买断方式

零售企业在收到受托代销商品并将其验收入库时,应按售价金额借记"受托代销商品"科目,按协议价金额贷记"受托代销商品款"科目,按售价金额与协议价金额之间的差额贷记"商品进销差价"科目。

【工作任务1-27】

杭州中山百货公司为上海申花体育用品公司代销学生排球200个,协议价为每个60元,含税零售价为每个104.4元,6月1日收到篮球。杭州中山百货公司9月15日全部销售完毕,同日将代销商品款支付给上海申花体育用品公司。

①收到受托代销品时,应编制会计分录如下:

借:受托代销商品	20 880
贷:受托代销商品款	12 000
商品进销差价	8 880

②受托代销商品销售后,确认收入,同时结转销售成本,应编制会计分录如下:

借:银行存款	20 880.00
贷:主营业务收入	18 477.88
应交税费——应交增值税(销项税额)	2 402.12
借:主营业务成本	12 000
贷:受托代销商品	12 000

③收到委托方开具的增值税专用发票,结转代销商品款,应编制会计分录如下:

借:受托代销商品款	12 000
应交税费——应交增值税(进项税额)	1 560
贷:应付账款——上海申花体育用品公司	13 560

④将代销商品款支付给上海申花体育用品公司,应编制会计分录如下:

借:应付账款——上海申花体育用品公司	13 560
贷:银行存款	13 560

⑤月末,调整本次的销售成本。经计算应计入本次受托代销商品的进销差价为8 880元,应编制会计分录如下:

借:商品进销差价	8 880
贷:主营业务成本	8 880

⑥月末,调整本次的销售收入。

$$应交销项税额=\frac{104.4\times200}{1+13\%}\times13\%=2\,402.12(元)$$

应编制会计分录如下:
借:主营业务收入　　　　　　　　　　　　　　　2 402.12
　　应交税费——应交增值税(进项税额)　　　　　2 402.12

2.收取手续费方式

采用收取手续费方式的企业,在收到代销商品时,应按代销商品的售价借记"受托代销商品"科目,贷记"受托代销商品款"科目。代销商品销售的核算及结算代销手续费的核算方法,与批发企业基本相同,在此不再赘述。

三、商品储存业务核算

1.商品调价业务

商品调价是商品流通企业根据国家物价政策或市场情况,对某些正常商品的价格进行适当地调高或调低。

由于采用售价金额核算的零售企业平时不核算商品数量,因此,在规定调价日期的前一天营业结束后,对调价商品进行盘点,由其营业柜组按实际库存数量填制"商品调价差额调整单",并交财务部门进行审核。财务部门审核无误后,将需调高售价金额的库存商品,借记"库存商品"科目,贷记"商品进销差价"科目;将需调低售价金额的库存商品,借记"商品进销差价"科目,贷记"库存商品"科目。

2.商品内部调拨业务

商品内部调拨是指零售企业在同一独立核算单位内部各实物负责小组间的商品进行转移,具体表现为各营业柜组或门市部之间为了调剂商品余缺所发生的商品转移;或设有专职仓库保管员,对库存商品单独进行核算和管理的企业,当营业柜组或门市部向仓库提取商品时所发生的商品调拨转移。

商品内部调拨不作为商品销售处理,也不进行结算,只是转移各实物负责部门承担的经济责任。商品内部调拨在核算时借记调入部门库存商品的明细账,贷记调出部门库存商品的明细账,"库存商品"科目总额保持不变。采取分柜组差价率计算法分摊已销商品进销差价的企业,还要相应调整"商品进销差价"科目。调入柜组借记"库存商品"科目,贷记"商品进销差价"科目;调出柜组借记"商品进销差价"科目,贷记"库存商品"科目。

3.商品盘点短缺溢余业务

零售企业的库存商品在采用售价金额核算的情况下,库存商品明细分类账一般按营业柜组或门市部设置,平时只将各营业柜组或门市部商品的进、销、存的售价金额予以登记,而对各种商品的结存数量不予登记。因此,为了解和控制各种商品的实存数,企业必须定期或不定期地进行商品盘点,以确定各种商品的实际数量,逐项计算出各种商品的售价金额,并与当日的"库存商品"科目余额进行核对,以验证库存商品是否账实相符。

如果商品盘点发生短缺或溢余,营业柜组或门市部应填制"商品盘点短缺溢余报告单"。

由于商品盘点所发生的短缺或溢余是以商品的售价金额来反映的,所以在"商品盘点短缺溢余报告单"中还需要将其售价调整为进价金额。在尚未查明商品短缺或溢余的原因前,财务部门应按其进价金额转入"待处理财产损溢"科目,等查明原因,再根据具体情况进行不同的处理。对于商品自然损耗而发生的短缺,应借记"销售费用"科目或计入商品采购成本;对于责任事故造成的商品短缺,由当事人负责赔偿的部分,借记"其他应收款"科目;由企业负担的部分,借记"营业外支出"科目。对于商品溢余,属于供货单位多发商品的,应作为商品购进补付货款处理;如属自然升溢,应冲减"销售费用"科目。

4.库存商品和商品进销差价科目明细分类核算

零售企业采用售价金额核算时,为控制各营业柜组或门市部的库存商品数额,将其库存商品明细账按营业柜组或门市部设置,按售价计算出每种库存商品的金额并予以登记。需要注意的是,如果零售企业采取分柜组差价率计算法调整商品进销差价的,则"商品进销差价"明细账也需要按营业柜组或门市部设置。在实际工作中,为简化核算工作,可以将"库存商品"与"商品进销差价"科目的明细账合在一起,设置"库存商品和商品进销差价"联合明细分类账。

项目小结

商品流通企业分为批发和零售两种类型。其核算内容是商品流转的三个环节。核算方法分为进价和售价两种。批发企业的会计核算以数量进价金额核算为主,包括商品购进、进货退出、退价补价、短缺溢余、拒付拒收等业务核算;其商品销售涉及同城、异地、直运、代销售等业务核算;商品储存涉及盘点等业务核算。零售企业的会计核算一般采用售价金额核算方法,实行实物负责制,库存商品按含销项税额的售价记账,同时设置"商品进销差价"科目,反映商品进价与售价之间的差额。零售企业商品流转核算需要在月末对商品销售收入和商品销售成本进行调整,才能计算出当月的经营利润。

项目练习

一、单项选择题

1.直运商品、委托代销商品和分期收款发出商品销售成本的计算方法应采用( )。
  A.个别计价法   B.加权平均法   C.先进先出法   D.移动加权平均法

2.应在库存商品明细账发出方"其他数量"栏内登记的业务是( )。
  A.商品短缺   B.进货退出   C.销货退回   D.销售商品

3.平时采取分柜组差价率推算法,年终采用实际进销差价计算法计算已销商品进销差价,那么,12月结转的已销商品进销差价是( )。

  A.12月的已销商品进销差价
  B.对前11个月已销商品进销差价偏差的调整
  C.12月的已销商品进销差价及对前11个月已销商品进销差价偏差的调整

D.12月已销商品进销差价的调整数

4.采用售价金额核算的企业在商品销售的同时,将库存商品按售价金额转入"主营业务成本"科目是为了( )。

A.及时反映各营业柜组经营商品的库存额

B.及时反映各营业柜组的经济责任

C.月末计算和结转已销商品进销差价

D.简化核算工作,并于月末重新结转分配实际主营业务成本

5.分柜组差价率推算法适用于( )。

A.经营柜组间差价率较均衡的企业　　B.经营柜组间差价率不太均衡的企业

C.企业规模小的企业　　　　　　　　D.经营品种少的企业

6.对于异地商品流通业务,一般采用( ),并且多采用( )结算方式。

A.送货制委托收款　　　　　　　　　B.发货制托收承付

C.提货制托收承付　　　　　　　　　D.提货制委托收款

7.在零售企业购进业务中,如果发生了退价但销售价格并没有发生变化的情况,以下说法正确的是( )。

A.物资采购成本升高,商品进销差价减少

B.物资采购成本升高,商品进销差价增加

C.物资采购成本降低,商品进销差价增加

D.物资采购成本降低,商品进销差价减少

二、业务计算题

1.杭州百货商店属于零售企业,1月发生经济业务如下:

(1)1月4日从上海五金厂购进电水壶200个,进价50元/个,售价70元/个,款已付讫并验收入库。

(2)1月6日五金厂开来更正增值税专用发票,单价应为52元/个。

(3)1月15日根据受托代销合同,接受浙江服装厂200件男式上衣的代销业务。合同约定货款于月末根据代销清单进行结算。该上衣购进单价300元/件,零售单价450元/件。上衣于20日全部销售。

(4)1月31日,本月销售收入为348 000元,库存商品科目余额为300 000元,受托代销商品科目余额为25 000元,结转前商品进销差价科目余额为180 000元。根据综合差价率法结转本月销售成本并计算本月应纳销项税额。(保留两位小数)

要求:根据上述经济业务编制相应会计分录。

2.杭州服装批发公司是一家批发公司,公司采用加权平均法计算销售成本。1月初存有服装10件,价值2 400元。1月发生经济业务如下:

(1)1月3日从上海永新服装厂购进服装100件,进价225元/件,售价300元/件。货到验收入库并付款。

(2)1月5日复检这批服装,发现有10件款式不符,将这些退回上海永新服装厂。

(3)1月6日,销售服装20件,收到货款。

(4)1月20日,销售服装35件,收到货款。

(5)1月30日,盘点发现短缺2件,经查明原因,是仓库管理人员疏忽所致,由其赔偿一

件,另一件作为企业损失。

(6)1月30日,计算结转本月商品销售成本。(提示:根据加权平均法计算销售成本)

要求:根据上述经济业务编制相应会计分录。

三、思考题

1.什么是商品流通企业会计?它具有哪些特征?

2.委托代销商品和受托代销商品销售后有哪两种不同处理方法,在核算上有何不同?

3.采用售价金额核算的企业对商品购进和销售是如何进行核算的,与数量进价金额核算的方法有何不同?

4.采用售价金额核算为什么要调整商品销售成本和商品销售收入?如何进行调整?

5.库存商品的清查包括哪些内容?

项目二 运输企业会计

学习目标

1. 掌握运输企业会计的概况；
2. 熟悉运输企业存货、营运收入、营运成本的核算。

任务一　运输企业会计认知

运输企业是指利用运输工具专门从事运输活动或直接为运输活动服务的企业。运输企业按其运输方式分为公路运输企业、铁路运输企业、民用航空运输企业、水上运输企业、管道运输企业等五种企业。

一、运输企业经营特点

运输企业是一种特殊的生产企业，同制造企业相比，其经济业务特点主要有以下几方面：(1)经营过程中只改变运输对象的空间位置而不改变其形态。(2)固定资产比重大，流动资产比重小。(3)运输企业的生产过程具有流动性、分散性的特征。它的生产过程是通过各沿线单位各工种的分工协作以及持续不断的进行来完成的。(4)运输企业在运输生产过程中消耗劳动力、劳动资料和大量的材料，但却不消耗劳动对象。

二、运输企业会计核算特点

1.存货核算的单一性

在运输企业中固定资产比重大，而流动资产所占的比重小，其中存货主要以燃料、轮胎为主。

2.收入复杂、结算量大

运输企业取得运输业务收入的方式，是在出售客票或开出货票的同时取得票款的。运输企业具有运营网点多、运输生产线长、流动性大等特点，且运输企业的收入类型较多，包括客运收入、货运收入、代理业务收入、堆存收入、装卸收入等，因此，收入的处理也根据不同情况分别采用互不结算、相互结算、汇总分配结算等方式进行处理。

任务二　运输企业存货的核算

一、存货的分类

存货,一般指企业在生产经营过程中为销售或耗用而储存的实物资产,主要包括各种材料、在产品、半成品、库存商品、低值易耗品等。但运输企业的存货通常不包括构成产品实体的原材料和在产品、半成品、库存商品等,而主要是为运输业务服务的燃料、修理用备件和运输途中的用品等。以公路运输企业为例,按在经营过程中作用的不同,可以将存货分为以下几类:

1. 燃料

燃料是指企业库存和各种运输工具中存放的各种固体、液体、气体燃料以及作为燃料使用的废料。它是运输企业中最重要的存货,在存货中所占比重最大。

2. 材料

材料主要是指企业为维护、保养和修理各种运输设备、装卸机械等而储存的各种材料,主要包括轮胎垫带、内胎、各种消耗性材料、修理用备件等。

3. 轮胎

轮胎是指交通运输企业在库和在用的轮胎和外胎。它是汽车重要的部件,也是运输过程中损耗最大、更换最频繁的部件,在存货中所占比重较大。

4. 其他

其他指企业不作为固定资产核算的各种用具、物品,如工具、修理用具、随车附属品及管理用具等。

二、运输企业存货的核算

(一) 燃料的核算

运输企业为了核算各种固体、液体、气体燃料以及作为燃料使用的废料的实际成本或计划成本,应设置"原材料——燃料"科目。该科目可设置"库存"和"车存"两个三级账,并按不同燃料的种类设置明细账。"库存"三级账核算企业油库储存的各种燃料的增减结存情况;"车存"三级账核算企业车辆油箱中储存的各种燃料的增减结存情况。

运输企业燃料入库的核算与制造企业相同,这里主要说明燃料领用的核算。一般采用"满油箱制"和"盘存制"两种核算方法。

1. 满油箱制的核算

满油箱制是指车辆在投入营运后根据车辆油箱的容积填制领用燃料凭证,该凭证由油库保管。满油箱制的特点是每次加油时都将油箱加满,并要求月末也将油箱加满。因此,车存燃料数是一个固定数,即油箱容量。

在满油箱制下,企业可只设"原材料——燃料"总账,不设"库存"三级账。月末,根据各部门全月领油的累计数,作为各部门本月耗油总数。在采用实际成本计价的情况下,根据耗油数乘以按先进先出法、加权平均法等方法计算的发出燃料的实际单位成本,按照领用部门和用途,借记"主营业务成本——运输支出""管理费用""其他业务成本"等科目,贷记"原材料——燃料"科目。如果采用计划成本计价,应根据耗油数乘以计划单位成本,借记"主营业务成本——运输支出""管理费用""其他业务成本"等科目,贷记"原材料——燃料"科目,还应根据发出燃料的计划成本乘以材料成本差异率,计算发出燃料负担成本的差异额,借记或贷记"主营业务成本——运输支出""管理费用""其他业务成本"等科目,贷记或借记"材料成本差异"科目。

【工作任务 2-1】

顺驰运输公司采用满油箱制核算方法,按计划成本计价进行燃料的核算。本月材料成本差异率为2%。本月燃料发出汇总表,见表2-1。

表 2-1　　　　　　　　燃料发出汇总表

领用单位或用途	计划成本(元)
客运	60 000
货运	70 000
公司交通车队	2 000
对外销售	8 000
合计	140 000

(1)领用燃料时,应编制会计分录如下:

借:主营业务成本——运输支出——客运　　　　　　60 000
　　　　　　　　　　　　　　　——货运　　　　　　70 000
　　管理费用　　　　　　　　　　　　　　　　　　　2 000
　　其他业务成本　　　　　　　　　　　　　　　　　8 000
　　贷:原材料——燃料　　　　　　　　　　　　　　140 000

(2)结转材料成本差异时,应编制会计分录如下:

借:主营业务成本——运输支出——客运　　　　　　1 200
　　　　　　　　　　　　　　　——货运　　　　　　1 400
　　管理费用　　　　　　　　　　　　　　　　　　　40
　　其他业务成本　　　　　　　　　　　　　　　　　160
　　贷:材料成本差异　　　　　　　　　　　　　　　2 800

2.盘存制的核算

盘存制是指车辆在投入运营后并非每次加油都将油箱加满,在采用这种燃料核算方法时,车存燃料的实际数应该于实地盘存之后才可确定。因此,在此种方法下,车存燃料不再是固定数。

采用盘存制管理时,企业应在"原材料——燃料"总账下设"库存"和"车存"两个三级账。每次领油时,将燃料由库存转为车存,由于月末车存实际油数是一个变量而不是一个固定

数,所以需经过盘存加以确定,然后计算当月实际耗用燃料的数量,计算公式为:

> 当月实际耗用数＝月初车存数＋本月领用数－月末车存数

同样,采用实际成本计价时,应以所确定的数量乘以实际单位成本计价;在采用计划成本计价时,应以所确定的数量乘以计划单位成本,同时月末还要结转材料成本差异。

【工作任务2-2】

顺驰运输公司采用盘存制核算方法,按计划成本计价进行燃料核算。月末,根据燃料领料凭证及库存燃料盘点表等有关资料编制的燃料耗用计算汇总表,见表2-2。

表2-2 燃料耗用计算汇总表

领用单位	月初车存数（升）	本月领用数（升）	月末车存数（升）	本期耗用（升）	计划成本（3元/升）	成本差异（2%）(元)
客车队	2 000	50 000	1 200	50 800	152 400	3 048
货车队	2 500	75 000	4 000	73 500	220 500	4 410
公司交通车队		1 200		1 200	3 600	72
对外销售		3 800		3 800	11 400	228
合计	4 500	130 000	5 200	129 300	387 900	7 758

(1)油库向车队发出燃料时,按计划单位成本3元/升将"库存"转为"车存",应编制会计分录如下:

借:原材料——燃料——车存　　　　　　　　　　　　375 000
　　贷:原材料——燃料——库存　　　　　　　　　　　　375 000

(2)油库向公司交通车队发出燃料和对外销售燃料时,应编制会计分录如下:

借:管理费用　　　　　　　　　　　　　　　　　　　3 600
　　其他业务成本　　　　　　　　　　　　　　　　　11 400
　　贷:原材料——燃料——库存　　　　　　　　　　　　15 000

(3)结转本月车队耗用燃料计划成本时,应编制会计分录如下:

借:主营业务成本——运输支出——客运　　　　　　152 400
　　　　　　　　　　　　　　——货运　　　　　　220 500
　　贷:原材料——燃料——车存　　　　　　　　　　　　372 900

(4)结转本月材料成本差异时,应编制会计分录如下:

借:主营业务成本——运输支出——客运　　　　　　3 048
　　　　　　　　　　　　　　——货运　　　　　　4 410
　　管理费用　　　　　　　　　　　　　　　　　　　72
　　其他业务成本　　　　　　　　　　　　　　　　　228
　　贷:材料成本差异　　　　　　　　　　　　　　　　7 758

(二)轮胎的核算

运输企业的轮胎是指车用外胎、内胎及垫带等。轮胎是汽车运输企业的重要部件,其库存量大、更换频繁,故单独设置"周转材料——轮胎"科目进行核算。轮胎包括外胎、内胎和垫片。内胎和垫片因价值较低而被视为一般消耗性材料,在"原材料"科目内核算,所以"轮胎"科目是专门用来核算汽车运输企业在库和在用轮胎的计划成本或实际成本的科目。该科目按轮胎保管地点、类别、规格、厂牌等进行明细核算。

轮胎采购入库的核算方法与制造企业材料核算相同。运输企业领用轮胎时,一般有一次摊销法和按行驶里程预提费用法两种核算方法。

1. 一次摊销法

一次摊销法即领用轮胎时,将轮胎外胎的成本一次全部计入当期运输支出(但对原车装轮胎不进行账务处理)。轮胎的核算可按实际成本计价,也可按计划成本计价,如果采用计划成本计价,还应结转材料成本差异。

若一次性领用轮胎的数量较大,则可先将轮胎的价值计入"其他应收款",然后在一年的时间内分期计入"主营业务成本"。

【工作任务2-3】

顺驰运输公司本月领用新轮胎外胎,计划成本为5 500元,应分摊的材料成本差异为250元,应编制会计分录如下:

借:主营业务成本——运输支出　　　　　　　　　5 750
　　贷:周转材料——轮胎　　　　　　　　　　　　　　　5 500
　　　　材料成本差异　　　　　　　　　　　　　　　　　　250

2. 按行驶里程预提费用法

(1) 轮胎预提费用的核算

按行驶里程预提费用法,是指先按照车辆的行驶公里总数预提轮胎的摊销额,直至该轮胎报废,在领用新轮胎时,再将所领用的新轮胎价值用于冲销此前所预提的轮胎费用的方法。

轮胎的价值损耗与其行驶里程具有密切关系,因此可以将领用轮胎的价值按各月行驶里程计算预提额,分月计入各月的运输支出。其有关计算公式为:

$$千公里轮胎费用 = \frac{外胎计划成本 - 预计残值}{外胎行驶里程定额} \times 1\,000$$

$$每月预提轮胎费用 = \frac{该月行驶里程 \times 千公里轮胎费用}{1\,000}$$

预提轮胎费用的会计分录如下:

借:主营业务成本——运输支出
　　贷:其他应付款——预提轮胎费用

由于千公里轮胎费用是按照外胎行驶里程计算的,因此当报废轮胎实际行驶里程与定额行驶里程出现差异时,应调整运输成本。其计算公式为:

$$超驶或亏驶里程应调整的运输成本 = \frac{轮胎超驶或亏驶里程 \times 千公里轮胎费用}{1\,000}$$

超驶里程或亏损里程时,应编制会计分录如下:

①超驶里程时,冲减多预提的轮胎费用:
借:其他应付款——预提轮胎费用
　　贷:主营业务成本——运输支出
②亏驶里程时,应补提少提的轮胎费用:
借:主营业务成本——运输支出
　　贷:其他应付款——预提轮胎费用

【工作任务2-4】

某种汽车外胎的计划单位成本为850元/个,外胎行驶里程定额为100 000公里,预计报废时残值为50元/个,本月车队汽车共计行驶400 000公里,本月报废轮胎一批,共计亏驶里程10 000公里。

千公里轮胎费用 $= \dfrac{850-50}{100\,000} \times 1\,000 = 8(元)$

本月预提轮胎费用 $= 400\,000 \times 8 \div 1\,000 = 3\,200(元)$

因亏驶而应补提的轮胎费用 $= 10\,000 \times 8 \div 1\,000 = 80(元)$

(2)在用轮胎耗费的核算

按行驶里程预提的轮胎费用,计入运输成本,并在"其他应付款"科目下设"预提轮胎费用"明细账进行核算。

【工作任务2-5】

顺驰运输公司本月发生的经济业务及账务处理如下。

①领用新轮胎,计划成本为5 800元/个,应编制会计分录如下:
借:其他应付款——预提轮胎费用　　　　　　　　　　5 800
　　贷:周转材料——轮胎　　　　　　　　　　　　　　　　5 800

②月末,结转领用轮胎应负担的材料成本差异105元,应编制会计分录如下:
借:主营业务成本——运输支出　　　　　　　　　　　105
　　贷:材料成本差异　　　　　　　　　　　　　　　　　　105

③本月报废轮胎一批,其残值作价200元,验收入库,应编制会计分录如下:
借:原材料——其他　　　　　　　　　　　　　　　　200
　　贷:主营业务成本——运输支出　　　　　　　　　　　　200

④报废轮胎总共亏驶里程10 000公里,应补提轮胎费用80元,应编制会计分录如下:
借:主营业务成本——运输支出　　　　　　　　　　　80
　　贷:其他应付款——预提轮胎费用　　　　　　　　　　　80

⑤本月营运汽车共计行驶400 000公里,按千公里轮胎费用8元,预提本月轮胎费用,应编制会计分录如下:
借:主营业务成本——运输支出　　　　　　　　　　3 200
　　贷:其他应付款——预提轮胎费用　　　　　　　　　　3 200

需要指出的是,随车原装外胎的价值包括在整车原值内,应通过折旧方式计入运输成本,但由于新车投入运营后即按行驶里程预提轮胎费用并计入运输成本,因而当车辆报废时,应根据第一套轮胎的胎卡记录,按其实际行驶里程和千公里轮胎费用,计算其已预提计入运输支出的预提轮胎费用,并予以冲回,应编制会计分录如下:

借:其他应付款——预提轮胎费用
  贷:主营业务成本——运输支出

任务三 运输企业营运收入的核算

一、运输企业营运收入内容

1.营业收入的分类

运输企业的营业收入是指运输企业经营客货运输业务、装卸业务、堆存业务及其他业务等并按照规定的费率向旅客、货物托运人收取的运费、装卸费、堆存费和杂费等费用而取得的收入,通常按经营业务分为以下五类:

(1)运输收入

运输收入是指企业经营旅客、货物运输业务所取得的各项营业收入,是运输企业最主要的收入。它包括客运收入、货运收入及其他运输收入。客运收入是指企业经营旅客运输业务所取得的营业收入。货运收入包括长短途整车或零担货运收入、自动装卸车运输货物收取的装卸费等。其他运输收入是指随客货运输业务收取的其他附加收入,包括行李包裹的托运收入、邮件收入、空调收入等。

要注意的是,凡是客票收入均属客运收入,凡是货票收入均属货运收入。

(2)装卸收入

装卸收入是指企业经营装卸业务所取得的主营业务收入,包括按规定费率向货物托运人收取的装卸费(不包括自动装卸车运输货物收取的装卸费);联运货物换装、火车汽车倒装收入及临时出租装卸机械的租金收入。

(3)堆存收入

堆存收入是指企业经营仓库、堆存业务所取得的主营业务收入。

(4)代理业务收入

代理业务收入是指企业办理联运业务及为其他运输企业和社会车辆办理代理业务收取手续费所取得的主营业务收入。

(5)其他业务收入

其他业务收入是指除以上各项业务外所取得的收入,如客运服务收入、材料销售、技术转让、广告等收入。

2.营业收入的确认

营业收入的确认必须满足《企业会计准则》所规定的条件。由于运输企业一般在提供劳务服务前就取得劳务报酬,因此其应在售出客票或开出货票时确认收入。运输企业劳务收入分布较散,通常由沿线各车站获取,因此,运输企业的收入管理应采用集中管理和分散管理相结合的原则。

运输企业根据营运票据确认收入额。营运票据是指货物和旅客运输的业务凭证,主要有客运票据、货运票据及其他票据。客运票据主要有固定票据、定额票据、客运包车票据、补充客票等;货运票据主要有整车货票、行李包裹票、零担货票、代理业务货票等;其他票据是指行李装卸费收据、零担装卸费收据、临时收款收据等。若企业发生退票、退运等业务,应直接冲减营业收入。

3.汽车运输企业间运输收入的结算

代理货运收入一般通过汇兑结算或委托收款结算方式来划拨清算企业间的货运收入。客运收入可根据实际情况采用互不结算、相互结算、包干实载率及汇总分配结算等方式进行结算。

二、运输企业营运收入的核算

1.营运收入科目的设置

运输企业按收入的种类分别在"主营业务收入"科目下分别开设"运输收入""装卸收入""堆存收入""代理业务收入"等明细账,主要核算主营业务收入的确认和结转。同时设置"其他业务收入"科目核算其他业务收入的确认和结转。

"主营业务收入——运输收入"科目用于核算企业经营装卸业务所发生的收入。该科目可按专业作业区或货种来设置明细账。

"主营业务收入——装卸收入"科目用于核算企业经营装卸业务所发生的收入。该科目可按专业作业或货种来开设明细账。

"主营业务收入——堆存收入"科目用于核算企业经营仓库、堆存业务所发生的收入。该科目可按装卸作业区、仓库、堆存等来开设明细账。

"主营业务收入——代理业务收入"科目用于核算企业经营各种代理业务所发生的收入。该科目一般按代理业务的种类来设置明细账。

"其他业务收入"科目用于核算企业除主营业务外的其他业务所发生的各项收入。以货运为主营业务,该科目一般按其他业务的种类设置"其他业务收入——客运服务收入""其他业务收入——车辆修理收入""其他业务收入——材料销售收入""其他业务收入——技术转让收入"等明细账。

2.营业收入的核算

(1)基层站、所营业收入的核算

目前,运输企业多采用客运货运兼营的形式,在组织设置上一般是在公司之下设置基层车站或基层营业所,在基层车站或基层营业所下设有车间或车队。有些运输企业的车站、营业所和车间或车队是平行的。基层车站或基层营业所一般是内部独立核算单位,而车间和车队一般为内部核算单位,只向上级报账而不独立核算。若车间和车队与车站是并行设置的,则车间和车队也为内部独立核算单位。

基层站、所将实现的营业收入定期上报公司,并及时将收入向上级解缴。为了核算运输企业内部往来款,企业可增设资产类"应收内部单位款"科目和负债类"应付内部单位款"科目。

【工作任务 2-6】

信城汽车运输公司下设第一中心站、第二中心站两个分站。第一中心站设有古柱、大洋两个分所;第二中心站设有大湖、八岭两个分所。其中第一中心站将2021年3月1日的收入日报上报,该中心当天客运收入 6 800 元,货运收入 4 800 元。应编制会计分录如下:

借:银行存款　　　　　　　　　　　　　　　　　　　　　　　12 644
　　贷:主营业务收入——运输收入——客运收入　　　　　　 6 800
　　　　　　　　　　　　　　　　　　——货运收入　　　　　 4 800
　　　　应交税费——应交增值税(销项税额)　　　　　　　　　1 044

【工作任务 2-7】

第一中心站收到分所交来运输收入 38 800 元,其中古柱分所 23 000 元,大洋分所 15 800 元。第一中心站代理总公司车辆货运收入 1 200 元,存入银行。应编制会计分录如下:

借:银行存款　　　　　　　　　　　　　　　　　　　　　　　40 000
　　贷:应收内部单位款——古柱分所　　　　　　　　　　　　23 000
　　　　　　　　　　　　——大洋分所　　　　　　　　　　　15 800
　　　　应付内部单位款——总公司　　　　　　　　　　　　　 1 200

【工作任务 2-8】

第一中心站将上述各分所交来的款项上交总公司。应编制会计分录如下:

借:应付内部单位款——总公司　　　　　　　　　　　　　　　38 800
　　贷:银行存款　　　　　　　　　　　　　　　　　　　　　 38 800

【工作任务 2-9】

根据分所编制的营业收入日报定期汇总确认营业收入,2021年3月1日到3月10日第一中心站古柱分所营业收入为 43 200 元(其中客运收入为 20 800 元,货运收入为 22 400 元),大洋分所营业收入为 36 800 元(其中客运收入为 17 600 元,货运收入为 19 200 元)。第一中心站应编制会计分录如下:

借:应收内部单位款——古柱分所　　　　　　　　　　　　　　47 088
　　　　　　　　　　——大洋分所　　　　　　　　　　　　　40 112
　　贷:主营业务收入——运输收入——客运收入　　　　　　　38 400
　　　　　　　　　　　　　　　　　——货运收入　　　　　　41 600
　　　　应交税费——应交增值税(销项税额)　　　　　　　　　 7 200

【工作任务2-10】

将总公司代理运费收入1 200元扣除3%的手续费后上交总公司。应编制会计分录如下：

借：应付内部单位款——总公司	1 200.00
贷：银行存款	1 160.76
主营业务收入——代理业务收入	36.00
应交税费——应交增值税（销项税额）	3.24

【工作任务2-11】

本站收到托运单位乙单位预交货物运费，现金2 500元。应编制会计分录如下：

借：库存现金	2 500
贷：预收账款——乙单位	2 500

【工作任务2-12】

上述乙单位的货物已发送，实际运费为2 200元，余款现金退回。应编制会计分录如下：

借：预收账款——乙单位	2 500
贷：库存现金	102
主营业务收入——运输收入——货运收入	2 200
应交税费——应交增值税（销项税额）	198

【工作任务2-13】

2021年3月各中心站汇总本站及各分所营业收入月报，编制营业收入月报上报总公司转账，第一中心站本月客运收入为272 000元，货运收入为224 000元，代理业务收入为4 000元。应编制会计分录如下：

借：主营业务收入——运输收入——客运收入	272 000
——货运收入	224 000
——代理业务收入	4 000
贷：应付内部单位款——总公司	500 000

(2) 企业营业收入的核算

【工作任务2-14】

收到各基层站、所上月营业收入28 000元。其中第一中心站16 000元，第二中心站12 000元。应编制会计分录如下：

借：银行存款 28 000
　　贷：应收内部单位款——第一中心站 16 000
　　　　　　　　　　　　——第二中心站 12 000

【工作任务 2-15】

月末根据各中心站、分所的营业收入月报汇总编制营业收入汇总表，见表2-3。

表 2-3　　　　　　　信城汽车运输公司营业收入汇总表

2021年3月　　　　　　　　　　　　　　　　　　单位：元

部门	运输收入 客运收入	运输收入 货运收入	运输收入 小计	代理业务收入	营业收入合计
第一中心站本站	18 000	95 000	113 000	2 170	115 170
古柱分所	64 000	78 000	142 000	1 000	143 000
大洋分所	50 000	48 000	98 000	1 020	99 020
小计	132 000	221 000	353 000	4 190	357 190
第二中心站本站	12 000	11 000	23 000	800	23 800
大湖分所	48 800	56 000	104 800	550	105 350
八岭分所	72 000	45 000	117 000	480	117 480
小计	132 800	112 000	244 800	1 830	246 630
合计	264 800	333 000	597 800	6 020	603 820

根据表2-3，应编制会计分录如下：

借：应收内部单位款——第一中心站 389 337.10
　　　　　　　　　　——第二中心站 268 826.70
　　贷：主营业务收入——运输收入——客运收入 264 800.00
　　　　　　　　　　　　　　　　——货运收入 333 000.00
　　　　　　　　　　——代理业务收入 6 020.00
　　　　应交税费——应交增值税（销项税额） 54 343.80

（3）企业间营业收入的核算

不同运输企业就同一条线路对开固定班车时，若相互代售客票，则需相互结算客运收入。

【工作任务 2-16】

信城汽车运输公司和丰收汽车运输公司在同一条线路上对开客运班车，根据当月行车路单汇总计算，信城汽车运输公司车辆在丰收汽车运输公司区间运费收入为34 000元（不含税），丰收汽车运输公司车辆在信城汽车运输公司区间运费收入为28 000元（不含税），信城汽车运输公司和丰收汽车运输公司客运收入差额为6 000元，已由丰收汽车运输公司扣除代理业务手续费（2%）后支付给信城汽车运输公司。

信城汽车运输公司的会计处理如下：

①信城汽车运输公司根据区间站点的运费收入34 000元(不含税)，扣除代理手续费2‰(680元)，应编制会计分录如下：

  借：应收账款——丰收公司   36 318.80
   贷：主营业务收入   33 320.00
    应交税费——应交增值税(销项税额)   2 998.80

②根据丰收汽车运输公司在信城汽车运输公司区间站点的运费收入28 000元，扣除代理手续费2‰(560元)，应编制会计分录如下：

  借：银行存款   30 520.00
   贷：应付账款——丰收公司   29 909.60
    主营业务收入——代理业务收入   560.00
    应交税费——应交增值税(销项税额)   50.40

③信城汽车运输公司根据丰收汽车运输公司汇付客运收入补差价6 409.20元，应编制会计分录如下：

  借：银行存款   6 409.20
   应付账款——丰收公司   29 909.60
   贷：应收账款——丰收公司   36 318.80

丰收汽车运输公司的会计处理如下：

①丰收汽车运输公司根据区间站点的运费收入28 000元(不含税)，扣除代理手续费2‰(560元)，应编制会计分录如下：

  借：应收账款——信城公司   29 909.60
   贷：主营业务收入   27 440.00
    应交税费——应交增值税(销项税额)   2 469.60

②根据信城汽车运输公司在丰收汽车运输公司区间站点的运费收入34 000元，扣除代理手续费2‰(680元)，应编制会计分录如下：

  借：银行存款   37 060.00
   贷：应付账款——信城公司   36 318.80
    主营业务收入——代理业务收入   680.00
    应交税费——应交增值税(销项税额)   61.20

③信城汽车运输公司根据丰收汽车运输公司汇付客运收入补差价6 409.20元，应编制会计分录如下：

  借：应付账款——信城公司   36 318.80
   贷：银行存款   6 409.20
    应收账款——信城公司   29 909.60

任务四　运输企业营运成本的核算

一、交通运输企业成本核算的特点

运输企业作为国民经济的一个特殊产业,因为其生产特点与制造企业不同,所以其成本核算也有独自的特点,主要表现在以下几个方面:

(一)成本的构成不同

制造企业产品成本中,原材料占的比重较大,而运输企业不创造实物产品,材料消耗主要为运输服务中耗用的燃料,营运成本主要由运输工具设备的折旧费、修理费、燃料费及营运间接费用构成。

(二)成本计算对象不同

制造企业主要以产品的品种为成本计算对象,而运输企业运输过程的直接结果是使被运输对象即旅客或货物发生位移,因此要根据被运输对象的不同分别计算成本。运输企业的成本计算对象可以概括为以下三种:

1. 以运输生产的种类业务以及构成各类的具体项目作为成本计算对象

运输企业的营运业务主要有运输业务、装卸业务、堆存业务、代理业务、港务管理业务、通用航空业务以及机场服务业务等。其中运输业务为主要业务。运输业务按其运输对象不同,还可进一步分为客货综合运输业务、旅客运输业务和货物运输业务。运输企业可按上述业务的具体项目分别确定成本计算对象。

2. 以运输工具作为成本计算对象

根据成本管理的需要,运输企业可按运输工具的类型如客车、货车、集装箱车辆、客轮、货轮等确定成本计算对象,也可按运输工具的个体如单车、单船、单机等确定成本计算对象。

3. 以运输工具的运行情况作为成本计算对象

运输企业可按运输对象沿运输路线所经过的路程,即运输路线或运输航次(班次)等确定成本计算对象。

(三)成本计算单位不同

制造企业的成本计算单位是产品产量,而运输企业运输的成本计算单位为周转量,即按业务量及其相关指标计算的工作量。又由于所使用的运输工具、运输距离、运输时间等不同,所以无法将其工作量简单相加。在这种情况下,就需要综合考虑运输数量、运输距离等因素,采用复合计算单位,按其不同业务进行确定。例如,铁路运输、公路运输、内河运输、航空运输等业务的成本计算单位为人公里、吨公里和换算吨公里,其中人公里、吨公里分别为客运业务和货运业务的成本计算单位,换算吨公里是客货综合运输业务的成本计算单位。海洋运输业务的成本计算单位为人海里、吨海里和换算海里。装卸业务的成本计算单位为装卸工作量,用千吨表示。堆存业务的成本计算单位为堆存工作量,用吨天表示,其含义为堆存量(吨)与堆存天数的乘积。

(四)成本计算期不完全相同

制造企业成本计算期一般采用月历制,虽然运输企业的运输周期相对较短,一般也按月计算运输成本,但远洋运输如果按航次作为成本计算对象,则应以"航次时间"计算成本。航次时间一般按单程航次时间计算。单程空驶时,则以往复航次时间计算。

(五)期末成本计算不同

制造企业一般期末都有在产品,需要将生产费用在完工产品和在产品之间分配。由于运输消耗的过程就是运输产品成本形成的过程,并且运输产品和销售是结合在一起的,也没有储存待销的产成品,所以在运输过程中发生的各种消耗就是运输产品的成本,将各类业务发生的费用支出在"运输支出"或"运输成本"科目汇集分配后,便可计算各种运输成本,并直接转入本期损益。

二、运输企业营运成本核算程序

运输企业包括汽车运输、水路运输、铁路运输等不同类型的企业,这些企业的经营业务和经营方式存在差异,成本核算也存在区别,但总体来说,其营运成本的核算程序是基本一致的,可按以下步骤进行:

第一,明确成本核算对象。例如,运输企业的运输成本可以以客运、货运、单车、单船、线路以及航次等作为成本核算对象。

第二,划分成本项目。运输企业的成本项目主要有工资、燃料费、折旧费、修理费、养路费等。

第三,按成本核算对象和成本项目设置多栏式明细分类账,进行营运成本的核算。其具体核算方法是:企业在经营运输业务中发生的各项支出,应按不同的成本计算对象及其成本项目予以归集,能直接划分成本计算对象的直接费用,直接计入其相应的成本项目;不能直接计入成本项目的间接费用,应以一定方式汇集后,在期末按规定的分配标准,分配给各有关的成本计算对象。间接费用的分配标准可采用客货运输的直接费用比例、客货运输周转量比例等。

第四,期末进行成本计算。除了远洋运输企业以航次时间作为成本计算期以外,其他交通运输企业一般以月、季、年为成本计算期,在期末应编制成本计算表,按成本核算对象列示各项成本开支,汇总计算总成本和单位成本。

三、科目设置

为正确核算汽车运输企业营运成本,需设置"主营业务成本——运输支出""主营业务成本——装卸支出""主营业务成本——堆存支出""劳务成本——营运间接费用""生产成本——辅助营运费用"和"其他业务成本"等科目。

1."主营业务成本——运输支出"科目

"主营业务成本——运输支出"科目属于损益类科目,期末一般无余额。该科目核算运输企业经营货物运输、旅客运输业务所发生的各项费用。本科目借方核算货运、客运业务所发生的直接性营运费用及从"劳务成本——营运间接费用"科目结转入的间接性营运费用；贷方核算抵减的运输费用及期末结转入"本年利润"科目的金额。该科目一般按成本计算对象设置明细账。

2."主营业务成本——装卸支出"科目

"主营业务成本——装卸支出"科目属于损益类科目，期末一般无余额。该科目核算运输企业经营装卸业务所发生的各项费用支出。借方核算装卸支出的发生额及从"劳务成本——营运间接费用"科目结转入的间接性营运费用；贷方核算抵减的装卸费用及期末结转入"本年利润"科目的金额。该科目一般按专业区域或货种设置明细账。

3."主营业务成本——堆存支出"科目

"主营业务成本——堆存支出"科目属于损益类科目，期末一般无余额。该科目核算运输企业经营仓库和堆存业务所发生的各项费用支出。借方核算堆存业务支出的发生额及从"劳务成本——营运间接费用"科目结转入的间接性营运费用；贷方核算抵减的堆存费用及期末结转入"本年利润"科目的金额。该科目一般按仓库、堆存种类设置明细账。

4."劳务成本——营运间接费用"科目

"劳务成本——营运间接费用"科目属于成本类科目，主要核算运输企业基层单位如车队、车站为组织和管理营运过程所发生的费用。该科目借方核算运输企业发生的各种营运间接费用；贷方核算期末按一定标准结转至"主营业务成本——运输支出""主营业务成本——装卸支出""主营业务成本——堆存支出"等明细账，期末分配后无余额。

5."生产成本——辅助营运费用"科目

"生产成本——辅助营运费用"科目属于成本类科目，该科目核算运输企业辅助生产部门生产产品和供应劳务过程所发生的辅助生产费用，包括工资、职工福利费、燃料、折旧费、劳动保护费、事故损失费等。借方核算发生的各项辅助营运费用；贷方核算期末按一定标准结转至"主营业务成本——运输支出""主营业务成本——装卸支出""主营业务成本——堆存支出"等明细账。该科目期末借方余额表示尚未完工的辅助生产产品成本。"生产成本——辅助营运费用"科目一般按辅助生产部门或成本核算对象设置明细账。

6."其他业务成本"科目

"其他业务成本"科目属于损益类科目，期末一般无余额。该科目主要核算除营运业务以外的其他业务所发生的各项支出，包括相关的费用、成本、税金及附加等。借方核算各类相关支出的发生额；贷方核算月末结转入"本年利润"科目的数额。该科目可按其他业务的种类设置明细账。

四、运输企业营运成本的核算

(一)汽车运输成本的核算

1.直接材料的归集与分配

(1)燃料

汽车运输企业若是采用满油箱制，则车辆当月加油数便是当月耗油数；若采用盘存

制,则:

$$当月耗油数＝月初车存数＋本月领用数－月末车存数$$

【工作任务 2-17】

假设定力汽车运输公司 2021 年 3 月 31 日根据燃料领用凭证和车存燃料盘点表等编制燃料耗用计算汇总表,见表 2-4。

表 2-4　　　　　　　　定力汽车运输公司燃料耗用计算汇总表
2021 年 3 月

领用部门	月初存油(升)	本月领用(升)	月末存油(升)	本月耗用(升)	计划成本(元)	成本差异(元)
客车第一队	16 500	12 500	14 000	15 000	45 000	450
客车第二队	14 000	13 000	14 000	13 000	39 000	390
货车第一队	15 000	18 000	9 000	24 000	72 000	720
货车第二队	9 000	15 500	4 500	20 000	60 000	600
保养场	0	500	0	500	1 500	15
公司交通队	0	1 000	0	1 000	3 000	30
合计	54 500	60 500	41 500	73 500	220 500	2 205

注:成本差异＝计划成本×1%,计划成本＝3.0×本月耗用

根据燃料耗用计算汇总表,应编制会计分录如下:

借:主营业务成本——运输支出——客车(燃料) 　　　84 000
　　　　　　　　　　　　　　——货车(燃料) 　　　132 000
　　生产成本——辅助营运费用 　　　1 500
　　管理费用 　　　3 000
　　贷:原材料——燃料——车存 　　　216 000
　　　　　　　　　　　——库存 　　　4 500

同时,应编制会计分录如下:

借:主营业务成本——运输支出——客车(燃料) 　　　840
　　　　　　　　　　　　　　——货车(燃料) 　　　1 320
　　生产成本——辅助营运费用 　　　15
　　管理费用 　　　30
　　贷:材料成本差异——燃料 　　　2 205

(2)轮胎

运输车辆领用车轮内胎、垫带及轮胎零星修补费时,按实际发生数直接计入各成本计算对象的成本中。领用外胎时,若企业采用一次摊销法,则根据"轮胎发出汇总表"将轮胎费用分配到各种业务的成本中;若企业采取按行驶里程预提费用法,则根据计算的轮胎摊提费用进行归集并分配成本。

【工作任务2-18】

定力汽车运输公司2021年3月领用外胎、内胎和垫带的情况,见表2-5。外胎采用行驶公里数预提费用法;内胎、垫带采用一次摊销法。

表2-5　　　　　　　定力汽车运输公司轮胎领用汇总表　　　　　　单位:元

领用部门	外胎 计划成本	外胎 材料成本差异	内胎 计划成本	内胎 材料成本差异	垫带 计划成本	垫带 材料成本差异	合计 计划成本	合计 材料成本差异
货车队	4 000	160	900	27	200	6	5 100	193
客车队	6 000	240	600	18	200	6	6 800	264
合计	10 000	400	1 500	45	400	12	11 900	457

*注:(外胎)材料成本差异=计划成本×4%,(内胎)材料成本差异=计划成本×3%,(垫带)材料成本差异=计划成本×3%。

根据表2-5,应编制会计分录如下:

借:其他应付款——预提轮胎费用　　　　　　　　　　　　10 000
　　贷:周转材料——轮胎　　　　　　　　　　　　　　　　　　　　10 000

同时,结转外胎的材料成本差异,应编制会计分录如下:

借:主营业务成本——运输支出——货车(轮胎)　　　　　160
　　　　　　　　　　运输支出——客车(轮胎)　　　　　240
　　贷:材料成本差异——轮胎　　　　　　　　　　　　　　　　　　400

计算内胎及垫带的成本,应编制会计分录如下:

借:主营业务成本——运输支出——货车(轮胎)　　　　1 100
　　　　　　　　　　运输支出——客车(轮胎)　　　　　800
　　贷:原材料　　　　　　　　　　　　　　　　　　　　　　　　1 900

同时,结转内胎及垫带的材料成本差异,应编制会计分录如下:

借:主营业务成本——运输支出——货车(轮胎)　　　　　33
　　　　　　　　　　运输支出——客车(轮胎)　　　　　24
　　贷:材料成本差异——轮胎　　　　　　　　　　　　　　　　　　57

【工作任务2-19】

定力汽车运输公司2021年3月保养场轮胎零星修补费分配情况如下:货车队2 800元,客车队2 400元,公司交通车队200元。应编制会计分录如下:

借:主营业务成本——运输支出——货车(轮胎)　　　　2 800
　　　　　　　　　　运输支出——客车(轮胎)　　　　2 400
　　管理费用　　　　　　　　　　　　　　　　　　　　　　200
　　贷:生产成本——辅助营运费用　　　　　　　　　　　　　　5 400

【工作任务 2-20】

定力汽车运输公司 2021 年 3 月外胎翻新情况,见表 2-6。

表 2-6　　　　定力汽车运输公司外胎翻新费用差异计算表

使用部门	翻新轮胎数量(个)	每胎次计划翻新费(元/个)	计划翻新费(元)	实际翻新费(元)	差异(元)
货车	15	180	2 700	2 900	200
客车	8	180	1 440	1 640	200
合计	23		4 140	4 540	400

根据上述材料应编制会计分录如下：

借:其他应付款——轮胎预提费用　　　　　　　　　4 140
　　主营业务成本——货车(轮胎)　　　　　　　　　　200
　　　　　　　　——客车(轮胎)　　　　　　　　　　200
　　贷:银行存款　　　　　　　　　　　　　　　　　4 540

【工作任务 2-21】

定力汽车运输公司轮胎核算采用行驶里程预提费用法。2021 年 3 月外胎摊提费用,见表 2-7。

表 2-7　　　　定力汽车运输公司外胎摊提费用计算表

使用部门	实际千车公里	每车装胎(个)	实际千胎公里	千胎公里摊提额(元/公里)	摊提额(元)
货车队	260	6	1 560	7.0	10 920
客车队	200	6	1 200	6.5	7 800
公司交通车队	20	4	80	6.0	480
合计	480		2 840		19 200

根据表 2-7 应编制会计分录如下：

借:主营业务成本——运输支出——货车(轮胎)　　　10 920
　　　　　　　　——运输支出——客车(轮胎)　　　　7 800
　　管理费用　　　　　　　　　　　　　　　　　　　480
　　贷:其他应付款——轮胎预提费用　　　　　　　19 200

2.直接人工的归集与分配

直接人工指企业直接从事营运生产活动人员工资、奖金、津贴、福利费和补贴。企业直接从事营运生产活动人员的工资根据工资结算表进行汇总、分配。货车队及客车队车辆司机及助手的工资计入各成本计算对象的成本。直接人工中的职工福利费,实际发生额计入应付职工薪酬,再按受益对象进行分配。

【工作任务 2-22】

2021 年 3 月定力汽车运输公司工资及职工福利费,见表 2-8。

表 2-8　　　　　定力汽车运输公司工资及职工福利费汇总表

2021 年 3 月　　　　　　　　　　　　　　　单位:元

部门及人员类别	工资总额	职工福利费
货车队	48 800	6 832
其中:司机及助手	44 000	6 160
保修工人	1 600	224
管理人员	3 200	448
客车队	56 800	7 952
其中:司机及助手	50 400	7 056
保修工人	2 400	336
管理人员	4 000	560
保养场	24 000	3 360
其中:生产工人	18 400	2 576
管理人员	5 600	784
车队人员	4 000	560
公司管理人员	12 000	1 680
合计	145 600	20 384

＊注:职工福利费＝工资总额×14％。

根据表 2-8,应编制会计分录如下:
借:主营业务成本——运输支出——货车(直接人工)　　　　44 000
　　　　　　　　　　　　　——货车(保养修理费)　　　　 1 600
　　　　　　　　　　　　　——客车(直接人工)　　　　　50 400
　　　　　　　　　　　　　——客车(保养修理费)　　　　 2 400
　　生产成本——辅助营运费用　　　　　　　　　　　　　　24 000
　　劳务成本——营运间接费用(工资及福利费)(3 200＋4 000＋4 000)　11 200
　　管理费用　　　　　　　　　　　　　　　　　　　　　　12 000
　贷:应付职工薪酬——工资　　　　　　　　　　　　　　　145 600

同时,计提福利费应编制会计分录如下:
借:主营业务成本——运输支出——货车(直接人工)　　　　 6 160
　　　　　　　　　　　　　——货车(保养修理费)　　　　　 224
　　　　　　　　　　　　　——客车(直接人工)　　　　　 7 056
　　　　　　　　　　　　　——客车(保养修理费)　　　　　 336
　　生产成本——辅助营运费用　　　　　　　　　　　　　　 3 360
　　劳务成本——营运间接费用(工资及福利费)(448＋560＋560)　1 568
　　管理费用　　　　　　　　　　　　　　　　　　　　　　 1 680
　贷:应付职工薪酬——福利费　　　　　　　　　　　　　　20 384

3.其他直接费用的归集与分配

(1)折旧费

运输企业中营运车辆一般按工作量法计提折旧。若企业外胎核算采用一次摊销法,则计提折旧时,外胎价值无须从车辆原值中扣减;若外胎核算采用预提摊销法,则外胎价值应从车辆原值中扣除,折旧计算公式为:

$$车辆月折旧额 = 车辆折旧率 \times 车辆月实际行驶里程$$

$$车辆折旧率(元/千公里) = \frac{车辆原值 - 车装轮胎价值 - 预计残值 + 预计清理费}{车辆由新至废行驶里程定额} \times 100\%$$

【工作任务 2-23】

定力汽车运输公司营运车辆采用工作量法计提折旧,其余各类固定资产均采用年限平均法。该公司 2021 年 3 月固定资产情况,见表 2-9。

表 2-9　　　　　定力汽车运输公司固定资产折旧计算表

2021 年 3 月

固定资产类别	使用部门	固定资产原值(元)	分类月折旧率	实际行驶千车公里	车辆折旧率	应提折旧额(元)
生产用固定资产		1 480 000				2 960
房屋及建筑物	公司	640 000	0.002			1 280
运输设备	车队	400 000	0.002			800
机械设备	货车队	56 000	0.002			112
其他	客车队	64 000	0.002			128
	保养场	320 000	0.002			640
运输设备	货车队	5 400 000		168	270	45 360
	客车队	5 600 000		200	220	44 000
	公司	200 000		8	150	1 200
机械设备	保养场	400 000	0.004			1 600
	公司	120 000	0.004			480
非生产用固定资产		880 000				7 360
房屋及建筑物	公司	800 000	0.009			7 200
其他	公司	80 000	0.002			160
合　　计		14 080 000		376		102 960

根据表 2-9,应编制会计分录如下:

借:主营业务成本——运输支出——货车(折旧费)　　　　45 360
　　　　　　　　　　　　　　——客车(折旧费)　　　　44 000
　　生产成本——辅助营运费用　　　　　　　　　　　　　 2 240
　　劳务成本——营运间接费用　　　(112+128+800) 1 040
　　管理费用　　　　　　　　　　　　　　　　　　　　　10 320
　贷:累计折旧　　　　　　　　　　　　　　　　　　　　102 960

(2)保养修理费

保养修理费主要是由保养场进行大修理所发生的费用,视为辅助营运费用,一般通过"生产成本——辅助营运费用"科目进行归集和分配。

营运车辆的大修理费一般采用预提法。计提大修理费时借记"主营业务成本——运输支出"科目,贷记"其他应付款"科目。发生大修理费时借记"其他应付款"科目,贷记"生产成本——辅助营运费用""银行存款"科目。大修理费计提公式为:

> 车辆月大修理费计提额＝当月车辆行驶里程×大修理费计提率
> 大修理费计提率＝预计大修理费总额/车辆由新至废行驶里程定额
> 预计大修理费总额＝(车辆由新至废行驶里程定额/大修理间隔里程定额－1)
> 　　　　　　　　×一次大修理计划费用

在实务中,车辆大修理费应按当月行驶的千车公里数计提,其公式为:

> 千车公里大修理费用计提额＝车辆月大修理费计提额×1 000

【工作任务2-24】

定力汽车运输公司2021年3月大修理材料耗用情况,见表2-10。

表2-10　　　　定力汽车运输公司大修理材料耗用计划成本汇总表

领用部门	润料(元)	备品配件(元)	其他材料(元)	合计(元)
货车队(保修班)	8 000	2 200	1 800	12 000
客车队(保修班)	9 600	3 000	2 600	15 200
保养场	2 400	9 500	8 900	20 800
公司交通车队	400		200	600
合计	20 400	14 700	13 500	48 600

根据表2-10,应编制会计分录如下:

```
借:主营业务成本——运输支出——货车(保养修理费)    12 000
                    ——客车(保养修理费)    15 200
  生产成本——辅助营运费用                         20 800
  管理费用                                          600
  贷:原材料                                              48 600
```

若该公司材料成本差异率为2%,应编制会计分录如下:

```
借:主营业务成本——运输支出——货车(保养修理费)     240
                    ——客车(保养修理费)     304
  生产成本——辅助营运费用                          416
  管理费用                                          12
  贷:材料成本差异                                        972
```

(3)其他费用

其他费用包括公路运输管理费、行车事故引起的救援善后费、车辆牌照和检验费、车船使用税、过桥费、过路费、司机途中住宿费等。这些费用在发生时可凭相关凭证直接计入各类运输成本,借记"主营业务成本——运输支出""管理费用"等科目,贷记"银行存款"科目。

4.营运间接费用的归集和分配

营运间接费用是指运输企业下属基层营运单位,如车站、车场等为组织和管理营运过程中所发生的不能直接计入成本计算对象的各种间接费用。一般通过"劳务成本——营运间接费用"科目进行核算。

各基层营运单位发生的营运间接费用经归集后于月末进行分配,计入各有关成本计算对象的成本中。对于货车队和客车队的营运间接费用可直接计入货车队和客车队的运输成本;车站经费全部由运输业务负担,月末分配计入货车队和客车队的运输成本;装卸队经费可直接计入装卸成本。

(二)装卸成本的核算

1.装卸成本项目

运输企业的装卸成本一般实行企业和装卸队两级核算,装卸队计算其装卸成本,企业汇总计算各装卸队总的成本。装卸成本的计算对象是机械装卸和人工装卸,计算单位为"元/千操作吨"。运输企业的装卸成本一般分为四大类:

(1)直接人工。直接人工指支付给装卸机械司机、助手和装卸工人的工资、职工福利费等。

(2)直接材料。直接材料主要指装卸机械耗用的燃料和动力(如汽车、电力等)、轮胎(外胎、内胎、垫带及外胎翻新费等)。

(3)其他直接费用。其他直接费用主要指装卸机械保养修理费、折旧费及与装卸业务直接有关的工具费、劳动保护费、事故损失等。

(4)营运间接费用。营运间接费用指各装卸队为组织与管理装卸业务而发生的管理费用和业务费用。

2.装卸费用核算与成本计算

装卸成本通过"主营业务成本——装卸支出"科目进行归集与分配,该科目一般按成本计算对象设置明细账。

(1)直接人工的归集与分配

【工作任务2-25】

定力汽车运输公司装卸队2021年3月职工工资及福利费,见表2-11。

表2-11　　　　定力汽车运输公司装卸队职工工资及福利费汇总表

2021年3月　　　　　　　　　　　　单位:元

部门及人员类别	工资总额	职工福利费
机械装卸队	28 000	3 920
其中:司机及助手	23 200	3 248
保修工人	4 800	672
人工装卸队	5 440	761.6
其中:装卸工	3 840	537.6
保修工人	1 600	224
车队管理人员	7 200	1 008
合计	40 640	5 689.6

注:职工福利费=工资总额×14%

根据表2-11,应编制会计分录如下:

借:主营业务成本——装卸支出——机械(直接人工)　　23 200
　　　　　　　　　　　　　　——机械(保养修理费)　　4 800
　　　　　　　　　　　　　　——人工(直接人工)　　　3 840
　　　　　　　　　　　　　　——人工(保养修理费)　　1 600
　　劳务成本——营运间接费用——装卸　　　　　　　　7 200
　　贷:应付职工薪酬——工资　　　　　　　　　　　　　　40 640

同时,计提福利费应编制会计分录如下:

借:主营业务成本——装卸支出——机械(直接人工)　　3 248.00
　　　　　　　　　　　　　　——机械(保养修理费)　　672.00
　　　　　　　　　　　　　　——人工(直接人工)　　　537.60
　　　　　　　　　　　　　　——人工(保养修理费)　　224.00
　　劳务成本——营运间接费用——装卸　　　　　　　　1 008.00
　　贷:应付职工薪酬——福利费　　　　　　　　　　　　5 689.60

(2)直接材料的归集与分配
①燃料和动力
装卸机械领用燃料应按实际消耗量直接计入装卸成本。

【工作任务2-26】

若定力汽车运输公司装卸队2021年3月领用燃料计划成本42 720元,其中:机械装卸队38 400元,人工装卸队4 320元。当月燃料成本差异率为1%。应编制会计分录如下:

借:主营业务成本——装卸支出——机械(燃料和动力)　　38 400
　　　　　　　　　　　　　　——人工(燃料和动力)　　　4 320
　　贷:原材料——燃料　　　　　　　　　　　　　　　　　42 720

同时,结转差异应编制会计分录如下:

借:主营业务成本——装卸支出——机械(燃料和动力)　　384.00
　　　　　　　　　　　　　　——人工(燃料和动力)　　　43.20
　　贷:材料成本差异　　　　　　　　　　　　　　　　　　427.20

②轮胎
装卸机械的轮胎不采用按行驶里程预提费用法,一般在领用新胎时一次性计入装卸成本,若一次领用的数量较多,则可将轮胎价值记入"其他应收款"科目,然后按月分摊计入装卸成本。装卸机械轮胎的零星修补费和翻新费一般在费用发生时直接计入装卸成本。

【工作任务2-27】

若定力汽车运输公司装卸队2021年3月领用外胎计划成本2 560元,领用内胎、垫带计划成本800元,材料成本差异率为4%。应编制会计分录如下:

```
借:主营业务成本——装卸支出——机械(轮胎)         3 360
    贷:周转材料——轮胎                              2 560
        原材料                                        800
同时,结转差异应编制会计分录如下:
借:主营业务成本——装卸支出——机械(轮胎)         134.40
    贷:材料成本差异——轮胎                          134.40
```

(3) 其他直接费用

① 保养修理费

由专职装卸机械保修工或保修班进行装卸保修工作的工料费,计入装卸成本;由保养场进行装卸机械保养作业的工料费,通过"生产成本——辅助营运费用"科目核算,然后分配计入装卸成本。

【工作任务 2-28】

若定力汽车运输公司装卸队 2021 年 3 月保养修理领用润料、备品配件及其他材料计划成本 5 800 元,其中:机械装卸队 5 000 元,人工装卸费 800 元。当月材料成本差异率为 2%。应编制会计分录如下:

```
借:主营业务成本——装卸支出——机械(保养修理费)    5 000
                              ——人工(保养修理费)    800
    贷:原材料                                         5 800
同时,结转差异应编制会计分录如下:
借:主营业务成本——装卸支出——机械(保养修理费)    100
                              ——人工(保养修理费)    16
    贷:材料成本差异                                    116
```

② 折旧费

装卸机械的折旧费适合采用工作量法进行计提,并直接计入装卸成本。其计算公式为:

$$装卸机械月折旧额 = 当月运转台班 \times 装卸机械台班折旧率$$

$$装卸机械台班折旧率 = \frac{装卸机械原值 - 预计残值 + 预计清理费用}{装卸设备由新至废运转台班定额}$$

【工作任务 2-29】

若定力汽车运输公司装卸队 2021 年 3 月计提固定资产折旧如下:机械装卸队用机械计提折旧 30 720 元,人工装卸队用机械计提折旧 4 608 元,装卸队用房屋计提折旧 128 元,应编制会计分录如下:

```
借:主营业务成本——装卸支出——机械(折旧)         30 720
                              ——人工(折旧)           4 608
    劳务成本——营运间接费用——装卸                    128
    贷:累计折旧                                       35 456
```

③其他直接费用

运输企业装卸机械领用随机工具、劳保用品和装卸过程中耗用的工具时,其在领用时直接计入各类装卸成本,若一次领用过大,可先计入待摊费用,分期摊销;装卸机械发生事故损失时,一般先通过"其他应收款——暂付赔款"科目归集,然后于月末结转入有关的装卸成本。工具发生修理费时按实际发生的费用直接计入各类装卸成本中。

(4)营运间接费用

营运间接费用是指装卸队直接开支的管理费和业务费,先通过"劳务成本——营运间接费用"科目汇总,月末分配计入各类装卸成本。

【工作任务2-30】

若定力汽车运输公司装卸队2021年3月发生营运间接费用9 500元,其中:机械装卸6 620元,人工装卸2 880元,应编制会计分录如下:

借:主营业务成本——装卸支出——机械(营运间接费用)　　6 620
　　　　　　　　　　　　　　——人工(营运间接费用)　　　2 880
　　贷:劳务成本——营运间接费用——装卸　　　　　　　　　　　　9 500

项目小结

本项目重点在于掌握运输企业会计核算与制造企业会计核算的不同之处。运输企业是利用运输工具专门从事运输活动或直接为运输活动服务的企业。运输企业会计核算的特色在于存货的核算、运输成本及运输收入的核算。在运输企业存货中,燃料和轮胎的核算较为特殊。燃料管理有两种制度:满油箱制和盘存制。轮胎在运输企业中耗用量大,可采用一次摊销法和按行驶里程预提费用法。运输企业的营业收入包括运输收入、装卸收入、堆存收入、其他业务收入等,运输收入是本项目的重点和难点。运输企业一般下设若干基层车站或车队,他们通常是独立核算的单位,若其下还设有分站和分所,则这些分站和分所应向上级报账而不独立核算。

项目练习

一、单项选择题

1.运输企业燃料入库的核算一般采用"满油箱制"和(　　)两种管理方法。
A."库存"　　　　B."盘存制"　　　　C."车存"　　　　D."完全"

2.运输企业领用轮胎时,一般有一次摊销法和(　　)两种核算方法。
A.按行驶里程预提费用法　　　　B.按行驶时间预提费用法
C.按重量预提费用法　　　　　　D.按数量预提费用法

3.运输企业中车辆一般按(　　)法计提折旧。
A.公里　　　　B.工作量　　　　C.重量　　　　D.价值

4.营运车辆的大修理费用一般采用预提法,发生时借记( )科目。
A."主营业务成本——运输支出"　　B."主营业务成本——辅助营运费用"
C."主营业务成本——生产成本"　　D."主营业务成本——间接费用"
5.运输企业固定资产比重( ),流动资产比重( )。
A.大、大　　　　B.大、小　　　　C.小、小　　　　D.小、大

二、多项选择题

1.运输企业营运收入包括( )。
A.运输收入　　B.装卸收入　　C.堆存收入　　D.代理业务收入
E.其他业务收入
2.运输企业的装卸成本包含以下( )方面。
A.直接人工　　B.财务费用　　C.直接材料　　D.其他直接费用
E.营运间接费用
3.存货可以分为( )。
A.燃料　　　　B.材料　　　　C.天然气　　　D.轮胎
E.低值易耗品
4.轮胎是运输企业的重要部件,它包括了( )。
A.螺丝　　　　B.外胎　　　　C.内胎　　　　D.垫片
5.客运收入根据实际情况采用( )的结算方式。
A.互不结算　　B.相互结算　　C.包干实载率　D.汇总分配

三、计算及会计处理题

1.甲汽车运输公司燃料(汽油)成本采用盘存制核算,上月月末货车队存油3 000升,客车队存油3 500升。本月末货车队存油1 000升,客车队存油4 500升,本月货车队、客车队、公司内部车队、保养场领用汽油54 000升、71 000升、1 000升、2 000升,汽油计划成本为3.0元/升,该月燃料成本差异率为2%。

2.乙汽车运输公司燃料(汽油)成本采用满油箱制核算,当月货车队领用燃料13 500升,客车队领用燃料17 750升,公司内部车队领用500升,保养场领用300升,汽油计划成本为3.0元/升,当月燃料成本差异率为2%。

3.丙汽车运输公司外胎核算采用分期摊销法,当月领用新的外胎20条,每条计划成本1 000元,计划成本差异率为1%,因该次领用数量较多,分5个月摊销。

4.丁汽车运输公司外胎核算采用按行驶里程预提费用法。该公司月初领用一条新外胎,计划成本为1 000元,计划成本差异率为1%,预计残值为50元,其定额行驶总里程为80 000公里。月末,该轮胎实际行驶5 000公里。

5.戊汽车运输公司下设第一中心站、第二中心站两个分站。第一中心站设有A、B两个分所;第二中心站设有C、D两个分所。其中第一中心站2021年3月发生以下经济业务:

(1)6日,第一中心站客运收入3 000元,货运收入4 000元。

(2)10日,第一中心站收到A分所运输收入14 000元,B分所运输收入16 000元。

(3)12日,将运输收入110 000元上缴公司。

(4)15日,确认1日至15日A分所客运收入21 000元,货运收入29 000元;B分所客运收入26 000元,货运收入34 000元。

(5)23日,第一中心站收到某单位预交的货物运费,现金2 500元。

6.己汽车运输公司的营运生产单位设有车站、客车队、货车队等。汽车运输成本按客车、货车运输成本分类计算。车站、车队等基层营运单位的管理与业务费用合并设账归集和统一分配。

(1)2021年3月汽车营运收入总计1 760元,其中:客车800元,货车960元。当月完成的客车运输周转量为7 040千人公里,货车运输周转量为976千吨公里。

(2)2021年3月发生下列经济业务:

①8日,以现金支付公司办公费800元,车站和各车队办公室640元。

②10日,以银行存款支付水电费2 400元,公司负担1 440元,车队及车站负担960元。

③31日,本月工资分配如下:

客车队:司机及助手48 000元,保修工人2 000元。

货车队:司机及助手53 000元,保修工人2 400元。

车站及车队管理人员10 800元。

④31日按14%计提职工福利费。

⑤该公司车存燃料成本采用盘存制核算方法,本月燃料耗用的计划成本为:客车队120 000元,货车队148 000元,公司内部车队4 000元,本月燃料成本差异率为1%。

⑥31日,本月计提固定资产折旧费,客车49 680元,货车48 400元,车站及车队1 120元,公司办公室2 304元。

⑦31日,以现金支付有关人员的报销费用,客车队司机差旅费376元,货车队司机差旅费968元,车站及车队管理人员差旅费808元。

⑧本月发生的营运间接费用按运输周转量分配归集各类运输成本。

要求:根据上述资料编制会计分录。

项目三 建筑施工企业会计

> **学习目标**
> 1. 理解建筑施工生产经营的特点;
> 2. 理解建筑施工会计核算的特征;
> 3. 掌握建筑施工会计核算使用的主要会计科目;
> 4. 掌握建筑施工的一般材料和周转材料、工程成本、合同收入与合同费用等典型经济业务核算方法。

任务一 建筑施工企业会计认知

一、建筑施工经营业务

建筑施工企业主要从事三大类业务,包括土木工程建筑业务,线路、管道和设备安装业务以及装饰装修业务。

1. 土木工程建筑业务

土木工程建筑业务指铁路、公路、桥梁、隧道、堤坝、电站、机场、码头、运动场、矿山、房屋等建筑业务。

2. 线路、管道和设备安装业务

线路、管道和设备安装业务指电力、通信线路、燃气、石油、给水、排水、供热等管道系统各类机械设备、装置的安装等业务。

3. 装饰装修业务

装饰装修业务指对建筑物的内、外装修、装饰和安装业务,包括对车、船和飞机等的装饰、装潢等。

二、建筑施工生产经营的特点

与其他行业相比,建筑施工生产经营具有流动性、单件性、地区性、长期性、露天性以及产品特殊性等特点。

1. 流动性

由于建筑产品从建设到使用,直至报废都固定在同一地点,这就决定了施工生产的流动性,主要表现在三个方面:

(1)不同工种的工人在同一建筑物的不同岗位上流动施工;

(2)生产工人在同一工地不同单位工程之间流动施工;

(3)企业施工队伍在不同工地、不同地区承包工程,进行区域性流动施工。

2. 单件性

建筑产品地点的固定性、类型的多样性决定了施工生产的单件性。一般的建筑产品应在国家或地区的统一规划内,根据其使用功能、社会经济条件,单独设计、单独施工。

3. 地区性

建筑产品的固定性决定了同一功能的建筑产品即使是采用同一标准设计、使用通用构件,也会因为建筑产品所在地区的自然、技术、经济和社会条件的不同,使建筑产品的结构或构造、艺术形式、室内设施、建筑材料、施工技术、施工组织等需要因地制宜地加以修改,从而使建筑产品的施工生产具有地区性。

4. 长期性

建筑产品的固定性和体形庞大的特点决定了施工生产的长期性。因为建筑产品体型庞大,需耗费大量的人力、物力和财力。同时,建筑产品的施工生产过程还要受到工艺流程制约,使施工活动的空间具有局限性,从而导致建筑产品生产周期长并占用大量的流动资金。

5. 露天性

体形庞大的建筑产品不可能在工厂内直接进行施工,特别是随着城市现代化的发展,高层建筑物越来越多,施工生产露天、高空作业的特点日益明显,使施工生产受自然条件的影响大。

6. 产品特殊性

建筑产品一般都是按工程承包进行施工生产,工程产品不必推向市场,完工后可直接交付发包单位,销售对象是确定而唯一的。

三、建筑产品价格的确定

由于建筑产品具有单件性,不能大批量重复生产,期货交易较多,承包生产是建筑施工企业的主要经营方式,因此,建筑产品价格不可能像工业产品价格一样,按产品种类确定一个统一价格,而必须通过逐个编制施工图预算来确定其造价。建造工程造价可以按成本加成或固定造价确定。建筑安装工程预算造价就是建筑安装产品的价格。

任务二　建筑施工材料的核算

一、建筑施工材料的分类

建筑施工材料按其在施工生产中所起的作用不同,可分为以下几类:

1. 主要材料

主要材料指用于施工生产或产品生产并构成工程或产品实体的各种材料,主要包括有色金属材料、黑色金属材料、硅酸盐材料、木材、小五金材料、电器材料和化工材料等。

2.结构件

结构件指经过吊装、拼砌、安装就能构成房屋建筑物实体的各种金属的、钢筋混凝土的、混凝土的和木质的构配件,包括钢筋混凝土预制件、钢窗、木门等。

3.机械配件

机械配件指施工机械、运输设备、生产设备、试验设备等机械设备替换、维修使用的各种零件、备品和配件,如齿轮、曲轴、活塞、轴承、阀门等。

4.其他材料

其他材料指在施工生产中消耗但并不构成工程或产品实体的各种材料,如各种燃料、油料、催化剂、草袋子等。

5.周转材料

周转材料指企业在施工生产中多次使用并基本保持其实物形态的工具性材料,如模板、挡板、架料等。

6.低值易耗品

低值易耗品指价值较低、使用年限较短的不作为固定资产管理的各种用具,如灰桶、铁锹、手推车、安全带、安全帽、玻璃器皿等。

二、一般材料的核算

(一)材料采购成本构成

1.买价。买价指增值税专用发票上"金额"一栏载明的购进材料的原价。

2.进口关税。进口关税指从国外购买的材料在进入中国境内时缴纳给海关的关税。

3.运杂费。运杂费指材料物资在运输途中发生的包装费、装卸费、运输费、保险费及其他储存费等。

4.采购保管费。采购保管费指企业的材料物资供应部门和仓库在组织材料物资采购、验收、保管和供应过程中发生的各项费用。一般包括采购保管人员的工资、福利费、劳动保护费、办公费、差旅交通费、材料物资消耗、工具用具使用费、固定资产使用费、检验试验费、材料整理费、零星运费、材料物资盘亏及毁损(减盘盈)等。

(二)材料按计划成本计价核算

1.建筑施工企业材料物资核算科目

建筑施工企业材料物资核算需特别设置"材料采购"科目和"采购保管费"科目。

(1)"材料采购"科目

"材料采购"科目核算企业购入各种材料物资的采购成本和发包单位拨入、抵作备料款的材料。其借方登记企业外购材料物资支付的价款、发生的运杂费、分配计入材料采购成本的采购保管费,以及发包单位拨入、抵作备料款的材料价款;贷方登记已经付款或已开出商业汇票并验收入库材料的计划成本,以及应向供应单位、运输单位等收回的材料短缺或其他应冲减采购成本的赔偿款。月末,验收入库材料物资实际成本与计划成本的差异,由本科目转入"材料成本差异"科目。本科目期末借方余额反映已付款或已开出商业承兑汇票,但未到达或未验收入库的在途材料成本。本科目应按材料类别设置明细科目。

(2)"采购保管费"科目

"采购保管费"科目核算企业材料物资供应部门和仓库在组织材料采购、验收、保管和供应过程中发生的各项费用。其借方登记企业发生的各项采购保管费,贷方登记已分配计入材料采购成本的采购保管费。企业每月按实际发生数分配采购保管费后,本科目月末应无余额。本科目应按采购保管费费用项目设置明细科目。

2. 采购保管费的分配

采购保管费的分配方法有按实际分配率分配和按计划分配率分配两种。

(1)按实际分配率分配,即以当月购入材料物资的直接采购成本(买价、进口关税和运杂费合计)为分配标准,把当月实际发生的采购保管费全部分配计入当月购入的各种材料物资的采购成本中。其计算公式为:

$$采购保管费实际分配率 = \frac{本月发生的采购保管费总额}{本月购入材料的买价、进口关税和运杂费合计} \times 100\%$$

$$本月购入某材料应分配的采购保管费 = 本月购入材料的买价、进口关税和运杂费合计 \times 采购保管费实际分配率$$

【工作任务 3-1】

杭州中天建筑公司本月购入各类材料的价款和运杂费之和为 200 000 元,其中购入黑色金属材料的价款和运杂费之和为 150 000 元,发生采购保管费 4 000 元,不考虑增值税。则:

$$本月采购保管费的实际分配率 = \frac{4\ 000}{200\ 000} \times 100\% = 2\%$$

黑色金属材料应分配的采购保管费 = 150 000 × 2% = 3 000(元)

(2)按计划分配率分配,即为均衡年度内各月材料物资的采购成本负担,采购保管费可按预先确定的买价、进口关税、运杂费之和的计划分配率进行分配。其计算公式为:

$$采购保管费计划分配率 = \frac{全年计划采购保管费总额}{全年计划采购材料物资的计划成本} \times 100\%$$

$$本月购入某材料应分配的采购保管费 = 本月购入某材料的买价、进口关税和运杂费合计 \times 采购保管费计划分配率$$

【工作任务 3-2】

杭州中天建筑公司全年计划本月购入各类材料 150 000 元,全年计划采购保管费 3 000 元,本月采购木材的计划成本为 20 000 元。则:

$$采购保管费计划分配率 = \frac{3\ 000}{150\ 000} \times 100\% = 2\%$$

木材应分配的采购保管费 = 20 000 × 2% = 400(元)

按这种方法分配采购保管费,"采购保管费"科目月末可能有余额,余额为按计划分配率分配的采购保管费与实际发生的采购保管费的差额,平时可保留在"采购保管费"科目内不予结转。年度终了时,"采购保管费"科目的余额应全部分配计入材料物资的采购成本,不留余额。

3.材料收入的核算

建筑施工企业材料收入的核算与制造企业原材料收入的核算区别在于采购保管费的分配上,现举例加以说明。

【工作任务3-3】

杭州中天建筑公司本月只采购两种材料。其中螺纹钢100吨,不含税单价3 000元,增值税税率13%;水泥900吨,不含税单价130元/吨,增值税税率13%。两种材料共支付不含增值税运费15 000元,增值税税率9%,以上业务均取得增值税专用发票,运费按重量比例分配。本月发生的采购保管费不含税金额为8 640元,增值税税率6%,取得增值税专用发票,金额按实际分配率分配。月末两种材料都验收入库。螺纹钢的计划单价是3 100元/吨,水泥的计划单价是155元/吨。据此应进行主要业务处理如下:

(1)计算螺纹钢和水泥的直接采购成本,并编制会计分录如下:

螺纹钢直接采购成本 $= 100 \times 3\,000 + \dfrac{15\,000}{100+900} \times 100 = 301\,500$(元)

水泥直接采购成本 $= 900 \times 130 + \dfrac{15\,000}{100+900} \times 900 = 130\,500$(元)

发生增值税支出 $= 100 \times 3\,000 \times 13\% + 900 \times 130 \times 13\% + 15\,000 \times 9\%$
$= 55\,560$(元)

```
借:材料采购——螺纹钢                    301 500
         ——水泥                       130 500
    应交税费——应交增值税(进项税额)         55 560
    贷:银行存款                          487 560
```

(2)发生采购管理费时,应编制会计分录如下:

```
借:采购保管费                          8 640.00
    应交税费——应交增值税(进项税额)          518.40
    贷:银行存款                          9 158.40
```

(3)月末分配采购保管费时,应编制会计分录如下:

采购保管费分配率 $= \dfrac{8\,640}{301\,500 + 130\,500} \times 100\% = 2\%$

螺纹钢应分配采购保管费 $= 301\,500 \times 2\% = 6\,030$(元)

水泥应分配采购保管费 $= 130\,500 \times 2\% = 2\,610$(元)

```
借:材料采购——螺纹钢                      6 030
         ——水泥                         2 610
    贷:采购保管费                         8 640
```

(4)根据有关凭证将钢材结转入库,应编制会计分录如下:

借:原材料——螺纹钢　　　　　　　　　　　　　310 000
　　　　　——水泥　　　　　　　　　　　　　　139 500
　　贷:材料采购——螺纹钢　　　　　　　　　　　　　310 000
　　　　　　　——水泥　　　　　　　　　　　　　　139 500

(5)结转材料实际成本小于计划成本的差异,应编制会计分录如下:

借:材料采购——螺纹钢　　　　　　　　　　　　　2 470
　　　　　——水泥　　　　　　　　　　　　　　6 390
　　贷:材料成本差异——螺纹钢　　　　　　　　　　　　　2 470
　　　　　　　　——水泥　　　　　　　　　　　　　　6 390

4.材料发出的核算

(1)材料发出的凭证

建筑施工企业对施工生产领用的材料,要求根据不同的情况分别填制领料凭证。常用的领料凭证有领料单、限额领料单、领料登记簿、大堆材料耗用计算表、集中配料耗用计算单等。

大堆材料耗用计算表是一种特殊形式的耗料计算凭证,一般用于领料时不易清点数量的砖、石、沙、灰等大堆材料。由于这类材料耗用量大,领用次数较多,多次领用的数量难以确定,而且同一大堆材料往往由几项工程共同使用。因此,一般在月终进行实地盘点,根据盘点实存量和进场量来计算实际耗用量,并按各项工程材料定额用量的比例分配实际用量,填制大堆材料耗用计算单,作为领料凭证。各工程实际耗用量的计算公式为:

$$本期实际耗用量 = 期初结存量 + 本期收入数 - 本期调出数 - 期末结存数$$

$$某成本核算对象本期实际耗用量 = 该成本核算对象定额耗用量 \times \frac{实际耗用总量}{定额耗用总量}$$

大堆材料耗用计算单一般一式两联,一联交仓库以办理材料物资出库手续,一联交财务部门作为核算工程成本的依据。大堆材料耗用计算单的格式,见表3-1。

表3-1　　　　　　　　　　　大堆材料耗用计算单

材料名称及规格	黄沙	碎石	白灰
单价(元/吨)		16	
月初结存(吨)		20	
加:本月进场量(吨)		200	
减:本月调出量(吨)		—	
月末结存(吨)		30	
本月实际耗用量		190	

耗用材料在各工程之间分配									
成本核算对象	黄沙			碎石			白灰		
^	定额用量(吨)	实际用量(吨)	金额(元)	定额用量(吨)	实际用量(吨)	金额(元)	定额用量(吨)	实际用量(吨)	金额(元)
甲工程				110	104.50	1 672			
乙工程				90	85.50	1 368			
合计				200	190.00	3 040			

集中配料耗用计算单是指用料时虽能点清数量,但由于集中配料或统一下料(如玻璃、木材、钢筋、油漆等)而使用的一种耗料计算凭证。凡是由几种材料配制成一种新的材料,耗用时不能直接根据"领料单"计入有关用料对象,而必须按配制成综合料的耗用量计入。为了在领用时就能分清用途,应在领料单上填明"工程集中配料"字样。月终时,将配制后的综合料以实际耗用的比重或定额耗用量为基础,分配于有关用料对象。其计算公式为:

按实际耗用的比重分配:

$$某用料对象的实际耗用量 = 实际耗用总量 \times 该用料对象实际耗用的比重$$

按定额耗用量分配:

$$某用料对象的实际耗用量 = 该用料对象的定额用量 \times \frac{实际耗用总量}{定额耗用总量}$$

集中配料的计算和分配,应通过编制"集中配料耗用计算单"进行,其格式见表3-2。

表 3-2　　　　　　　　　　集中配料耗用计算单
年　　月　　日

名称规格	调和漆		松香油		清漆		配制后综合料	
单价	18.50元/千克		8.40元/千克		19.40元/千克		18.00元/千克	
	数量(千克)	金额(元)	数量(千克)	金额(元)	数量(千克)	金额(元)	数量(千克)	金额(元)
月初结存	100		40		120			
加:本月新领或配成	300		50		50		350	6 300
减:本月调出	50				20			
月末结存	50		70		70		50	
本月耗用	300	5 550	20	168	30	582	300	5 400
综合料耗用量分配于下列各对象							
成本核算对象	用量(千克)				金额(元)			
甲工程	100				1 800			
乙工程	200				3 600			
合计	300				5 400			

表3-2中,本月各项材料耗用量之和应等于配制后综合料的本月新领或配成数。每一成本核算对象耗用的数量及单价,应按配制后综合料计算。

(2)材料发出的核算

建筑施工企业材料发出的核算与制造企业原材料发出的核算基本相同。按计划成本计价时,材料发出核算包括两个方面的内容:一是核算发出材料的计划成本;二是核算发出材料应负担的成本差异。一般于月终时,财务人员根据当月的各种发料凭证,按材料类别和用途进行归类汇总,编制"发出材料汇总表",据以填制记账凭证。

结转各成本计算对象耗用材料的计划成本时,应编制会计分录如下:

借:工程施工——甲工程
　　　　　　——乙工程
　　机械作业
　　辅助生产
贷:原材料——黑色金属

　　　　　　——硅酸盐
　　　　　　——其他主要材料
　　　　　　——结构件
　　　　　　——机械配件
　　　　　　——其他材料
　　借:工程施工——甲工程
　　　　　　　——乙工程
　　　　机械作业
　　　　辅助生产
　　　　贷:材料成本差异——黑色金属
　　　　　　　　　——硅酸盐
　　　　　　　　　——其他主要材料
　　　　　　　　　——结构件
　　　　　　　　　——机械配件
　　　　　　　　　——其他材料
注：节约差异时为红字。

三、周转材料的核算

周转材料是指在施工生产过程中能多次使用、其价值逐渐转移但仍保持原有形态不变的工具性材料。

（一）周转材料的分类及摊销方法

1.周转材料的分类

周转材料按其用途不同可分为以下四类：

（1）模板，指浇灌混凝土用的木模、组合钢模以及配合模板使用的支撑材料和滑模材料等。

（2）架料，指搭设脚手架用的竹竿、木杆、竹木跳板以及列作流动资产的钢管脚手架及其附件等。

（3）挡板，指土方工程施工用木挡板以及支撑材料等。

（4）其他，指塔吊使用的轻轨、枕木等。

周转材料按其使用状况不同，可分为在库周转材料和在用周转材料。

2.周转材料的摊销方法

在用周转材料应采用一定的摊销方法，计算确定当期应计提的摊销额。由于各类周转材料的特点不同，其计算周转材料摊销额的方法也不一样，常用的方法有以下几种：

（1）分次摊销法

分次摊销法是根据周转材料的预计使用次数，将其成本分次摊入工程（产品）成本费用的一种方法。主要适用于模板、挡板等周转材料。其计算公式为：

$$每次使用摊销额 = \frac{周转材料原价 \times (1-残值率)}{预计使用次数}$$

$$本期使用摊销额 = 本期使用次数 \times 每次使用摊销额$$

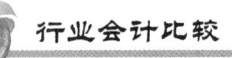

【工作任务 3-4】

杭州中天建筑公司某工程使用的定型钢板模板原值为 40 000 元,预计使用 60 次,残值率为 8%,本期共使用 6 次,则本期定型钢板模板摊销额为:

$$每次使用摊销额 = \frac{40\,000 \times (1-8\%)}{60} = 613.33(元)$$

本期使用摊销额 = 613.33 × 6 = 3 679.98(元)

(2) 分期摊销法

分期摊销法是根据一种周转材料的预计使用期限,将其成本分期摊入工程(产品)成本费用的一种方法。主要适用于架料、轻轨、枕木等周转材料。其计算公式为:

$$每月摊销额 = \frac{周转材料原价 \times (1-残值率)}{预计使用月数}$$

【工作任务 3-5】

杭州中天建筑公司某工程本月领用跳板一批,计划成本 10 000 元,预计使用 15 个月,报废时预计残值率为计划成本的 8%,则该跳板每月摊销额为:

$$每月摊销额 = \frac{10\,000 \times (1-8\%)}{15} = 613.33(元)$$

(3) 定额摊销法

定额摊销法是根据实际完成的实物工程量和预算定额规定的周转材料消耗定额,计算周转材料摊销额,并计入工程(产品)成本费用的一种方法。主要适用于模板的摊销。其计算公式为:

$$本期摊销额 = 本期完成的实物工程量 \times 单位工程周转材料消耗定额$$

【工作任务 3-6】

杭州中天建筑公司预算定额规定,每完成 1 m³ 的混凝土消耗模板价值为 20 元,本期完成工程量 400 m³,则本期摊销的模板价值应为:

本期摊销额 = 400 × 20 = 8 000(元)

(4) 一次摊销法

一次摊销法指领用时将周转材料价值一次性计入工程成本的方法。主要适用于易腐、易损的周转材料的摊销。

对各种周转材料的具体摊销方法,由企业根据具体情况确定,一经确定,一般不随意改变。如果改变,需在财务报表附注中加以说明。

由于建筑施工企业的周转材料大都露天使用及堆放,受自然影响损耗较大,而且施工工程中安装拆卸周转材料的技术水平和施工生产工艺的高低对周转材料的使用寿命也有着直接影响。因此,在实际工作中,周转材料无论采用哪一种摊销方法,平时计算的摊销额,一般都不可能与实际价值损耗完全一致。所以,需在年终或工程竣工时,对周转材料进行盘点,根据实际损耗调整已提摊销额,以保证工程成本和有关费用的正确性。

企业清查盘点中若发现报废、短缺周转材料,应及时办理报废手续,并办理补提摊销,计算公式为:

报废、短缺周转材料应补提摊销额＝应提摊销额－已提摊销额

应提摊销额＝报废、短缺周转材料原价－残料价值(短缺的周转材料无残值)

已提摊销额＝报废、短缺周转材料原价×$\dfrac{该类在用周转材料账面已提摊销额}{该类在用周转材料账面原价}$

退回周转材料应补提摊销额＝应提摊销额－已提摊销额

应提摊销额＝退回周转材料原价×(1－退回时确定的成色)

已提摊销额＝退回周转材料的原价×$\dfrac{该类在用周转材料账面已提摊销额}{该类在用周转材料账面原价}$

对于转移到其他工程的周转材料,也应及时办理转移手续,并按照上述方法,确定转移的成色,补提摊销额。

对于盘点确定降低成色的周转材料,也应比照上述方法,确定成色,补提摊销额。

(二)周转材料的核算方法

1.应设置的会计科目

为核算周转材料的购入、领用、摊销、退库及结存情况,建筑施工企业应设置"周转材料"科目。本科目核算在库和在用的各种周转材料的计划成本和实际成本。在此科目下应设置"在库周转材料""在用周转材料"和"周转材料摊销"等明细科目。"在库周转材料"明细科目借方登记购入、自制、委托外单位加工完成并已验收入库周转材料的计划成本或实际成本,贷方登记发出周转材料的计划成本或实际成本。"在用周转材料"明细科目借方登记发出在用周转材料的计划成本或实际成本,以及建筑施工单位领用主要材料转作周转材料的计划成本或实际成本,贷方登记报废在用周转材料的计划成本或实际成本。"周转材料摊销"明细科目借方登记报废、短缺周转材料的净值(原值－残值)或应提摊销额,贷方登记按规定方法计提或补提的周转材料摊销额。

2.周转材料外购、领用及摊销的核算

周转材料的购入核算可比照一般材料的购进核算方法,当周转材料验收入库时,借记"周转材料——在库周转材料"科目,贷记"材料采购"科目。

领用周转材料时,应借记"周转材料——在用周转材料"科目,贷记"周转材料——在库周转材料"或"原材料"科目。

周转材料应在领用以后按月进行摊销,采用一次摊销法的,应将其原价全部计入工程(或产品)成本,借记"工程施工"等科目,贷记"周转材料——在库周转材料"科目;采用其他摊销方法的,根据摊销方法计算出的摊销额,借记"工程施工"等科目,贷记"周转材料——周转材料摊销"科目。

【工作任务3-7】

杭州中天建筑公司外购一批模板,实际成本4 500元,计划成本4 400元,货款已付,模板已验收入库,不考虑增值税。

(1)在采购、入库时,应编制会计分录如下:

借:材料采购——周转材料　　　　　　　　　　　　　　　4 500
　　贷:银行存款　　　　　　　　　　　　　　　　　　　　　　4 500
借:周转材料——在库周转材料　　　　　　　　　　　　　4 400
　　贷:材料采购——周转材料　　　　　　　　　　　　　　　4 400

(2)月末结转购入周转材料成本差异,应编制会计分录如下:

借:材料成本差异——周转材料　　　　　　　　　　　　　100
　　贷:材料采购——周转材料　　　　　　　　　　　　　　　100

【工作任务3-8】

杭州中天建筑公司乙工程领用一批红松板作跳板,其实际成本为2 500元。本月该跳板应计提摊销额为250元。

(1)领用红松板时,应编制会计分录如下:

借:周转材料——在用周转材料(乙工程)　　　　　　　2 500
　　贷:原材料——木材　　　　　　　　　　　　　　　　　　2 500

(2)计提摊销额时,应编制会计分录如下:

借:工程施工——乙工程　　　　　　　　　　　　　　　　250
　　贷:周转材料——周转材料摊销　　　　　　　　　　　　　250

3.周转材料退库与转移的核算

退库指周转材料从施工现场退回仓库;转移指周转材料从一项工程转移到另一项工程,且两个工程分别是两个不同的成本核算对象。周转材料在退库或转移时,首先要核定其成色。若成色降低,应补提摊销额,然后进行核算。

【工作任务3-9】

杭州中天建筑公司乙工程将一批挡板转给甲工程,该挡板账面原价为3 000元,确定成色为50%。月末该类挡板账面原价为25 000元,账面已提摊销额为10 000元。

(1)计算应补提摊销额时,应编制会计分录如下:

应提摊销额 = 3 000 × (1 − 50%) = 1 500(元)

已提摊销额 = $3\,000 \times \dfrac{10\,000}{25\,000}$ = 1 200(元)

应补提摊销额 = 1 500 − 1 200 = 300(元)

借:工程施工——乙工程　　　　　　　　　　　　　　　　300
　　贷:周转材料——周转材料摊销　　　　　　　　　　　　　300

(2)挡板由乙工程转给甲工程时,应编制会计分录如下:

借:周转材料——在用周转材料(甲工程)　　　　　　　3 000
　　贷:周转材料——在用周转材料(乙工程)　　　　　　　　3 000

【工作任务3-10】

杭州中天建筑公司甲工程退库一批模板,账面原价为2 500元,估计成色为40%。该类模板账面原价为3 000元,已提摊销额为1 200元。

(1)计算应补提摊销额,应编制会计分录如下:

应提摊销额=2 500×(1-40%)=1 500(元)

已提摊销额=2 500×$\dfrac{1\,200}{3\,000}$=1 000(元)

应补提摊销额=1 500-1 000=500(元)

借:工程施工——甲工程　　　　　　　　　　　　500
　　贷:周转材料——周转材料摊销　　　　　　　　　500

(2)退回模板验收入库时,应编制会计分录如下:

借:周转材料——在库周转材料　　　　　　　　2 500
　　贷:周转材料——在用周转材料　　　　　　　　2 500

任务三　建筑施工往来业务的核算

建筑施工企业在进行建筑安装等施工活动中,要与发包单位、分包单位发生往来业务,还有许多企业内部的往来业务。

一、向发包方预收备料款、预收工程款的核算

为了满足建筑施工企业在工程价款结算以前对流动资金的需要,建筑施工企业可以按照规定向发包单位预收备料款、预收工程款。

(一)预收备料款的核算

1.应设置的会计科目

为了核算建筑施工企业预收备料款的预收和抵扣等情况,应设置"预收账款——预收备料款"科目。本科目的贷方登记收到的备料款或发包单位拨入抵作备料款的材料价款,借方登记抵扣或归还的预收备料款,期末贷方余额反映尚未抵扣或归还的预收备料款。本科目按发包单位名称设置明细科目进行明细核算。

2.预收备料款的预收和抵扣(或归还)的核算

凡工程合同规定由承包单位包工包料或采购建筑材料的,建筑施工企业可在工程合同签订后按年度承包合同造价的一定比例向发包单位预收备料款,以满足企业主要材料、结构件储备所需资金。备料款的预收额度,建筑工程一般不得超过当年建筑工程(含水暖电卫等安装工程)合同造价的30%,大量采用预制构件及工期在6个月以内的工程,可适当增加;机电设备安装工程一般不超过当年合同造价的10%,安装材料用量较大的,则可适当增加。

其收取数额计算公式为：

$$\text{预收备料款数额}=\text{年度承包合同造价}\times\text{预收备料款额度}$$

【工作任务 3-11】

杭州中天建筑公司某项工程年度承包合同造价为 200 万元，预收备料款额度为 40%，企业于 7 月 15 日收到备料款数额 80 万元，存入银行，应编制会计分录如下：

借：银行存款　　　　　　　　　　　　　　　　　　　800 000
　　贷：预收账款——预收备料款　　　　　　　　　　　　　　800 000

企业收到的备料款，应在未完工程所需材料、结构件储备刚好等于备料款数额时，以抵充工程价款的形式陆续归还，到工程完工时全部归还。其计算公式为：

$$\text{预收备料款起扣点}=\text{当年承包工程合同造价}-\frac{\text{预收备料款数额}}{\text{主要材料比重}}$$

$$\text{第一次抵扣额}=(\text{累计已完工程价值}-\text{预收备料款起扣点})\times\text{主要材料比重}$$

$$\text{以后每次抵扣额}=\text{当期完成工程价值}\times\text{主要材料比重}$$

【工作任务 3-12】

假设【工作任务 3-11】的主要材料比重为 50%，8 月底累计完成工程价值 100 万元，9 月底累计完成工程价值 180 万元，则

预收备料款起扣点 = 200 − 80 ÷ 50% = 40（万元）

8 月底累计完成工程价值 100 万元，已超过 40 万元。应于 8 月底结算已完工程价款时预收备料款。

抵扣备料款数额 =（100 − 40）× 50% = 30（万元）

根据计算结果，应编制会计分录如下：

借：预收账款——预收备料款　　　　　　　　　　　　　300 000
　　贷：应收账款——应收工程款　　　　　　　　　　　　　　300 000

9 月底累计完成工程价值 180 万元，应于 9 月底结算已完工程价款时预收备料款。

抵扣备料款数额 =（180 − 100）× 50% = 40（万元）

根据计算结果，应编制会计分录如下：

借：预收账款——预收备料款　　　　　　　　　　　　　400 000
　　贷：应收账款——应收工程款　　　　　　　　　　　　　　400 000

（二）预收工程款的核算

1. 应设置的会计科目

为了核算建筑施工企业预收工程款的预支和归还情况，应设置"预收账款——预收工程款"科目。本科目的贷方登记收到的预收工程款，借方登记抵扣的预收工程款，期末贷方余额反映尚未抵扣的预收工程款。本科目按发包单位名称设置明细科目。

2.工程款预收和抵扣的核算

按照现行《工程价款结算办法》的规定,采用按月结算工程价款的建筑施工企业,可以在月中或旬末预收上半月或本旬工程价款。采用分段结算工程价款或竣工后一次结算工程价款的建筑施工企业,可以按月预收当月工程价款。建筑施工企业在预收工程价款时,应根据实际工程进度,填制"工程价款预收账单",分送发包单位和经办银行办理预收手续。"工程价款预收账单"的格式见表3-3。

表 3-3　　　　　　　　　　　　工程价款预收账单
建设单位名称：　　　　　　2021 年 10 月 16 日　　　　　　　　　　单位:万元

单项工程项目名称	合同预算价格	截至上月末累计完成数	本旬(或半月)预计完成数	本旬(或半月)预支工程款	本次(或分月)预支工程款	应扣预收款项	实支款项	说明
甲工程	200	180	20	20	(分段、竣工结算,按月预支时填列)		20	
合计	200	180	20	20			20	

建筑施工企业：　　　　　　　　　财务负责人：

建筑施工企业根据有关凭证预收工程款时,借记"银行存款"科目,贷记"预收账款——预收工程款"科目。向发包单位预收的工程款,在工程结算时抵扣应收工程款,即借记"预收账款——预收工程款"科目,贷记"应收账款——应收工程款"科目。

二、预付分包单位款的核算

建筑施工企业承包的工程,除了自行施工外,通常还会将承包的建筑安装工程的一部分分包给其他单位施工。分包工程的工程价款的拨付与结算办法,与承包工程的工程价款的结算办法基本相同。即在施工前拨付分包单位一定数额的备料款,在施工中按工程进度分次或分期预支工程款,月终或合同完成后或施工段落完成后结算已完工程款。

(一)应设置的会计科目

1."预付账款——预付分包单位款"科目

本科目核算按分包工程合同预付给分包单位的工程款、备料款以及拨给分包单位抵作备料款的材料价值。其借方登记预付给分包单位的工程款、备料款以及拨给分包单位抵作备料款的材料价值;贷方登记在与分包单位结算已完工程款时,从分包单位已完工程款中扣回的预付给分包单位的工程款、备料款以及分包单位退回的材料价值;借方余额反映尚未扣回的预付给分包单位的工程款、备料款。本科目按分包单位名称和分包合同设置明细科目。

2."应付账款——应付分包工程款"科目

本科目核算在与分包单位办理工程款结算时应付给分包单位的已完工程款。本科目贷方登记分包工程结算时应付给分包单位的工程款,借方登记扣回的预付给分包单位工程款、备料款以及实际支付的分包单位工程款,贷方余额反映尚未支付的应付分包工程款。本科目按分包单位名称和分包合同设置明细科目。

(二)预付给分包单位备料款和工程款的核算

现举例说明预付给分包单位备料款和工程款的核算。

【工作任务3-13】

> 杭州中天建筑公司为增值税一般纳税人,适用的增值税税率为10%。2021年第三季度以来发生如下经济业务:

(1)根据分包合同规定,于2021年9月5日向分包单位预付备料款20 000元。应编制会计分录如下:

　　借:预付账款——预付分包单位款　　　　　　　　　　　　20 000
　　　　贷:银行存款　　　　　　　　　　　　　　　　　　　　　20 000

(2)按工程分包合同规定,于9月15日根据工程进度预付给分包单位工程款22 000元。应编制会计分录如下:

　　借:预付账款——预付分包单位款　　　　　　　　　　　　22 000
　　　　贷:银行存款　　　　　　　　　　　　　　　　　　　　　22 000

(3)9月末,根据经审核的分包单位提出的"工程价款结算账单"结算应付已完工程款50 000元,增值税5 000元。

①如分包工程不作为企业自行完成的工作量,应编制会计分录如下:

　　借:主营业务成本　　　　　　　　　　　　　　　　　　　　50 000
　　　　应交税费——应交增值税(进项税额)　　　　　　　　　 5 000
　　　　贷:应付账款——应付分包单位款　　　　　　　　　　　55 000

②如作为企业自行完成的工作量,应编制会计分录如下:

　　借:工程施工　　　　　　　　　　　　　　　　　　　　　　50 000
　　　　应交税费——应交增值税(进项税额)　　　　　　　　　 5 000
　　　　贷:应付账款——应付分包单位款　　　　　　　　　　　55 000

(4)9月末,根据合同规定,从应付分包工程款中扣除预付的工程款22 000元和预付备料款20 000元。应编制会计分录如下:

　　借:应付账款——应付分包单位款　　　　　　　　　　　　42 000
　　　　贷:预付账款——预付分包单位款　　　　　　　　　　　42 000

(5)10月3日,以银行存款支付分包工程款6 000元和增值税5 000元。应编制会计分录如下:

　　借:应付账款——应付分包单位款　　　　　　　　　　　　11 000
　　　　贷:银行存款　　　　　　　　　　　　　　　　　　　　　11 000

任务四　工程成本的核算

一、工程成本核算对象与成本项目设置

(一)工程成本核算对象

工程成本是指建筑施工企业为某项施工生产而发生的各种生产耗费的总和。工程成本

核算对象是指施工费用的负担者,即归集和分配施工耗费的具体对象。合理确定工程成本核算对象是组织工程成本核算的前提。从理论上讲,工程成本应以建造合同作为工程成本核算对象。这是因为建筑施工企业承包建造的工程项目都必须签订建造合同,建设单位通常按合同编制工程预算,建筑企业或建筑承包商也总是按合同规定的工程价款、结算方式等与甲方结算工程价款,所以把每一建造合同作为工程成本核算对象,可以对比实际工程成本与预算成本的差异,为建筑施工企业组织工程施工和管理提供依据。但是,在实际的施工生产活动中,一个建造合同可能只建造一个单位工程,也可能要建造一个单项工程,还可能要建造在设计、技术、功能、最终用途等方面密切相关的由数个单项工程构成的建设项目,每项工程的投资额、开工面积、施工方式、工期长短等都有差别,所以工程成本核算对象的确定不能一概而论,应视施工、管理、建造合同等情况而定。工程成本核算对象一经确定,不得任意变更。

1. 以单项建造合同为工程成本核算对象

一般情况下,建筑施工企业应以所签订的单项建造合同为工程成本核算对象,分别计量和确定各单项合同的成本,以利于分析工程预算和施工合同的完成情况,并为核算损益提供依据。

2. 以合同分立后的单项资产为工程成本核算对象

如果一项建造合同包括数项资产,在同时具备下列条件时,每项资产应分立为单项合同处理:

(1)每项资产均有独立的建造计划,包括有独立的施工图预算。

(2)建筑施工企业与业主就每项资产单独进行谈判,双方能够接受或拒绝与每项资产有关的合同条款。

(3)每项资产的收入与成本均可单独辨认,如每项资产均有单独的造价和预算成本。

对该项建造合同进行分立后,应将分立的单项资产作为一个成本核算对象,单独核算其成本,以利于正确计算建造每项资产的损益。

3. 以合同合并后一组合同为工程成本核算对象

一组建造合同,无论对应单个业主还是几个业主,在同时具备下列条件的情况下,应合并为单项合同处理:

(1)该组合同按一揽子交易签订。

(2)该组合同密切相关,每项合同实际上已构成一项综合利润率工程的组成部分。

(3)该组合同同时或依次履行。由于在同一地点同时或依次施工,建筑施工企业对施工队伍、工程计量、施工质量与进度等实行统一管理,将符合合并条件的一组合同作为工程成本核算对象,有利于工程管理和简化核算。

(二)工程成本项目的设置

在核算施工的工程成本时,一般设置五个成本项目:

(1)人工费用。人工费用包括施工生产工人的工资、福利费和劳动保护费等。

(2)材料费用。材料费用包括施工过程中耗用的构成工程实体的主要材料、结构件的费用和有助于工程形成的其他材料的费用,以及周转材料的摊销和租赁费。

(3)机械使用费用。机械使用费用包括施工过程中使用自有施工机械所发生的机械使用费和租用外单位施工机械的租赁费以及施工机械安装、拆卸和进出场费等。

(4)其他直接费用。其他直接费用是指在施工过程中发生的除上述三项直接费用以外的其他可直接计入各成本核算对象的费用,包括施工生产中发生的流动施工津贴、生产工具使用费、材料二次搬运费、检验试验费、工程定位复测费、工程点交和场地清理费等。

(5)施工间接费用。施工间接费用是指建筑施工企业下属各建筑施工单位或生产单位为组织和管理施工生产活动所发生的费用。如在分公司(或工程处)、项目部(或施工队)等处发生的施工管理人员工资、福利费、劳动保护费、固定资产折旧费及修理费、临时设施摊销费、物料消耗、低值易耗品摊销、水电费、差旅费、办公费、财产保险费、工程保修费等。其构成与制造企业的"制造费用"相似。

企业在施工过程中发生的人工费用、材料费用、机械使用费和其他直接费用构成工程的直接成本,可直接计入有关工程成本核算对象;施工间接费用可先通过"施工间接费用"或"工程施工——间接费用"科目进行归集,月份终了,再按一定的分配标准,分配计入有关工程成本核算对象。

二、工程成本核算的科目设置

为了归集施工生产费用,计算工程成本,在工程成本的核算中,主要应设置和运用以下会计科目:

(一)"工程施工"科目

本科目核算企业进行建筑安装工程施工所发生的各项费用。施工过程中发生的各项费用,应按成本核算对象和成本项目进行归集。本科目的借方登记实际发生的各项施工耗费,贷方登记建筑施工企业根据工程合同确定的工程款结算办法,按月或按期结转已完工程的成本。本科目月末余额为未完工程的实际成本。

(二)"机械作业"科目

本科目核算企业及其内部独立核算单位使用自有施工机械进行机械作业所发生的各项费用。使用自有施工机械进行作业应按成本核算对象和成本项目进行归集。机械作业成本核算对象一般根据施工机械或运输设备的种类确定。其成本项目一般分为人工费、燃料及动力费、折旧与修理费、其他直接费用、间接费用。

本科目借方登记实际发生的各项机械作业费用,贷方登记分配计入受益对象成本的机械作业成本。本科目月末无余额。

(三)"辅助生产"科目

本科目核算内部非独立核算的辅助生产部门为工程施工等使用生产材料和提供劳务所发生的各项费用。辅助生产费用也应按成本核算对象和成本项目进行归集。辅助生产成本核算对象一般可按生产的材料和提供劳务的类别确定。其成本项目一般可分为人工费、材料费、其他直接费用、间接费用。

"辅助生产"科目借方登记实际发生的各项辅助生产费用,贷方登记分配计入受益对象成本的辅助生产费用,期末借方余额反映辅助生产部门在产品的生产成本。

(四)"施工间接费用"科目

本科目核算建筑施工单位为组织和管理施工活动而发生的费用支出。借方登记实际发生的各项施工管理费,贷方登记分配计入各工程成本核算的施工管理费。月份终了时,本科目无余额。

三、工程成本的核算程序

工程成本的核算程序是指建筑施工企业核算工程成本时应遵循的步骤和顺序。建筑施工企业工程成本的核算程序是:

(一)归集施工生产费用

1.为工程施工直接发生的施工费用,作为工程施工的直接成本,直接计入各成本核算对象,即记入"工程施工"总分类科目和明细分类科目。

2.为工程施工服务所发生的各项间接费用,可先按发生地点和用途进行归集,即记入"辅助生产""机械作业""施工间接费用"等科目。

3.月末,将"辅助生产"科目归集的费用按用途和一定标准分配记入"工程施工""机械作业""施工间接费用"等科目。

4.将"机械作业"科目归集的费用按用途和一定标准分配记入"工程施工""施工间接费用"等科目。

5.将"施工间接费用"科目归集的费用按一定的方法分配计入各工程成本核算对象,即记入"工程施工"科目。

通过上述程序,应计入各成本核算对象的施工费用,都已归集在"工程施工"总分类科目所属明细分类科目中。

(二)已完工程成本的核算

在成本计算期期末,如果某成本核算对象有未完工程时,要对未完工程进行盘点,盘点后按一定的方法计算出期末未完工程成本。进一步计算本期已完工程成本,编制本期"已完工程成本表",与预算成本对比,考核工程成本节约或超支的情况。

(三)计算并结转竣工工程成本

工程竣工后,将"工程施工"科目与"工程结算"科目对冲。建筑施工企业在核算工程成本时的程序可用工程成本核算流程图表示(见图3-1)。

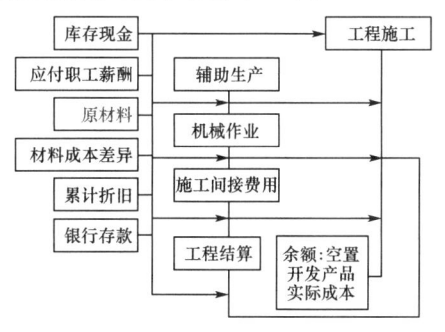

图3-1 工程成本核算流程图

四、工程成本费用的归集与分配

(一)人工费的归集与分配

施工生产中直接从事工程施工的建筑安装工人以及在施工现场直接为工程制作构件和运料、配料等辅助工人的工资、福利费以及劳动保护费等都属于人工费,应记入"工程施工"科目人工费项目。人工费归集、分配计入成本核算对象时,应按照费用的性质、内容分别对待。

1.建筑安装工人计时工资

建筑安装工人的计时工资根据用工记录能确定由一个成本核算对象负担的,可以直接计入该成本核算对象;应由几个成本核算对象共同负担的,则按各工程实际用工(或定额用工)分配计入各有关成本核算对象的人工费项目。计时工资分配的计算公式为:

$$日平均计时工资 = \frac{计时标准工资 + 加班工资}{出勤工日数}$$

【工作任务3-14】

杭州中天建筑公司2021年9月核定建筑安装工人计时工资为40 000元,该公司本月有甲和乙两项工程,甲工程本月用工时1 500工日,乙工程本月用工时2 500工日,甲、乙两工程本月分配的工资费用计算过程如下:

日平均计时工资 = 40 000 ÷ (1 500 + 2 500) = 10(元/工日)

甲工程应分配计时工资 = 10 × 1 500 = 15 000(元)

乙工程应分配计时工资 = 10 × 2 500 = 25 000(元)

根据上面计算结果,应编制会计分录如下:

借:工程施工——甲工程(人工费)　　　　　　　　　　　15 000
　　　　　　——乙工程(人工费)　　　　　　　　　　　25 000
　　贷:应付职工薪酬　　　　　　　　　　　　　　　　　40 000

2.建筑安装工人计件工资

将支付的标准计件工资,直接计入各成本核算对象的人工费项目。

3.建筑安装工人的福利费

建筑安装工人的福利费按计入各成本核算对象的工资额和计提标准计算,计入各成本核算对象的人工费项目。

4.建筑安装工人的劳动保护费

建筑安装工人的劳动保护费按各成本核算对象的实际(或定额)用工数(计件、计时工日之和)的比例进行分配,计入各成本核算对象的人工费项目。计算公式为:

$$劳动保护费分配率 = \frac{劳动保护费}{计件工日 + 计时工日}$$

$$某成本核算对象应分配劳动保护费 = 该成本核算对象实际计件、计时工日之和 × 劳动保护费分配率$$

(二)材料费的归集与分配

企业在施工生产中耗用的主要材料、结构件、其他材料费用,以及周转材料摊销和租赁费都属于材料费,应记入"工程施工"科目材料费项目。月末,财务部门应根据审核后的各种材料凭证、退料单、残料交库单等原始凭证,编制"发出材料汇总分配表"或"材料费用分配表"(见表3-4),据以确定成本核算对象应分摊的材料费,并记入"工程施工"科目的材料费项目内。

【工作任务3-15】

杭州中天建筑公司2021年9月耗用材料分配情况,见表3-4。

表3-4　　　　　　　　　　材料费用分配表
编制单位:杭州中天建筑公司　　　　2021年9月　　　　　　　　　　单位:元

材料类别＼受益对象	甲工程	乙工程	机械作业	辅助生产	合计
一、主要材料					
1.黑色金属	54 000	27 000			81 000
2.硅酸盐	41 000	23 000			64 000
3.其他主要材料	1 500	2 000			3 500
4.主要材料合计	96 500	52 000			148 500
5.材料成本差异	986	530			1 516
二、结构件					
1.金额	15 000	25 000			40 000
2.材料成本差异	225	375			600
三、机械配件					
1.金额			600		600
2.材料成本差异			12		12
四、其他材料					
1.金额	800	1 000	1 000	800	3 600
2.材料成本差异	8	10	10	8	36
五、周转材料摊销	600	750			1 350
总　计	114 119	79 665	1 622	808	196 214

根据表3-4编制会计分录如下:
借:工程施工——甲工程(材料费)　　　　114 119
　　　　　——乙工程(材料费)　　　　79 665
　　机械作业　　　　　　　　　　　　1 622
　　辅助生产　　　　　　　　　　　　808

贷：原材料——黑色金属	81 000
——硅酸盐	64 000
——其他主要材料	3 500
——结构件	40 000
——机械配件	600
——其他材料	3 600
周转材料——周转材料摊销	1 350
材料成本差异——主要材料	1 516
——结构件	600
——机械配件	12
——其他材料	36

(三)机械使用费的归集与分配

施工生产中使用机械所发生的各项费用,包括使用自有机械的台班费、使用租入施工机械发生的租赁费以及按规定支付的施工机械安装、拆卸和进出场费等都属于机械使用费,应在"工程施工——机械使用费"科目核算。机械使用费的核算分为如下几种情况：

1.租赁机械使用费的核算

租用外单位(或企业内部独立核算单位)施工机械和运输设备进行机械作业所发生的各项费用,一般可根据机械租赁费结算凭证所列金额编制"租赁机械使用费汇总表"进行核算,能确定受益对象的,直接计入有关成本核算对象的机械使用费项目；由几个成本核算对象共同负担的,应以定额用量(或实际使用台班)为标准,分配计入有关成本核算对象的机械使用费项目。

【工作任务3-16】

杭州中天建筑公司2021年9月"租赁机械使用费汇总表"见表3-5。租赁机械使用费已用银行存款结算,不考虑增值税。

表3-5　　　　　　　　租赁机械使用费汇总表
2021年9月

受益对象	挖土机		塔吊		汽车		合计(元)
	单价(元/台班)	300	单价(元/台班)	600	单价(元/台班)	200	
	台班	金额(元)	台班	金额(元)	台班	金额(元)	
甲工程	16	4 800			40	8 000	12 800
乙工程			18	10 800	5	1 000	11 800
合计	16	4 800	18	10 800	45	9 000	24 600

根据"租赁机械使用费汇总表"编制会计分录如下：

借：工程施工——甲工程(机械使用费)	12 800
——乙工程(机械使用费)	11 800
贷：银行存款	24 600

2.自有机械使用费的核算

企业使用自有施工机械和运输设备进行机械作业所发生的各项费用,首先通过"机械作业"科目核算,按机械类别或每台机械分别归集,即借记"机械作业"科目,贷记"原材料""应付职工薪酬""累计折旧"等科目;月末再根据各个成本核算对象实际使用施工机械的台班数,分配计入有关成本核算对象的机械使用项目,即借记"工程施工"等科目,贷记"机械作业"科目。

【工作任务3-17】

杭州中天建筑公司自有推土机一台、搅拌机两台,2021年9月自有机械发生的各项费用,见表3-6。根据表3-6及杭州中天建筑公司机械运转记录上登记的各成本核算对象使用机械的台班数记录,可编制表3-7自有机械使用费分配表。

表3-6　　　　　　　　　自有机械使用费明细表
编制单位:杭州中天建筑公司　　2021年9月30日　　　　　　单位:元

费用项目 \ 机械名称	推土机 运转台班:50	搅拌机 运转台班:90	金额合计
工资	750	1 400	2 150
折旧费	950	800	1 750
修理费	300	200	500
燃料费	3 000		3 000
动力费		4 500	4 500
其他直接费用	600	300	900
合计	5 600	7 200	12 800

表3-7　　　　　　　　　自有机械使用费分配表
编制单位:杭州中天建筑公司　　2021年9月30日　　　　　　单位:元

受益对象 \ 机械名称	推土机 台班成本(元/台班) 112		搅拌机 台班成本(元/台班) 80		金额合计(元)
	台班	金额(元)	台班	金额(元)	
甲工程	50	5 600	30	2 400	8 000
乙工程			60	4 800	4 800
合计	50	5 600	90	7 200	12 800

根据表3-7,应编制会计分录如下:

借:工程施工——甲工程　　　　　　　　　　　　　　　　8 000
　　　　　　——乙工程　　　　　　　　　　　　　　　　4 800
　贷:机械作业　　　　　　　　　　　　　　　　　　　　12 800

(四)其他直接费用的归集与分配

企业在施工生产中耗用的水电费、材料二次搬运费、检验费等都属于其他直接费用,应在"工程施工——其他直接费用"科目核算。其他直接费用在发生时,一般都能分清成本核算对象,可直接将费用计入有关成本核算对象的其他直接费用项目,即借记"工程施工——××工程(其他直接费用)"科目,贷记"银行存款"等科目。有些费用在发生时,无法分清成本核算对象的,可先通过"辅助生产"或"工程施工——其他直接费用"等科目归集,即借记"辅助生产"或"工程施工——其他直接费用"科目,贷记"应付职工薪酬""原材料""累计折旧""银行存款"等科目。月末再按一定方法分配计入各成本核算对象的其他直接费用,即借记"工程施工——××工程(其他直接费用)"科目,贷记"辅助生产""工程施工——其他直接费用"科目。

【工作任务3-18】

杭州中天建筑公司设有非独立核算的供水站,2021年9月供水站共发生费用18 000元。其中甲工程应负担6 000元,乙工程应负担12 000元。根据上面资料,应编制会计分录如下:

借:工程施工——甲工程(其他直接费用)　　　　　6 000
　　　　　　——乙工程(其他直接费用)　　　　　12 000
　　贷:辅助生产　　　　　　　　　　　　　　　　18 000

(五)施工间接费用的归集与分配

施工间接费用是指建筑施工企业的项目部、分公司等到施工单位为建筑施工准备、组织和管理施工生产所发生的各项资金耗费。现行财务制度规定施工间接费用由临时设施费和现场管理费组成。

企业发生的各项施工间接费用应先通过"施工间接费用"科目归集,月份终了再将其在各成本核算对象之间分配。

1.临时设施费的核算

临时设施费是指建筑施工单位为进行工程建设所必需的生活和生产用临时设施的购建、维修、拆除和摊销费。

临时设施是建筑施工单位为保证施工生产顺利进行而建造的各种简易设施,包括现场临时办公室、作业棚、机具棚、化灰池、储水池、材料库、临时供热、供电、给水、排水设施,临时道路、围墙、临时宿舍、食堂、休息室等。临时设施属于建筑施工企业的其他资产。

为核算临时设施的购建、使用和报废,一般应设置"临时设施""临时设施摊销"和"临时设施清理"三个科目。

"临时设施"科目核算企业各种简易设施的实际成本,其借方登记购置或搭建的各种临时设施的实际成本;贷方登记销售、报废和拆除的临时设施的成本;月末借方余额反映企业现有临时设施的实际成本。本科目按临时设施种类和使用部门设置明细科目。

"临时设施摊销"科目核算各种临时设施的摊销情况,其贷方登记企业按月计提的临时设施摊销额;借方登记销售、拆除、报废、毁损和盘亏临时设施的已提摊销额;月末贷方余额反映企业在用临时设施的已提摊销额。

"临时设施清理"科目核算建筑施工企业因出售、拆除、报废和毁损等情况转入清理的临时设施价值,及其在清理过程中所发生的清理费用和清理收入等。其借方登记出售、拆除、报废和毁损临时设施的账面价值以及发生的清理费用;贷方登记收回出售临时设施的价款和清理过程中取得的残料价值和变价收入;期末如为借方余额,反映临时设施清理后的净损失,如为贷方余额,则反映临时设施清理后的净收益。临时设施清理工作结束后,应将净损失或净收益分别转入"营业外支出"和"营业外收入"科目,结转后,本科目应无余额。本科目应按被清理的临时设施名称设置明细账,进行核算。

(1)临时设施的购建

临时设施可以从外部直接购入,也可以由企业自行建造。从外部直接购入时,根据购入临时设施所支付的全部款项,借记"临时设施"科目,贷记"银行存款"科目。企业自行建造时,在临时设施完工前,搭建的各项支出可先通过"在建工程"科目归集,即发生的费用,借记"在建工程"科目,贷记"应付职工薪酬""原材料"等科目,待完工交付使用时,再按搭建的全部支出,借记"临时设施"科目,贷记"在建工程"科目。

【工作任务3-19】

杭州中天建筑公司以银行存款90 000元购入旧房屋一幢,作为施工管理临时办公室,不考虑增值税。应编制会计分录如下:

借:临时设施　　　　　　　　　　　　　　　　　　　　　　　　90 000
　　贷:银行存款　　　　　　　　　　　　　　　　　　　　　　　　90 000

【工作任务3-20】

杭州中天建筑公司甲工程为施工现场搭建临时材料库,领用各种材料的计划成本为6 000元,材料成本差异率为2‰,支付工资1 200元,以银行存款支付其他费用800元,临时设施现已完工并投入使用。

搭建临时设施,支付各项费用时,应编制会计分录如下:

借:在建工程——临时设施工程　　　　　　　　　　　　　　　　8 120
　　贷:原材料　　　　　　　　　　　　　　　　　　　　　　　　6 000
　　　　材料成本差异　　　　　　　　　　　　　　　　　　　　　　120
　　　　应付职工薪酬　　　　　　　　　　　　　　　　　　　　1 200
　　　　银行存款　　　　　　　　　　　　　　　　　　　　　　　 800

临时设施交付使用时,应编制会计分录如下:

借:临时设施　　　　　　　　　　　　　　　　　　　　　　　　8 120
　　贷:在建工程——临时设施工程　　　　　　　　　　　　　　　　8 120

(2)临时设施的摊销

临时设施在整个施工期间提供各种服务,直到工程结束并将其拆除或做其他处置为止。临时设施的成本应在施工期内由所有受益工程共同分担。按服务年限和服务对象将其价值分期摊销计入工程成本。企业按月计算临时设施的摊销额,借记"施工间接费用"等科目,贷记"临时设施摊销"科目。

【工作任务 3-21】

接〖工作任务 3-19〗和〖工作任务 3-20〗,若临时设施根据工程需要应在 20 个月内摊销完,则企业每月应编制会计分录如下:

每月摊销额＝98 120÷20＝4 906(元)

借:施工间接费用——临时设施费　　　　　　　　　　4 906
　　贷:临时设施摊销　　　　　　　　　　　　　　　　　　4 906

(3)临时设施的拆除、报废

拆除、报废不需用或不能继续使用的临时设施,可通过"临时设施清理"科目核算。清理时,将临时设施的账面价值记入"临时设施清理"科目的借方,将已提摊销额记入"临时设施摊销"科目的借方,同时将临时设施的账面原价记入"临时设施"科目的贷方;发生的变价收入和收回的残料价值,记入"银行存款""原材料"等科目的借方,贷记"临时设施清理"科目;清理后的净损益,借记"营业外支出"科目或贷记"营业外收入"科目,贷记或借记"临时设施清理"科目。其会计核算与生产制造企业清理固定资产的会计核算类似,在此不再举例。

2.现场管理费的归集

现场管理费是指建筑施工单位现场组织施工过程中所发生的各项耗费,包括管理人员工资、固定资产使用费、物料消耗、低值易耗品使用费、办公费、水电费、差旅交通费、保险费、劳动保护费、工程保修费、其他费用等。建筑施工单位发生的各项现场管理费,应按其用途和发生的地点进行归集。现场管理费的归集按其记账依据不同,可采用两种方法:

(1)一般费用发生时,可直接根据开支凭证或据以编制的其他费用分配表,记入"施工间接费用——现场管理费"科目及其明细账,如办公费、差旅交通费、保险费等。

(2)工资、材料、折旧等费用,应在月终时根据汇总编制的各种费用分配表,记入"施工间接费用——现场管理费"科目及其明细账。

【工作任务 3-22】

杭州中天建筑公司 2021 年 9 月发生的各项现场管理费明细表见表 3-8。

表 3-8　　　　　　　　　　　现场管理费明细表

编制单位:杭州中天建筑公司　　　2021 年 9 月　　　　　　　　　　　单位:元

费用项目	工资	折旧及修理费	办公费	水电费	差旅交通费	保险费	低值易耗品使用费	合　计
金　额	2 500	1 100	300	225	500	240	283	5 148

3.施工间接费用的分配

为了比较施工实际成本与计划成本,施工间接费用在各成本核算对象之间进行分配的方法一般应与预算取费标准一致。如土建工程、金属及钢筋混凝土构件吊装工程、机械施工的大型土石方工程,以直接成本为基础进行分配;一般机械及电气设备安装工程、人工施工的大型土石方工程,以人工费为标准进行分配。

【工作任务 3-23】

杭州中天建筑公司甲、乙两工程均为土建工程,应以实际成本为标准来分配施工间接费用。以〖工作任务 3-14〗至〖工作任务 3-18〗的数据为直接成本,以〖工作任务 3-21〗和〖工作任务 3-22〗的数据为施工间接费用,可编制"施工间接费用分配表",见表 3-9。

表 3-9　　　　　　　　施工间接费用分配表

编制单位:杭州中天建筑公司　　　　2021 年 9 月

分配对象	分配标准	分配率	分配额(元)
甲工程	155 919	10 054÷289 184	5 421.30
乙工程	133 265		4 632.70
合　计	289 184	0.034 77	10 054.00

根据表 3-9,应编制会计分录如下:

借:工程施工——甲工程(间接费用)　　　　5 421.30
　　　　　　——乙工程(间接费用)　　　　4 632.70
　贷:施工间接费用——现场管理费　　　　　5 148.00
　　　　　　　　——临时设施费　　　　　　4 906.00

五、已完工程实际成本的结算

计算工程成本是建筑施工企业会计核算的重要内容。企业应按月或按期计算未完工程和已完工程的实际成本,工程竣工时还应计算竣工工程的实际成本,并按施工合同的规定及时结算已完工程价款,为考核降低工程成本任务的完成情况提供依据。未完工程又称"未完施工",是指已投料施工,但在月末或期末尚未完成预算定额规定的工序和内容的分部分项工程;"已完工程"是在月末或期末已经完成了预算定额规定的全部工序和内容,不需要继续施工的分部分项工程,亦称"已完施工";"竣工工程"是指按施工图规定全部完工,经验收合格,可以移交发包单位使用的工程项目。

(一)未完工程成本的计算

1.按预算单价计算

月末未完工程在全月工程量中所占的比重较小且月初与月末未完工程的数额都没有太

大变化时,为简化核算手续,企业可把月末未完工程的预算成本作为其实际成本。月末未完工程预算成本的确定方法主要有估量法和估价法两种。

(1)估量法,又称"约当产量法"。其基本做法是:将月末未完工程的实物量按其已完工序和已做工作占分部分项工程的百分比,折合成相当于已完工程的实物量,再乘以该分部分项工程的预算单价,即可求出月末未完工程的预算成本。相关的计算公式为:

$$\text{未完工程预算成本} = \text{未完工程实物量} \times \text{估计完成程度} \times \text{分部分项工程预算单价} \times (1+\text{其他直接费用费率})$$

因为月末未完工程的数额较小,所以未完工程不分担施工间接费用。

【工作任务 3-24】

杭州中天建筑公司2021年9月末对乙工程的未完工程进行盘点。该工程本月有800 m² 砖墙抹灰工程,按预算定额规定应该抹两遍,月末盘点时只抹了一遍。该砖墙抹灰工程的预算单价为9.10元/m²,其他直接费用费率为8%。根据资料可计算出:

本月未完工程的预算成本=800×50%×9.1×(1+8%)=3 931.2(元)

(2)估价法,是先确定分部分项工程中各工序的单价,再乘以未完工序的实物量,即可求出未完工程的预算成本。相关计算公式为:

$$\text{工序单价} = \text{分部分项工程预算单价} \times \text{工序占分部分项工程的比重}$$
$$\text{未完工程预算成本} = \text{未完工序实物量} \times \text{工序单价}$$

【工作任务 3-25】

杭州中天建筑公司甲工程2021年9月施工的分部分项工程由A、B两道工序组成。A工序、B工序占该分部分项工程的比重分别为60%、40%,该分部分项工程的预算单价为20元/m²。月末盘点,未完成A工序200 m²,未完成B工序50 m²。则月末未完工程预算成本如下:

A工序单价=20×60%=12(元)
B工序单价=20×40%=8(元)
未完工程预算成本=200×12+50×8=2 800(元)

2.按实际成本计算

若月末未完工程的数额较大,而且月初与月末未完工程数量又相差悬殊,未完工程成本应该采用实际成本进行计算,这样才能保证未完工程、已完工程实际成本的正确性。其计算公式为:

$$\text{未完工程实际成本} = \text{期末未完工程折合量} \times \frac{\text{本期实际完成的工程成本} + \text{期初未完工程成本}}{\text{本期已完工程数量} + \text{期末未完工程折合量}}$$

【工作任务 3-26】

杭州中天建筑公司丙分项工程由三道工序组成,各工序占该分部分项工程的比重分别为 40%、30%、30%;月末进行盘点,已完工程数量为 400 m,未完工程数量分别是:甲工序 90 m,乙工序 60 m,丙工序 20 m;月初未完工程成本为 1 680 元;本月实际发生的工程成本为 5 360 元。

期末未完工程折合量 $= 90 \times 40\% + 60 \times 30\% + 20 \times 30\% = 60 (m)$

未完工程实际成本 $= 60 \times \dfrac{1\,680 + 5\,360}{400 + 60} = 918.26 (元)$

未完工程成本的计算方法一经确定,就不能随意改变,以保证各期成本计算口径的统一,便于进行成本比较、分析。

(二)已完工程实际成本的计算

期末未完工程实际成本确定以后,就可以在此基础上计算本期已完工程实际成本,计算公式为:

| 已完工程实际成本 | = | 期初未完工程实际成本 | + | 本期发生的工程成本 | − | 期末未完工程实际成本 |

在实际工作中,已完工程实际成本的计算,一般通过编制"已完工程成本计算表"进行,其格式见表 3-10。

【工作任务 3-27】

以〖工作任务 3-14〗至〖工作任务 3-18〗、〖工作任务 3-23〗至〖工作任务 3-25〗的数据为例。假定甲工程、乙工程 9 月初未完工程预算成本分别为 3 500 元、3 000 元,则公司 2021 年 9 月编制的"已完工程成本计算表"见表 3-10。

表 3-10　　　　　　　　已完工程成本计算表

编制单位:杭州中天建筑公司　　　2021 年 9 月　　　　　　　单位:元

工程名称	期初未完工程实际成本	本期发生的工程成本	期末未完工程实际成本	本期已完工程实际成本
甲工程	3 500.00	161 340.30	2 800.00	162 040.30
乙工程	3 000.00	137 897.70	3 931.20	136 966.50
合计	6 500.00	299 238.00	6 731.20	299 006.80

(三)竣工工程成本的计算与冲转

合同项目竣工后,应根据施工图预算和工程设计变更、材料代用等有关凭证,及时编制工程结算书,据以确定竣工的合同项目预算成本并作为向发包方办理工程价款结算的依据;应归集该工程自开工至竣工期间所发生的累计实际成本,与预算成本相比较,计算成本降低额,并编制"合同项目竣工成本决算"。同时将"工程施工"科目与"工程结算"科目对冲。

【工作任务 3-28】

杭州中天建筑公司承包的合同项目 328 办公楼工程已竣工结算,根据有关资料编制的"合同项目竣工成本决算",见表 3-11,工、料、机械用量比较略。

表 3-11　　　　　　　　　合同项目竣工成本决算

发包单位:某建设单位　　　　　　　　　　　工程名称:328 办公楼
建筑面积:5 000 m²　　　　　　　　　　　　开工日期:1 月 25 日
工程结构:砖混　　　　　　　　　　　　　　竣工日期:12 月 5 日
层　数:5　　　　　　　　　　　　　　　　合同造价:4 520 000 元

成本项目	预算成本(元)	实际成本(元)	降低额(元)	降低率(%)	简要分析与说明
人工费	538 200	497 211	40 989	7.60	
材料费	2 375 256	1 907 666	467 590	19.70	
机械使用费	215 280	173 108	42 172	19.60	单方成本:
其他直接费用	28 704	21 890	6 814	23.70	预算 717.60
间接费用	430 560	436 154	−5 594	−1.30	实际 607.20
合　计	3 588 000	3 036 029	551 971	15.40	

任务五　工程合同收入与合同费用的核算

一、建造合同概述

(一)建造合同的定义和特征

1.建造合同的定义

建造合同是指为建造一项资产或者在设计、技术、功能、最终用途等方面密切相关的数项资产而订立的合同。其中所指资产主要包括房屋、道路、桥梁、水坝等建筑物以及船舶、飞机、大型机械设备等。

2.建造合同的特征

(1)先有业主(客户),后有标底(资产),建造资产的造价在合同签订时就已经确定;

(2)资产的建设周期长,一般都要跨越一个会计年度,有的长达数年;

(3)所建造资产的体积大,造价高;

(4)建造合同一般为不可撤销合同。

(二)建造合同的类型

建造合同分为两类:一类是固定造价合同,另一类是成本加成合同。

1.固定造价合同

固定造价合同是指按照固定的合同价或固定单价确定工程价款的建造合同。

2.成本加成合同

成本加成合同是指以合同允许或其他方式议定的成本为基础,加上该成本的一定比例或定额费用确定工程价款的建造合同。比如,建造承包商与客户签订一项建造合同,为客户建造一段地铁,双方约定以建造实际成本为基础,价款以实际成本加上实际成本的2%计算确定,该合同属于成本加成合同。

固定造价合同与成本加成合同的主要区别就在于风险的承担者不同。前者的风险主要同建造承包方承担,后者则主要由发包方承担。

二、合同收入与合同费用

建筑施工企业收入实现的确认与工商企业有所不同。根据我国《企业会计准则》的规定,收入确认必须充分考虑建筑施工企业收入的特点,根据完工百分比法确认合同收入与合同费用。

(一)合同收入

合同收入是建筑施工企业在承包工程、提供劳务等日常活动中所形成的经济利益总流入,是建筑施工企业的主营业务收入。

1.合同收入的内容

(1)合同的初始收入,即建造承包商与客户在双方签订的合同中最初商定的合同总金额,它构成合同收入的基本内容。

(2)因合同变更、索赔、奖励等形成的收入。这部分收入并不构成合同双方在签订合同时已在合同中商定的合同总金额,而是在执行合同过程中由于合同变更、索赔、奖励等原因而形成的收入。这部分收入需要严格履行手续,才能构成合同总收入。

2.合同变更收入的确认

合同变更是指客户为改变合同规定的作业内容而提出的调整。例如,某建造承包商与某建设单位签订合同建造一栋住宅楼,合同执行至1/3时,建设单位提出更改住宅的部分户型设计,这就属于合同变更。为实施这一变更,建设单位同意增加100万元,这100万元就是建造承包商的合同变更收入。

因合同变更而增加的收入,应在同时符合以下条件时加以确认:

(1)客户能够认可因变更而增加的收入;

(2)收入能够可靠地计量。

如果不同时具备以上两个条件,则不能确认合同变更收入。注意,这里所说的合同变更收入确认,仅指合同变更收入可以计入合同总收入,而不是说将其在当期损益中确认。以下提到的索赔款、奖励款收入的确认也有类似的含义。它们何时计入损益,将在"合同收入与合同费用的确认"部分介绍。

3.索赔款收入的确认

索赔款是指由客户或第三方的原因造成的、由建造承包商向客户或第三方收取的、用于补偿不包括在合同造价中的成本的款项。

因发生索赔而形成的收入即为索赔款收入,其应在同时符合以下条件时才能加以确认:

(1)根据谈判情况,预计对方能够同意这项索赔;

(2)对方同意接受的金额能够可靠地计量。

4.奖励款收入的确认

奖励款是指工程达到或超过规定的标准时,客户同意支付给建造承包商的额外款项。因奖励而形成的收入应在同时符合以下条件时加以确认:

(1)根据目前合同的完成情况,足以判断工程进度和工程质量能够达到或超过既定的标准;

(2)奖励金额能够可靠地计量。

(二)合同费用

合同费用是建筑施工企业已经发生的与确认的合同收入相配比的工程或劳务的成本,它是建筑施工企业的主营业务成本。

三、合同收入与合同费用的确认与核算

(一)合同收入与合同费用的确认

与提供劳务收入确认类似,合同收入与合同费用如何确认,要看建造合同的结果是否能可靠地估计。

1.建造合同的结果能够可靠估计时的处理

建造合同的结果能够可靠估计的,应采用完工百分比法确认合同收入和合同费用。对于不同类型的建造合同,判断其结果能否可靠估计的条件也不完全相同。

(1)判断固定造价合同的结果能够可靠估计的条件

①合同总收入能够可靠地计量;

②与合同相关的经济利益能够流入企业;

③在资产负债表日,合同完工进度和为完成合同尚需发生的成本能够可靠地确定;

④为完成合同已经发生的合同成本能够清楚地区分和可靠地计量,以便实际合同成本能够与以前的预计成本相比较。

(2)判断成本加成合同的结果能够可靠估计的条件

①与合同相关的经济利益能够流入企业;

②为完成合同已经发生的成本能够清楚地区分和可靠地计量。

(3)合同收入与合同费用确认的方法

当建造合同结果能够可靠地估计时,应根据完工百分比法在资产负债表日确认合同收入与合同费用。完工百分比法即根据合同的完工进度来确认合同收入与合同费用,其运用程序是:首先确定建造合同的完工进度,计算完工百分比,然后根据完工百分比计量和确认当期的合同收入和合同费用。

确定合同完工进度有以下三种方法:

①根据累计实际发生的合同成本占合同预计总成本的比例确定,计算公式为:

$$合同完工进度 = \frac{累计实际发生的合同成本}{合同预计总成本} \times 100\%$$

②根据已经完成的合同工作量占合同预计总工作量的比例确定,计算公式为:

$$合同完工进度 = \frac{已经完成的合同工作量}{合同预计总工作量} \times 100\%$$

③已完合同工作的测量。这是无法用上述两种方法确定完工进度时所采用的一种特殊技术方法,适用于一些特殊的建造合同,如水下工程等。

根据完工百分比计量和确认当期合同收入和合同费用,计算公式为:

$$当期确认的合同收入 = 合同总收入 \times 完工进度 - 以前会计年度累计已确认的合同收入$$

$$当期确认的合同毛利 = (合同总收入 - 合同预计总成本) \times 完工进度 - 以前会计年度累计已确认的毛利$$

$$当期确认的合同费用 = 当期确认的合同收入 - 当期确认的合同毛利 - 以前会计年度确认的存货跌价准备$$

需要说明的是,以上完工进度是指累计完工进度。因此,企业在运用上述公式确认和计量当期合同收入和合同费用时,应根据建造合同的实际情况分别处理。

①当年开工当年未完工的建造合同。在这种情况下,企业在运用上述公式确认和计量当期合同收入和合同费用时,以前会计年度累计已确认的合同收入和合同毛利均为零。

②以前年度开工至本年仍未完工的建造合同。在这种情况下,企业可以直接运用上述公式确认和计量当期合同收入和合同费用。在工程未竣工的年度内,确认当期合同费用时,不考虑以前会计年度存货跌价准备。

③以前年度开工本年度完工的建造合同。在这种情况下,当期确认和计量的合同收入,等于合同总收入扣除以前会计年度累计已确认的收入后的余额;当期确认和计量的合同毛利等于合同总收入扣除实际合同总成本减去以前会计年度累计已确认的毛利后的余额。

2.建造合同的结果不能可靠估计时的处理

如果建造合同的结果不能可靠地估计,则不能采用完工百分比法确认合同收入和合同费用,而应根据以下情况分别进行会计处理:

(1)合同成本全部能够收回的,合同收入根据能够收回的实际合同成本加以确认,合同成本在其发生的当期确认为费用。编制会计分录如下:

借:主营业务成本
　　贷:主营业务收入

(2)如果已经发生的合同成本预计不能全部得到补偿,应按能够得到补偿的金额确认收入,并将已经发生的成本确认费用,两者的差额确认为损失,冲减建造合同的毛利。编制会计分录如下:

　　　　借:主营业务成本
　　　　　　贷:主营业务收入
　　　　　　　　工程施工——合同毛利

(3)合同成本全部不能收回的,应在发生时立即确认为费用,不确认收入。编制会计分录如下:

　　　　借:主营业务成本
　　　　　　贷:工程施工——合同毛利

3.合同预计总损失核算

如果建造合同的预计总成本将超过合同预计总收入,建筑施工企业应将预计损失立即确认为当期费用,在将预计损失确认为当期费用时,应将预计损失总额分为两部分核算。

(1)对于已施工的工程应负担的损失,编制会计分录如下:

　　　　借:主营业务成本
　　　　　　贷:主营业务收入
　　　　　　　　工程施工——毛利

(2)对于未施工工程应负担的损失,编制会计分录如下:

　　　　借:资产减值损失
　　　　　　贷:存货跌价准备

(二)核算科目

1."工程施工——毛利"科目

"工程施工——毛利"科目核算确认的合同毛利。确认的合同毛利记入本科目的借方,确认的合同亏损记入本科目的贷方。合同完成后,本科目与"工程结算"科目对冲后结平。

2."工程结算"科目

"工程结算"科目核算根据合同完工进度已向发包方开出工程价款结算账单办理结算的价款。本科目是"工程施工"的备抵科目,已向客户开出工程价款结算账单办理结算的款项记入本科目的贷方,合同完成后,本科目与"工程施工"科目对冲后结平。

3."主营业务收入"科目

"主营业务收入"科目核算当期确认的合同收入。当期确认的合同收入记入本科目的贷方,期末将本科目的余额全部转入"本年利润"科目,结转后本科目应无余额。

4."主营业务成本"科目

"主营业务成本"科目核算当期确认的合同费用。当期确认的合同费用记入本科目的借方,期末将本科目的余额全部转入"本年利润"科目,结转后,本科目应无余额。

5."资产减值损失"科目

"资产减值损失"科目核算当期确认的合同预计损失。当期确认的合同预计损失记入本科目的借方,期末将本科目的余额全部转入"本年利润"科目,结转后,本科目应无余额。

6. "存货跌价准备"科目

"存货跌价准备"科目核算建造合同计提的损失准备。在建合同计提的损失准备,记入本科目的贷方,在建合同完工后,应将本科目的余额调整至"主营业务成本"科目。

(三)合同收入与费用的核算举例

【工作任务3-29】

杭州中天建筑公司与某建设单位签订了一项总金额为58 000 000元(不含税)的固定造价合同,承建一幢商住楼。工程于2018年5月开工,2020年9月竣工。最初,预计工程总成本为55 000 000元;至2019年底,由于钢材价格上涨等因素调整了预计总成本,预计工程总成本已达到60 000 000元。该建筑施工单位于2020年7月提前两个月完成了合同,工程优良,客户同意支付奖励款2 000 000元。该公司为增值税一般纳税人,适用的增值税税率为9%,结算合同价款时开具增值税专用发票。建造商住楼的其他有关资料,见表3-12。

表3-12　　　　　建造商住楼相关资料　　　　　单位:元

	2018年	2019年	2020年
到目前为止已发生成本	15 400 000	48 000 000	59 500 000
完成合同尚需发生成本	39 600 000	12 000 000	——
已结算合同价款	17 400 000	29 600 000	13 000 000
实际收到价款	17 000 000	29 000 000	14 000 000

1.2018年的账务处理

(1)登记发生的合同成本(实际成本):

借:工程施工——商住楼　　　　　　　　　　　　　　　15 400 000
　　贷:原材料、应付职工薪酬等　　　　　　　　　　　　　　15 400 000

(2)登记已结算的合同价款:

借:应收账款　　　　　　　　　　　　　　　　　　　　18 966 000
　　贷:工程结算　　　　　　　　　　　　　　　　　　　　　17 400 000
　　　　应交税费——应交增值税(销项税额)　　　　　　　　1 566 000

(3)登记实际收到的合同价款和增值税:

借:银行存款　　　　　　　　　　　　　　　　　　　　18 530 000
　　贷:应收账款　　　　　　　　　　　　　　　　　　　　　18 530 000

(4)确认和计量当年的收入和费用,并登记入账:

2018年的完工进度 = $\dfrac{15\ 400\ 000}{15\ 400\ 000 + 39\ 600\ 000}$ = 28%

2018年应确认的合同收入 = 58 000 000 × 28% = 16 240 000(元)

2018年应确认的合同毛利 = (58 000 000 − 55 000 000) × 28% = 840 000(元)

2018年应确认的合同费用 = 16 240 000 − 840 000 = 15 400 000(元)

应编制会计分录如下：

借：工程施工——毛利　　　　　　　　　　　　　　　　　　840 000
　　主营业务成本　　　　　　　　　　　　　　　　　　　15 400 000
　　贷：主营业务收入　　　　　　　　　　　　　　　　　　　16 240 000

2.2018年该项合同的有关信息披露

(1)在资产负债表中披露的有关信息

应收账款：根据"应收账款"科目余额填列。

应收账款＝19 140 000－18 700 000＝440 000(元)。

已结算未完工程款：本项目应在流动负债类"预收款项"项目下列示，反映在建合同已办理结算但尚未完工部分的价款，根据"工程结算"科目余额减去"工程施工"科目余额后的差额填列。

已结算未完工程款＝17 400 000－15 400 000－840 000＝1 160 000(元)。

(2)在利润表中披露的有关信息

主营业务收入：根据"主营业务收入"科目本年贷方发生额填列，主营业务收入为16 240 000元。

主营业务成本：根据"主营业务成本"科目本年借方发生额填列，主营业务成本为15 400 000元。

(3)在会计报表附注中披露的有关信息

确定合同完工进度的方法：本例中合同完工进度根据累计实际发生的合同成本占合同预计总成本的比例确定。

在建工程已发生的成本：根据"工程施工"科目的余额扣除毛利后的余额填列，在建工程已发生的成本为15 400 000元。

在建工程已结算价款：反映在建合同累计已办理结算的工程价款，根据"工程结算"科目余额填列，金额为17 400 000元。

合同总金额：58 000 000元。

3.2019年的账务处理

(1)登记发生的合同成本(实际成本)：

借：工程施工——商住楼　　　　　　　　　　　　　　　　32 600 000
　　贷：原材料、应付职工薪酬等　　　　　　　　　　　　　32 600 000

(2)登记已结算的合同价款：

借：应收账款　　　　　　　　　　　　　　　　　　　　　32 264 000
　　贷：工程结算　　　　　　　　　　　　　　　　　　　　29 600 000
　　　　应交税费——应交增值税(销项税额)　　　　　　　　2 664 000

(3)登记实际收到的合同价款和增值税：

借：银行存款　　　　　　　　　　　　　　　　　　　　　31 610 000
　　贷：应收账款　　　　　　　　　　　　　　　　　　　　31 610 000

(4)确认和计量当年的收入和费用,并登记入账:

2019年的完工进度 = $\dfrac{48\,000\,000}{48\,000\,000+12\,000\,000}=80\%$

2019年应确认的合同收入 = 58 000 000×80%－16 240 000＝30 160 000(元)

2019年应确认的合同毛利 =(58 000 000－60 000 000)×80%－840 000
　　　　　　　　　　　＝－2 440 000(元)

2019年应确认的合同费用 = 30 160 000＋2 440 000＝32 600 000(元)

2019年应确认的合同预期损失 =(48 000 000＋12 000 000－58 000 000)×(1－80%)＝400 000(元)

注:在2019年年底,由于该合同预计总成本60 000 000元,大于合同总收入58 000 000元,预计发生损失总额为2 000 000元。由于在"工程施工——毛利"科目中反映了1 600 000(840 000－2 440 000)元的亏损,因此,应将剩余的未完工程将发生的预计损失400 000元确认为当期损失,应编制会计分录如下:

借:主营业务成本　　　　　　　　　　　　　　　　　32 600 000
　　贷:主营业务收入　　　　　　　　　　　　　　　　30 160 000
　　　　工程施工——毛利　　　　　　　　　　　　　　2 440 000

同时,确认合同预计损失,应编制会计分录如下:

借:资产减值损失　　　　　　　　　　　　　　　　　400 000
　　贷:存货跌价准备　　　　　　　　　　　　　　　　400 000

4.2019年该项合同的有关信息披露

(1)在资产负债表中披露的有关信息

应收账款:根据"应收账款"科目余额填列,金额为1 100 000元。

已结算未完工程款:本项目应在流动负债类"预收款项"项目下列示,反映在建合同已办理结算但尚未完工部分的价款,根据"工程结算"科目余额减去"工程施工"科目余额后的差额填列。

已结算未完工程款＝47 000 000－46 400 000＝600 000(元)

(2)在利润表中披露的有关信息

主营业务收入:根据"主营业务收入"科目本年贷方发生额填列,金额为30 160 000元。

主营业务成本:根据"主营业务成本"科目本年借方发生额填列,金额为32 600 000元。

资产减值损失:根据"资产减值损失"科目本年借方发生额填列,金额为400 000元。

(3)在会计报表附注中披露的有关信息

确定合同完工进度的方法:本例中合同完工进度根据累计实际发生的合同成本占合同预计总成本的比例确定。

在建工程累计已发生的成本:根据"工程施工"科目的余额扣除毛利后的余额填列,金额=15 400 000+32 600 000-840 000+2 440 000=49 600 000(元)。

在建工程已结算价款:反映在建合同累计已办理结算的工程价款,根据"工程结算"科目的余额填列,金额=17 400 000+29 600 000=47 000 000(元)。

合同总金额:58 000 000元。

5.2020年账务处理

(1)登记发生的合同成本(实际成本):

借:工程施工——商住楼　　　　　　　　　　　　　　　11 500 000
　　贷:原材料、应付职工薪酬等　　　　　　　　　　　　　　11 500 000

(2)登记已结算的合同价款:

借:应收账款　　　　　　　　　　　　　　　　　　　　14 170 000
　　贷:工程结算　　　　　　　　　　　　　　　　　　　　　13 000 000
　　　　应交税费——应交增值税(销项税额)　　　　　　　　1 170 000

(3)登记实际收到的合同价款和增值税:

借:银行存款　　　　　　　　　　　　　　　　　　　　15 260 000
　　贷:应收账款　　　　　　　　　　　　　　　　　　　　　15 260 000

(4)确认和计量当年的收入和费用,并登记入账:

2020年应确认的合同收入=合同总金额 — 至目前为止累计已确认的收入
　　　　　　　　　　　=(58 000 000+2 000 000)-(16 240 000+30 160 000)
　　　　　　　　　　　=13 600 000(元)

2020年应确认的合同毛利=(58 000 000+2 000 000-59 500 000)-
　　　　　　　　　　　(840 000-2 440 000)
　　　　　　　　　　　=500 000+1 600 000=2 100 000(元)

2020年应确认的合同费用=13 600 000-2 100 000-400 000=11 100 000(元)

借:主营业务成本　　　　　　　　　　　　　　　　　　　11 100 000
　　存货跌价准备　　　　　　　　　　　　　　　　　　　　400 000
　　工程施工——毛利　　　　　　　　　　　　　　　　　2 100 000
　　贷:主营业务收入　　　　　　　　　　　　　　　　　　　13 600 000

(5)2020年工程竣工,应将"工程施工"科目的余额与"工程结算"科目的余额相对冲,应编制会计分录如下:

借:工程结算　　　　　　　　　　　　　　　　　　　　60 000 000
　　贷:工程施工——商住楼　　　　　　　　　　　　　　　　59 500 000
　　　　工程施工——毛利　　　　　　　　　　　　　　　　　500 000

6.2020年该项合同的有关信息披露

由于工程在2020年已竣工,工程价款已全部办理了结算并已收讫,因此只需在利润表中披露当年确认的收入、成本和利润即可。

项目小结

本项目主要阐述建筑施工企业生产经营活动中一些特殊经济业务的会计处理,主要包括以下几个方面:首先,介绍了建筑施工企业的周转材料的核算;临时设施购建、摊销、出售的核算;单位往来业务中向发包单位预收备料款、预收工程款的核算和预付分包单位款的核算;内部往来业务核算。其次,在成本核算中,重点介绍了建筑施工企业施工对象(建造合同)成本构成以及各成本项目费用归集和分配的核算方法。最后,重点介绍了建筑施工企业工程合同收入和合同成本的确认方法——完工百分比法以及会计处理。

项目练习

一、单选题

1.企业使用自有施工机械运输设备进行机械作业所发生的各项费用,首先通过( )科目,按机械类别或每台机械分别归集。

A."工程施工"　B."机械作业"　C."工业生产"　D."施工间接费用"

2.临时设施是建筑施工企业特有的长期资产,会计上应设置( )科目对临时设施的购建、使用、摊销、拆除清理进行核算。

A."固定资产"　B."在建工程"　C."临时设施"　D."其他长期资产"

3.建筑施工企业在业务成果核算方面设置了( )科目。

A."工程施工"　B."材料采购"　C."临时设施"　D."工程结算"

4.为避免建筑施工企业垫支大量资金,给建筑施工企业的资金周转带来困难而采用的方法是( )。

A.分级核算

B.分别计算每项工程的成本

C.工程成本核算与工程价款结算的分段性

D.以取得最大的经济效益和管理效益为目的

5.建筑施工企业临时设施清理通过( )科目进行。

A."临时设施清理"　　　　　B."待处理财产损溢"
C."在建工程"　　　　　　　D."固定资产清理"

6.( )科目的构成与制造费用相同。

A."工程施工"　B."机械作业"　C."工业生产"　D."施工间接费用"

二、判断题

1."采购保管费"科目月末肯定没有余额。 ( )

2.在年终或工程竣工时,应对周转材料进行盘点,根据实际损耗调整已提摊销,以保证

工程成本和有关费用的正确性。（ ）

3.企业在施工生产过程中发生的人工费用、材料费用、机械使用费用和其他直接费用构成工程的直接成本,可直接计入有关工程成本核算对象。（ ）

4.施工间接费用不属于工程成本项目内容。（ ）

5.先确定分部分项工程中各工序的单价,再乘以未完工序的实物量,即可求出未完施工的预算成本,这种方法是估量法。（ ）

6.固定造价合同与成本加成合同的主要区别在于风险的承担者不同。前者的风险主要由建造承包方承担,后者则主要由发包方承担。（ ）

7.建筑施工企业对于需要通过建筑安装活动才能完成的临时设施,其实际支出可以通过"临时设施"科目来核算。（ ）

三、计算及会计处理题

（一）建筑施工企业材料采购业务的核算

资料:

(1)假设杭州某建筑施工企业本月支付银行存款从嘉兴购入两种材料。其中,螺纹钢130吨,不含税单价2 800元/吨;水泥80吨,不含税单价270元/吨。两种材料的增值税税率均为13%。两种材料一共支付不含税运费6 300元,增值税税率为9%。该企业的运费按重量分配。

(2)假设上述两种材料全部入库,其中螺纹钢的计划单价为2 850元/吨,水泥的计划单价为270元/吨。

(3)本月采购保管费的发生情况如下:

分配工资: 3 000元
计提福利费: 420元
计提折旧: 2 000元
支付存款: 15 580元
合　计: 21 000元

假设本月该企业只购入两种材料,它们的价款与运杂费之和为1 050 000元,其中螺纹钢450 000元,水泥600 000元。按实际分配率分配采购保管费。

要求:根据资料编制会计分录。

（二）建筑施工企业材料发出的核算

(1)某建筑施工企业A工程领用钢材30吨,水泥50吨。钢材成本每吨3 000元,水泥成本每吨300元。请编制领用材料的会计分录。

(2)4月1日,A工程领用红松板一批做跳板,成本为13 000元,预计使用一年,估计报废时的残值为1 000元。请编制领用材料的会计分录;按分期摊销法计算每月的摊销额,并据以编制每月摊销的会计分录。

(3)5月1日,甲工程计提本月跳板的摊销额为1 000元,请据以编制会计分录。

(4)乙工程退库一批模板,成本为5 000元,估计成色为40%,该模板账面的成本为3 000元,已提摊销额为1 000元。请据以计算应补提摊销额,并编制补提的会计分录;编制该批退库周转材料入库的会计分录。

(5)某施工部门领取安全网一批,其实际成本为8 000元,采用一次摊销法核算;某工程本月领用全新脚手架一批,其账面价值为20 000元,预计使用期限是9个月,预计残值占账面价值的10%,采用分期摊销法核算。请编制摊销的会计分录。

(三)临时设施的核算

资料:

(1)某建筑施工企业为施工现场搭建临时作业棚、机具棚等临时设施。现已支付银行存款20 000元,领用木料16 000元。

(2)该企业的临时作业棚、机具棚等交付使用。

要求:若上述临时设施根据工程需要,应在3年内摊销完毕,请编制本月摊销该部分临时设施的会计分录。

(四)工程成本业务的核算

1.假设某建筑施工单位发生下列有关工程成本的业务:

(1)甲工程领用一次摊销的周转材料一批,价值2 000元。

(2)乙工程领用模板一批,价值25 000元,预计使用50次,本月使用4次。

(3)本月应付职工薪酬55 900元,其中甲工程施工工人16 000元,乙工程施工工人30 000元,自有施工机械操作工人1 500元,施工管理人员8 400元。

(4)本月应计提固定资产折旧3 770元,其中自有施工机械折旧2 300元,施工管理部门固定资产折旧1 470元。

(5)本月以存款支付电费2 800元,其中自有施工机械2 170元,施工管理部门630元。

(6)本月以银行存款支付水费2 772元,其中甲工程800元,乙工程1600元,施工管理部门372元。

(7)本月领用材料情况,见表3-13:

表3-13　　　　　　　　　　本月领用材料情况　　　　　　　　　　　单位:元

受益对象	主要材料		其他材料		机械配件	
	计划成本	成本差异	计划成本	成本差异	计划成本	成本差异
甲工程	30 000	600	2 000	−200		
乙工程	25 000	500	1 000	−100		
自有施工机械					600	30
合计	55 000	1100	3 000	−300	600	30

(8)本月以银行存款支付租赁施工机械费用3 000元,其中甲工程2 000元,乙工程1 000元。不考虑增值税。

(9)分配本月自有施工机械使用费,甲工程使用60台班,乙工程使用40台班。

(10)按工程的直接成本分配本月施工间接费用。

要求:根据以上业务编制会计分录,并计算甲、乙工程本月发生的工程成本。

2.某建筑施工企业发生如下有关工程成本的经济业务:

(1)9月30日盘点时,甲工程有1 500平方米的外墙抹水泥砂浆,预算单价为10元/平方米,其直接费用中,人工费为3 000元(不含福利费),机械使用费为500元,其余均为材料费。

(2)10月30日,甲工程竣工,结算工程价款为20 000元。结转本月份已竣工甲工程的实际成本。

要求：根据资料，编制该建筑施工企业的相关会计分录。

(五)合同收入与合同费用的核算

1.假设某建筑施工单位签订了总金额为100万元(不含税)的固定造价合同,工程已于2020年9月开工,预计于2021年6月竣工；最初预计工程总成本为85万元。该工程项目于2021年5月竣工,提前1个月完成,工程质量优良,甲方同意支付奖励款5万元。该建筑施工单位为增值税一般纳税人,适用的增值税税率为9%,结算合同价款时开具增值税专用发票。其他相关数据,见表3-14：

表 3-14　　　　　　　　　　　　　　相关数据　　　　　　　　　　　　　　单位:元

	2020年	2021年
到目前为止累计发生实际成本	340 000	915 000
完成合同尚需发生成本	510 000	——
已结算工程价款	400 000	1 050 000

要求：据完工百分比法确定2020年、2021年的合同收入与合同费用,并编制会计分录。

2.某建筑施工企业与客户签订了一项总金额为580万元(不含税)的固定造价合同,工程于2020年2月开工。已知至2020年年底,有关资料如下：至目前为止已发生成本154万元,完成合同尚需发生成本396万元,已结算合同价款174万元,实际收到价款170万元。该建筑施工企业为增值税一般纳税人,适用的增值税税率为9%,结算合同价款时开具增值税专用发票。

要求：编制相关会计分录,并按完工百分比法确认2020年的合同收入和合同费用。

(六)建筑施工往来业务的核算

1.某项工程年度承包合同造价为200万元,预收备料款额度30%,企业于2021年2月15日收到备料款数额60万元,存入银行。主要材料比重为60%。2021年8月底累计完成工程价值120万元。

要求：编制相关的会计分录。

2.某企业2021年1月具体发生以下业务：

(1)根据分包合同规定,于1月15日向分包单位预付备料款20 000元。

(2)该企业按工程分包合同规定,于1月15日根据工程进度预付给分包单位工程款30 000元。

(3)1月末,根据经审核的分包单位提出的"工程价款结算账单"结算应付已完工程价款70 000元,增值税7 000元。分包工程不作为企业自行完成的工作量。

(4)1月末,根据合同规定,从应付分包工程款扣除预付的工程款30 000元和预付备料款10 000元。

(5)2月8日,以银行存款支付分包单位工程款30 000元和增值税7 000元。

要求：编制上述施工工程往来业务的会计分录。

项目四 房地产开发企业会计

学习目标

1. 理解房地产开发企业会计核算特点；
2. 掌握房地产开发企业特殊会计核算方法；
3. 熟练运用相关会计科目编制会计分录。

任务一 房地产开发企业会计认知

一、房地产开发经营的主要业务

1. 土地的开发与经营

土地是城市建设和房地产开发的前提和必要条件。房地产开发企业在有偿获得土地使用权后对其进行开发，待其完工后，以有偿转让方式转让给其他企业使用，或者自行组织商品化住宅和基础设施的建设，并作为商品进行出售，也可以从事土地租赁业务。

2. 房屋的开发与经营

房屋的开发是指房屋的建造；房屋的经营是指房屋的销售与出租。企业可以在开发完成的土地上继续开发房屋，开发完成后，可作为商品作价出售或出租。企业开发的房屋，按用途可分为商品房、出租房、周转房、安置房和代建房等。

3. 城市基础设施和公共配套设施的开发建设

城市基础设施和公共配套设施的开发建设，是指企业根据城市建设总体规划、近期需要及长远的发展，制定开发小区的具体规划，负责市政、公用、动力、通信等项目的开发建设。这方面的业务具有复杂性的特点，应遵守各部门相互协调、配合、同步和综合的要求。

4. 代建工程的开发

代建工程的开发是指企业接受政府或其他单位委托代为开发的工程。其主要包括：房屋建设工程，道路铺设工程，供热、供气、供水管道以及其他公用设施等的建设。

二、房地产开发经营特点

房地产开发企业的生产经营既与建设单位不同，又与建筑施工企业不同。

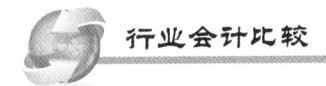

(一)开发经营的计划性

企业征用的土地、建设的房屋、基础设施以及其他设施都应严格控制在国家计划范围之内,按照规划、征地、设计、施工、配套、管理"六统一"原则和企业的建设计划、销售计划进行开发经营。

(二)资金筹集渠道的多元性

目前,我国房地产开发公司开发经营所需资金主要是由其自行筹集取得的,集资开发是我国房地产开发企业经营的一个显著特点。

(三)商品销售的特殊性

房地产开发企业的产品全部作为商品进入市场,按照供需关系双方合同协议规定的价格或市场价格作价转让或销售。房地产产品既有一般商品的属性(使用价值和价值的统一),又具有特殊性。特殊性主要表现在:①房地产产品的不可移动性,房地产产品通常在固定地点上进行开发建设,产品是不可移动的;②商品的价格受所处地理位置、交通条件、基础设施、配套工程等相关因素的影响较大,通常按供需双方合同或协议规定的价格、市场价格等作价销售。

(四)开发经营业务的复杂性

1. 经营业务内容复杂

企业除了土地和房屋开发外,还要建设相应的基础设施和公共配套设施。经营业务囊括了从征地、拆迁、勘察、设计、施工、销售到售后服务全过程。

2. 涉及面广,经济往来对象多

企业不仅因购销关系与设备、材料物资供应单位等发生经济往来,而且因工程的发包和招标与勘察设计单位、施工单位发生经济往来,还会因受托代建开发产品、出租开发产品等与委托单位和承租单位发生经济往来。

(五)开发建设周期长,投资数额大

开发产品要从规划设计开始,经过可行性研究、征地拆迁、安置补偿、"七平一通"、建筑安装、配套工程建筑、绿化环卫工程建筑等几个开发阶段,少则一年、多则数年才能全部完成。另外,上述每一个开发阶段都需要投入大量资金,加上开发产品本身的造价很高,需要不断地投入大量的资金。

(六)经营风险大

开发产品单位价值高,建设周期长,负债经营程度高,不确定因素多,一旦决策失误,销路不畅,将造成大量开发产品积压,使企业资金周转不灵,导致企业陷入困境。

三、房地产开发项目投资费用估算

房地产开发项目投资费用估算的范围包括土地购置成本、土地开发成本、建安工程成本、管理费用、销售费用、财务费用及开发期间的税费等全部投资。

房地产建设项目各项费用的构成复杂,变化因素多,不确定性大,依建设项目的类型不同而有其自身的特点,因此不同类型的建设项目,其投资和费用构成有一定的差异。对于一般房地产开发项目而言,投资及成本费用由开发成本和开发费用两大部分组成。

(一)开发成本

1.土地使用权出让金

国家以土地所有者身份,将一定年限内的土地使用权有偿出让给土地使用者。土地使用者支付土地出让金的估算可参照政府前期出让的类似地块的出让金数额,并通过对时间、地段、用途、临街状况、建筑容积率、土地出让年限、周围环境状况及土地现状等因素进行修正得到;也可依据所在城市人民政府颁布的城市基准地价或平均标定地价,根据项目所在地段等级、用途、容积率、使用年限等因素修正得到。

2.土地征用费及拆迁安置补偿费

(1)土地征用费。国家建设征用农村土地发生的费用主要有土地补偿费、劳动力安置补偿费、水利设施维修分摊、青苗补偿费、耕地占用税、耕地垦复基金、征地管理费等。农村土地征用费的估算可参照国家和地方有关规定进行。

(2)拆迁安置补偿费。在城镇地区,国家和地方政府可以依据法定程序,将国有储备土地或已由企事业单位或个人使用的土地出让给房地产开发项目或其他建设项目使用。因出让土地使原使用地单位或个人造成经济损失的,新用地单位应按规定给予补偿。它实际上包括两部分费用,即拆迁安置费和拆迁补偿费。

3.前期工程费

(1)项目的规划、设计、可行性研究所需费用,一般可以按项目总投资额的一定百分比估算。通常规划及设计费为建筑安装工程费的3%左右,水文地质勘查费可根据所需工作量结合有关收费标准估算。

(2)"三通一平"等土地开发费用,主要包括地上原有建筑物、构筑物拆除费用,场地平整费和通水、通电、通路的费用等。这些费用可以根据实际工作量,参照有关计费标准估算。

4.建筑安装工程费

建筑安装工程费是指直接用于建筑安装工程建设的总成本费用,主要包括建筑工程费(建筑、特殊装修工程费)、设备及安装工程费(给排水、电器照明、电梯、空调、燃气管道、消防、防雷、弱电等设备及安装)以及室内装修工程费等。在可行性研究阶段建筑安装工程费可采用单元估算法、单位指标估算法、工程量近似匡算法、概算指标估算法以及类似工程经验估算法等估算。

5.基础设施费

基础设施费包括供水、供电、供气、道路、绿化、排污、排洪、电信、环卫等工程费用,通常采用单位指标估算法来计算。

6.公共配套设施费

公共配套设施费主要包括不能有偿转让的开发小区内公共配套设施发生的支出。其估算可参照"建筑安装工程费"的估算方法。

7.不可预见费

不可预见费包括基本预备费和涨价预备费。依据项目的复杂程度和前述各项费用估算的准确程度,以上述 1~6 项之和为基数,按 3%~5% 计算。

8.开发期间税费

开发项目投资估算应考虑项目在开发过程中所负担的各种税金和地方政府或有关部门征收的费用。在一些大中型城市,这部分费用在开发建设项目投资构成中占较大的比重。应根据当地有关法规标准估算。

(二)开发费用

开发费用是指与房地产开发项目有关的管理费用、销售费用和财务费用。

1.管理费用

管理费用可以项目开发成本构成中前 1~6 项之和为基数,按 3% 左右计算。

2.销售费用

销售费用是指开发建设项目在销售产品工程中发生的各项费用以及专设销售机构或委托销售代理的各项费用。

3.财务费用

财务费用是指为筹集资金而发生的各项费用,主要为借款利息和其他财务费用(如汇兑损失等)。

(三)投资与成本费用估算结果的汇总

为了便于对房地产建设项目各项支出进行分析和比较,常把估算结果以汇总表的形式列出,格式见表 4-1。

表 4-1　　　　　　房地产开发投资与成本费用估算汇总表

内容项目	计算依据	单价	合价
(一)开发成本	以下 1~8 项之和	元/m²	万元
土地使用权出让金 土地征用及拆迁安置补偿费 前期工程费 建安工程费 基础设施费 公共配套设施费 不可预见费 开发期间税费	 1~6 项之和乘以一定比例 		
(二)开发费用	以下 1~3 项之和		
管理费用 销售费用 财务费用	(一)中的 1~6 项之和×3%, 为销售收入的 4%~6%		
(三)合计	(一)+(二)		

房地产开发项目投资估算的作用：
(1)投资估算是筹集建设资金和金融部门批准贷款的依据。
(2)投资估算是确定设计任务书的投资额和控制初步设计概算的依据。
(3)投资估算是可行性研究和在项目评估中进行技术经济分析的依据。

任务二　开发成本的核算

一、成本核算对象和成本项目

房地产开发成本，是指各开发项目应负担的各项费用。成本核算是将生产经营过程中发生的各项费用，按各成本核算对象归集和分配，以确定各开发项目的实际成本。为了保证开发产品的真实性，进行成本核算时必须合理确定成本核算对象和成本项目。

（一）成本核算对象

开发产品的成本核算对象，是指在房地产产品开发过程中，为了归集和分配费用而确定的费用承担者，即以什么项目为对象来归集分配开发费用。合理确定成本核算对象，是正确组织开发产品成本核算的重要条件。如果成本核算对象划分过粗，就不能正确反映各单项开发项目的实际成本水平，不利于对其分析与考核；如果成本核算对象划分过细，将会增加许多间接费用的分配，既增加不必要的核算工作量，又影响开发成本的正确性。

通常情况下，房地产开发企业在确定成本核算对象时，应结合开发项目的地点、用途、结构、装修、层高、施工队伍等因素，按以下原则分别确定：

(1)一般开发项目，应以每一独立编制的设计预算，或每一独立的施工图预算所列的单项开发工程为一个成本核算对象。

(2)同一开发地点，结构类型相同的群体开发项目，如果开竣工时间相近，又由同一施工队伍施工，可以合并为一个成本核算对象。

(3)对个别规模大、工期较长的开发项目，可以结合经济责任制的需要，按开发项目的一定区域或部分划分成本核算对象。

（二）成本项目

房地产开发企业发生的各项费用支出，可按不同标准分类。按照费用支出的用途分类，构成不同的成本项目。所谓成本项目，是指开发产品成本的构成项目。房地产开发产品主要包括以下成本项目：

1. 土地征用及拆迁安置补偿费

土地征用及拆迁安置补偿费是指因开发房地产而征用土地所发生的各项费用，包括土地征用费、耕地占用税、劳动力安置费，以及原有建筑物的拆迁补偿费和安置动迁用房支出等。

2. 前期工程费

前期工程费是指开发项目前期发生的各项费用，包括规划、设计、项目可行性研究、水文、地质的勘察与测绘、"三通一平"等各项支出。

3. 基础设施费

基础设施费是指房地产开发项目在开发过程中发生的各项基础设施支出,包括开发小区内道路、供水、供电、供气、排污、通信、照明、环卫、绿化等工程支出。

4. 建筑安装工程费

建筑安装工程费是指房地产开发项目在开发过程中发生的各项建筑安装工程费和设备费。其中包括:房地产开发企业以出包方式支付承包单位的建筑安装工程费和设备费,以自营方式发生的列入开发项目工程施工预算内的各项费用和设备费。

5. 公共配套设施费

公共配套设施费是指房地产开发项目内发生的不能有偿转让的公共配套设施支出,包括居委会、派出所、幼儿园、消防、水塔、锅炉房、自行车棚、公共厕所等设施的支出。

6. 开发间接费用

开发间接费用是指房地产开发企业内部独立核算单位及开发现场为开发房地产而发生的各项间接费用,包括现场机构人员工资、福利费、折旧费、修理费、办公费、水电费、劳动保护费、周转房摊销等。

二、开发成本核算科目的设置

为了归集和分配各项开发费用和确定各开发项目的实际成本,房地产开发企业应设置"开发成本"和"开发间接费用"两个成本类科目。

"开发成本"科目主要用来核算企业在土地、房屋、配套设施和代建工程的开发过程中所发生的各项费用。企业对出租房进行装修及增补室内设施而发生的出租房工程支出,也在本科目核算。该科目的借方登记各成本核算对象所发生的各项开发费用,贷方登记结转已开发完成并验收合格的开发项目的实际成本。本科目借方期末余额反映企业在建开发项目的实际成本。本科目应按开发项目的种类,如"土地开发""房屋开发""配套设施开发""代建工程开发"等设置明细科目,并按成本核算对象和成本项目进行明细核算。

"开发间接费用"科目用来核算企业内部独立核算单位为开发产品而发生的各项间接费用。该科目的借方登记发生的各项间接费用,贷方登记分配结转的开发间接费用,该科目期末无余额。

三、土地开发成本的核算

土地开发是房地产开发企业的主要经营业务之一。用于建设的土地,需地方政府统一审批、统一征用和统一管理。由房地产开发企业进行的土地开发,其开发的目的主要有两个:一是为了销售或有偿转让(商品性建设用地),二是直接为本企业兴建商品房和其他经营性房屋而开发的土地(自用建设用地)。土地开发成本是指房地产开发企业因开发土地所发生的各项费用。其核算主要涉及以下几个方面的内容。

(一)土地开发成本核算对象的确定

1. 成本核算对象的确定原则

为了对发生的各项开发费用进行归集,合理确定土地开发成本,对单独核算土地开发成本的开发项目,应按下列原则确定成本核算对象：

(1)对开发面积不大,开发工期较短的土地,以每一块独立的开发项目作为成本核算对象。

(2)对开发面积较大,开发工期较长、分区域开发的土地,以一定区域为土地开发成本的核算对象。

2.应设置的成本项目

企业开发的土地,因其设计要求不同,开发的层次、程度和内容都不相同,就各个具体的土地开发项目来说,其开发成本的构成内容也有所不同。一般情况下,企业对土地开发成本应设置以下几个成本项目：

(1)土地征用拆迁补偿费,其中包括按照城市建设总体规划进行土地开发所发生的土地征用费、耕地占用税、劳动力安置费及有关地上、地下物拆迁补偿费等。

(2)前期工程费,是指土地开发项目前期工程所发生的费用,如规划、设计费、项目可行性研究费、水文、地质勘查测绘费、场地平整费等。

(3)基础设施费,是指土地开发过程中发生的各项基础设施费,如道路、供水、供电、供气、排污、排洪、通信等设施费用。

(4)开发间接费,是指应由商品性土地开发成本负担的开发间接费用。

上述成本项目是土地开发成本应具备的主要项目,如土地开发项目中有不能有偿转让的配套设施费的情况,应设置"配套设施费"成本项目。

(二)土地开发支出的划分和费用的归集

开发土地的目的不同,其支出和费用的划分及归集方法也有所区别,企业应根据土地开发的具体情况,合理确定各个土地开发项目的各项费用。具体内容表述如下：

1.商品性建设场地

商品性建设场地,是企业土地开发的最终产品,其发生的各项支出、费用,均通过"开发成本——土地开发"科目进行归集。土地开发完成后,将所归集的全部开发成本,从"开发成本——土地开发"科目转入"开发产品——土地"科目。

2.自用建设场地

自用建设场地是企业土地开发的中间产品,其费用支出应由开发的商品房、出租房或周转房等有关建筑产品来负担,构成房屋建筑产品成本的组成部分。自用建设场地发生的各项费用,如果能直接确定土地使用对象的,应直接记入"开发成本——房屋开发"科目进行归集,而不通过"开发成本——土地开发"科目进行核算；如果不能直接确认土地使用对象,或开发项目涉及两个或两个以上成本核算对象,其发生的各项费用,应先通过"开发成本——土地开发"科目进行归集,待土地开发结束后,再按一定的标准分配计入有关的成本核算对象。

对于既有商品性建设场地,又有自用建设场地的综合性建设场地,在作为一个成本核算对象的情况下,其发生的各项费用,应先通过"开发成本——土地开发"科目进行归集,开发完成后,将全部开发成本按一定标准在商品性建设场地和自用建设场地之间进行分配,分别确定商品性建设场地和自用建设场地负担的开发成本,从"开发成本——土地开发"科目分别转入"开发产品——土地"科目和"开发成本——房屋开发"科目。

(三)土地开发成本的核算

企业在土地开发过程中发生的各项费用,应通过以下方法进行核算。

1.用于商品性建设场地开发所发生的各项费用,属于直接费用的,如土地征用拆迁补偿费、前期工程费、基础设施费等,应直接借记"开发成本——土地开发"科目,贷记"银行存款""应付账款"等科目;属于间接开发费用的,如企业内部独立核算单位的人员工资及福利费、折旧费、修理费、水电费、劳动保护费等,发生费用时,借记"开发间接费用"科目,贷记"银行存款""应付职工薪酬""库存材料""累计折旧"等科目。期末,通过一定的分配标准,分配计入各成本计算对象,借记"开发成本——土地开发"等科目,贷记"开发间接费用"科目。

2.用于自用建设场地开发所发生的各项费用,具体分为两种情况:一是当不能直接确定土地使用对象时,对于发生的各项直接费用,应借记"开发成本——土地开发"科目,贷记"银行存款""应付账款"等科目。对于发生的各项间接费用,其核算方法与商品性建设场地的核算相同。二是当能够直接确定土地使用对象时,发生的各项直接费用,应直接借记"开发成本——房屋开发"科目,贷记"银行存款""应付账款"等科目。发生的各项间接费用,则借记"开发间接费用"科目,贷记"银行存款""应付职工薪酬""累计折旧""库存材料"等科目,期末经过分配以后,借记"开发成本——房屋开发"科目,贷记"开发间接费用"科目。

3.土地开发完成后,属于商品性建设场地的,借记"开发产品——土地"科目,贷记"开发成本——土地开发"科目;属于自用建设场地的,应借记"开发成本——房屋开发"科目,贷记"开发成本——土地开发"科目。现举例说明土地开发成本的核算。

【工作任务 4-1】

浙江绿地房地产开发公司分别对 A 区、B 区土地进行开发。其中,A 区作为商品性建设场地,B 区作为自用建设场地。本期发生下列经济业务,并进行如下会计处理:

(1)以银行存款支付土地征用及补偿费 500 000 元,其中 A 区 300 000 元,B 区 200 000 元,应编制会计分录如下:

借:开发成本——土地开发——A 区　　　　　　　　300 000
　　　　　　土地开发——B 区　　　　　　　　　200 000
　　贷:银行存款　　　　　　　　　　　　　　　　　　　500 000

(2)以银行存款支付 A 区土地的劳动力安置费 600 000 元,B 区土地劳动力安置费 400 000 元,应编制会计分录如下:

借:开发成本——土地开发——A 区　　　　　　　　600 000
　　　　　　土地开发——B 区　　　　　　　　　400 000
　　贷:银行存款　　　　　　　　　　　　　　　　　　1 000 000

(3)用银行存款支付开发设计费,共计 300 000 元,其中 A 区 180 000 元,B 区 120 000 元,应编制会计分录如下:

借:开发成本——土地开发——A 区　　　　　　　　180 000
　　　　　　土地开发——B 区　　　　　　　　　120 000
　　贷:银行存款　　　　　　　　　　　　　　　　　　　300 000

(4)应付某地质勘测队水文地质勘查费,共计 200 000 元,其中 A 区 120 000 元,B 区 80 000 元,应编制会计分录如下:

借:开发成本——土地开发——A 区   120 000
    ——土地开发——B 区   80 000
 贷:银行存款   200 000

(5)以银行存款支付某公司承建基础设施工程款 150 000 元,其中 A 区 100 000 元,B 区 50 000 元,应编制会计分录如下:

借:开发成本——土地开发——A 区   100 000
    ——土地开发——B 区   50 000
 贷:银行存款   150 000

(6)本期应付现场管理机构人员工资 50 000 元,福利费 6 000 元,固定资产折旧 20 000 元,水电费 10 000 元,应编制会计分录如下:

借:开发间接费用   86 000
 贷:应付职工薪酬   56 000
  累计折旧   20 000
  应付账款   10 000

(7)期末分配开发间接费用,A 区负担间接费用 56 000 元,B 区负担间接费用 30 000 元,应编制会计分录如下:

借:开发成本——土地开发——A 区   56 000
    ——土地开发——B 区   30 000
 贷:开发间接费用   86 000

(8)期末,土地开发全部完成,A 区实际成本为 1 356 000 元,B 区实际成本为 880 000 元,应编制会计分录如下:

借:开发产品——土地开发——A 区   1 356 000
  开发成本——房屋开发——B 区   880 000
 贷:开发成本——土地开发——A 区   1 356 000
     ——土地开发——B 区   880 000

四、配套设施开发成本的核算

按是否可以有偿转让,房地产开发企业开发的配套设施主要包括以下两个方面:一方面是开发区内可以有偿转让的城市规划中规定的大型配套设施项目,如银行、邮局、商店、学校、医院、供水、供电等;另一方面是不能有偿转让的公共配套设施项目,如水塔、锅炉房、居委会用房、派出所、消防、幼儿园等。配套设施开发成本的核算主要包括以下内容。

(一)配套设施开发成本的核算对象及成本项目

配套设施开发是指房地产开发企业根据城市建设规划或项目建设设计规划的要求,为满足居住的需要而与开发项目配套的各种服务性设施建设。

配套设施开发成本核算对象可通过以下方法予以确定:

1.可以有偿转让的大型配套设施项目,应以各配套设施项目作为成本核算对象,以便正

确计算各项设施的开发成本。这方面配套的开发成本主要设置以下成本项目：①土地征用及拆迁安置补偿费；②前期工程费；③基础设施费；④建筑安装工程费；⑤配套设施费；⑥开发间接费用。其中，配套设施费项目是指应负担的其他配套设施费。

2.不能有偿转让、不能直接计入各成本核算对象的各项公共配套设施。若工程规模较大，可以各该配套设施作为核算对象；如果工程规模不大，与其他项目建设地点较近，开竣工时间相差不多，且由同一施工单位施工，可将其合并为一个成本核算对象，待工程完工核算出开发总成本后，按照各该项目的预算成本或计划成本的比例，确定各配套项目的开发成本，再按一定标准，将各配套设施开发成本分配计入有关房屋等开发成本。这方面的配套设施主要设置以下成本项目：①土地征用及拆迁安置补偿费；②前期工程费；③基础设施费；④建筑安装工程费。由于不能有偿转让的配套设施的开发成本最终计入房地产等开发成本，为简化核算手续，它不仅不再负担其他配套设施的成本，而且本身应负担的开发间接费用，也直接分配计入有关房屋开发成本。因此，上述成本项目不包括配套设施费用和开发间接费用。

(二)配套设施开发费用的归集

企业发生的配套设施开发成本的各项费用，应按配套设施成本核算对象和规定的成本项目进行归集。配套设施根据其是否可以有偿转让的具体情况，各项费用的归集有以下方法：

1.对于可以有偿转让的配套设施所发生的各项费用，若属于直接费用，如土地征用及拆迁安置补偿费、前期工程费、基础设施费等费用，则记入"开发成本——配套设施开发"科目的相关成本项目内；若属于各项间接费用，则先记入"开发间接费用"科目进行归集，待开发完成后，再分配计入各配套设施的开发成本，记入"开发成本——配套设施"科目的相关成本项目内。

2.对于不能有偿转让的配套设施所发生的各项开发费用，若能分清并可直接计入某个成本核算对象的，则可直接计入有关房屋的开发成本中，通过"开发成本——房屋开发"科目进行归集；若不能分清且需由两个或两个以上成本核算对象负担的，则应先在"开发成本——配套设施开发"科目进行归集，待竣工后，再按一定的标准在各成本核算对象进行分配，记入"开发成本——房屋开发"科目的相关成本项目中。

(三)配套设施开发成本的核算

企业发生的各项配套设施支出应在"开发成本——配套设施开发"科目进行核算，并按成本核算对象及成本项目进行明细分类核算。其具体核算方法如下：

1.可以有偿转让配套设施的各项支出，如果属于直接费用，则直接记入"开发成本——配套设施开发"科目的借方，贷记"银行存款""应付账款"等科目；如果属于各项间接费用，则借记"开发间接费用"科目，贷记"银行存款""应付账款"等科目，然后按一定的标准，分配计入各配套设施开发成本，借记"开发成本——配套设施开发"科目，贷记"开发间接费用"科目。

2.不能有偿转让的配套设施所发生的各项支出，如果配套设施与商品房(或土地)同步建设且能分清成本核算对象的，则直接计入房屋(或土地)的开发成本，借记"开发成本——房屋(或土地)开发"科目，贷记"银行存款""应付账款"等科目；如果配套设施的各项支出需要由两个或两个以上的成本核算对象共同负担，则在各项费用发生时，先借记"开发成本——配套设施开发"科目,贷记"银行存款""应付账款"等科目,待配套设施完工后,再按一定的分配标准分配计入有关房屋(或土地)开发成本,借记"开发成本——房屋(或土地开发)"科目,贷记"开发成本——配套设施开发"科目;如果配套设施与房屋等开发产品不同步建设,或房屋等开发产品已完成等待销售或出租,而配套设施尚未全部完成的,则为了及时结转已完商品房成本,经批准后,对应负担配套设施费可按配套设施的预算成本或计划成本,采用预提方法确定商品房应负担的配套设施费,计入商品房开发成本相关成本项目中,借记"开发成本——房屋开发"科目,贷记"其他应付款"科目。

开发产品预提配套设施费,可按照下列公式予以确定:

$$配套设施费预提率 = \frac{该配套设施预算成本(或计划成本)}{应负担该配套设施各开发产品的预算成本(或计划成本)合计数} \times 100\%$$

$$某项开发产品应负担的配套设施费 = 该项开发产品预算成本(或计划成本) \times 配套设施费预提率$$

3.已完成全部开发并经验收的配套设施,按下列不同情况和用途结转其开发成本:

(1)可以有偿转让的配套设施的开发成本,计入开发产品的成本,借记"开发产品——配套设施开发"科目,贷记"开发成本——配套设施开发"科目。

(2)不能有偿转让的配套设施,按规定应将其开发成本分配计入商品房等开发产品的成本,在完工后,将其发生的实际开发成本按一定的标准,分配计入有关房屋等开发产品的成本,借记"开发成本——房屋开发"等科目,贷记"开发成本——配套设施开发"科目。

(3)采用预提方式将配套设施支出计入有关开发产品成本的配套设施,将其实际发生的开发成本冲减预提的配套设施费,借记"其他应付款——预提配套设施费"科目,贷记"开发成本——配套设施开发"科目。

如果预提配套设施费大于或小于实际开发成本,则应将其多提数冲减有关开发产品的成本,将少提数追加分配计入有关开发产品的成本中去。如果有关开发产品已完工并办理了竣工决算,则将其差额冲减或计入尚未办理竣工决算的开发产品的成本。

【工作任务4-2】

浙江绿地房地产开发公司按照城市建设规划要求在花园小区内建设一家商场、一所小学、一座水塔,且均承包给施工企业进行施工。其中商场、小学建成后有偿转让给有关部门,水塔按规定计入小区A商品房、B商品房的成本。上述配套设施与商品房建设同步。配套设施发生的各项成本见表4-2。

表4-2　　　　　　　　　　配套设施开发成本项目表　　　　　　　　单位:元

项目	商场	小学	水塔
支付土地征用及拆迁安置补偿费	150 000	100 000	50 000
支付承包设计单位前期工程款	50 000	60 000	20 000
应付施工单位基础设施工程款	100 000	120 000	80 000
应付施工单位建筑安装工程款	200 000	80 000	60 000
分配水塔设施配套设施费	30 000	20 000	
分配开发间接费用	20 000	30 000	
合　计	550 000	410 000	210 000

根据上述资料,进行会计处理如下:

(1)以银行存款支付配套设施土地征用及拆迁安置补偿费,应编制会计分录如下:

借:开发成本——配套设施开发——商场　　　　　　　　150 000
　　　　　　——配套设施开发——小学　　　　　　　　100 000
　　　　　　——配套设施开发——水塔　　　　　　　　 50 000
　　贷:银行存款　　　　　　　　　　　　　　　　　　　　　　300 000

(2)以银行存款支付设计单位前期工程款,应编制会计分录如下:

借:开发成本——配套设施开发——商场　　　　　　　　 50 000
　　　　　　——配套设施开发——小学　　　　　　　　 60 000
　　　　　　——配套设施开发——水塔　　　　　　　　 20 000
　　贷:银行存款　　　　　　　　　　　　　　　　　　　　　　130 000

(3)应付施工单位基础设施工程款,应编制会计分录如下:

借:开发成本——配套设施开发——商场　　　　　　　　100 000
　　　　　　——配套设施开发——小学　　　　　　　　120 000
　　　　　　——配套设施开发——水塔　　　　　　　　 80 000
　　贷:应付账款　　　　　　　　　　　　　　　　　　　　　　300 000

(4)应付施工单位建筑安装工程款,应编制会计分录如下:

借:开发成本——配套设施开发——商场　　　　　　　　200 000
　　　　　　——配套设施开发——小学　　　　　　　　 80 000
　　　　　　——配套设施开发——水塔　　　　　　　　 60 000
　　贷:应付账款　　　　　　　　　　　　　　　　　　　　　　340 000

(5)分配应计入商场、小学配套设施开发成本的水塔支出,应编制会计分录如下:

借:开发成本——配套设施开发——商场　　　　　　　　 30 000
　　　　　　——配套设施开发——小学　　　　　　　　 20 000
　　贷:开发成本——配套设施开发——水塔　　　　　　　　 50 000

(6)分配应计入商场、小学的开发间接费用,应编制会计分录如下:

借:开发成本——配套设施开发——商场　　　　　　　　 20 000
　　　　　　——配套设施开发——小学　　　　　　　　 30 000
　　贷:开发间接费用　　　　　　　　　　　　　　　　　　　　 50 000

(7)上述配套设施均已建成并经验收,商场、小学已转让有关部门。水塔配套设施的成本计入 A 座、B 座商品房成本,按建筑面积分配,A 座为1万平方米,B 座为3万平方米,应编制会计分录如下:

借:开发产品——配套设施开发——商场　　　　　　　　550 000
　　　　　　——配套设施开发——小学　　　　　　　　410 000
　　贷:开发成本——配套设施开发——商场　　　　　　　　550 000
　　　　　　　——配套设施开发——小学　　　　　　　　410 000
借:开发成本——房屋开发——A 座　　　　　　　　　　 40 000
　　　　　　——房屋开发——B 座　　　　　　　　　　120 000
　　贷:开发成本——配套设施开发——水塔　　　　　　　　160 000

五、房屋开发成本的核算

房屋开发是房地产开发企业的主要经济业务,按其用途可分为以下4类:①为销售而开发的商品房;②为出租经营而开发的出租房;③为安置被拆迁居民周转使用而开发的周转房;④接受其他单位委托而代为开发建设的代建房。

为了正确反映和监督房屋开发工程中的各项支出,核算房屋的开发成本,必须合理确定以下几方面的内容。

(一)房屋开发的成本核算对象和成本项目

房屋开发的成本核算对象,应结合开发地点、用途、结构、装修、层高、施工队伍等因素予以确定。

1.一般的房屋开发项目,应以每一独立编制的设计预算或每一独立的施工图预算所列的单项工程为成本核算对象。

2.对于同一开发地点、结构类似相同的群体开发项目,开竣工时间相近,由同一施工队伍施工的,可以合并为一个成本核算对象。

3.对于个别规模较大、工期较长的房屋开发项目,可以将工程划分为若干部分,以分部分项的工程作为成本核算对象。

房屋开发成本主要包括以下几个成本项目:①土地征用及拆迁安置补偿费;②前期工程费;③基础设施费;④建筑安装工程费;⑤配套设施费;⑥开发间接费用。

(二)房屋开发成本的核算

为了反映房屋开发费用的支持情况,应设置"开发成本——房屋开发"明细科目,按房屋开发种类和成本项目进行明细核算。

1.土地征用及拆迁安置补偿费

房屋开发过程中发生的土地征用及拆迁安置补偿费,应根据不同情况,采用不同的归集和核算方法。

(1)房屋开发建设过程中发生的土地征用及拆迁安置补偿费,能够预先确定土地使用对象的,应直接计入有关房屋开发成本,不通过"开发成本——土地开发"科目进行核算,应借记"开发成本——房屋开发"科目,贷记"银行存款""应付账款"等科目。

(2)土地征用及拆迁安置补偿费发生时,如果不能明确使用对象,或由两个或两个以上的成本核算对象共同负担的,则应通过"开发成本——土地开发"科目进行归集,待土地开发完成后,再按一定标准分配计入有关房屋开发成本的相关成本项目中,即借记"开发成本——房屋开发"科目,贷记"开发成本——土地开发"科目。

(3)企业开发占用的土地中,如果属于综合开发的商品性土地的部分,则其发生的土地征用及拆迁安置补偿费,先在"开发成本——商品性土地开发"科目进行归集,待土地开发完成投入使用时,再按一定的标准将其分配计入有关房屋开发成本核算对象,即借记"开发成本——房屋开发"科目,贷记"开发成本——商品性土地开发"科目。如果开发完成的商品性土地已转入"开发产品"科目,则当用以建造房屋时,将所发生的土地征用及拆迁补偿费计入有关房屋开发成本核算对象,借记"开发成本——房屋开发"科目,贷记"开发产品"科目。

2.前期工程费

房屋开发过程中发生的规划、设计、可行性研究,以及水文、地质勘查、测绘、场地平整等各项前期过程支出,若能预先分清成本核算对象,则应直接计入房屋开发成本的相关成本项目中,借记"开发成本——房屋开发"科目,贷记"银行存款""应付账款"等科目;若前期工程支出不能确定成本核算对象,或应由两个或两个以上成本核算对象共同负担,则应按一定的标准将其分配计入有关房屋开发成本核算对象的有关成本项目中,借记"开发成本——房屋开发"科目,贷记"银行存款""应付账款"等科目。

3.基础设施费

房屋开发过程中发生的供水、供电、供气、通信、绿化以及道路等基础设施支出,如果能直接确定成本核算对象的,则可直接计入房屋开发成本中的有关成本项目内,借记"开发成本——房屋开发"科目,贷记"银行存款""应付账款"科目;如果不能直接确定成本核算对象,或应由两个或两个以上成本核算对象共同负担,则先通过"开发成本——土地开发"科目进行归集,土地开发完成用于房屋建设时,再按一定的分配标准,分配计入房屋开发成本中有关的成本项目,借记"开发成本——房屋开发"科目,贷记"开发成本——土地开发"科目。若已开发完成的商品性土地已转入"开发产品"科目,则应借记"开发成本"科目,贷记"开发产品"科目。

4.建筑安装工程费

房屋开发过程中发生的建筑安装工程支出,根据工程的施工方式不同,采用不同的核算方法,具体表现为:

(1)采用自营方式所发生的各项建筑安装工程支出,可直接计入有关房屋开发成本核算对象中有关成本项目内,借记"开发成本——房屋开发"科目,贷记"库存材料""应付职工薪酬""银行存款""库存设施"等科目。如果企业实施大型建筑安装工程,则可以设置"工程施工""施工间接费用"等科目,以核算和归集各项安装工程支出,借记"工程施工""施工间接费用"科目,贷记有关科目。期末,分配施工间接费用,借记"工程施工"科目,贷记"施工间接费用"科目。企业结转建筑安装工程成本时,借记"开发成本——房屋开发"科目,贷记"工程施工"科目。

(2)采用发包方式所发生的各项建筑安装工程支出,根据承包单位的"已完工月报"和"工程价款结算单"等凭证,借记"开发成本——房屋开发"科目,贷记"银行存款""应付账款"等科目。

5.配套设施费

房屋开发成本应负担的配套设施费主要是指开发小区内不能有偿转让的公共配套设施,如居委会用房、派出所用房、锅炉房等。企业在具体核算时,应根据配套设施的建设情况,采用不同的核算方法。

(1)配套设施与房屋建设同步时,其所发生的各项配套设施支出,如果能直接确定承包核算对象的,则直接计入房屋开发成本,借记"开发成本——房屋开发"科目,贷记"银行存款"或"应付账款"科目;如果不能直接确定,或由两个或两个以上成本核算对象共同负担,则先在"开发成本——配套设施开发"科目的借方进行归集,配套设施完工时,再按一定的分配标准,分配计入各房屋开发成本中有关成本项目内,借记"开发成本——房屋开发"科目,贷记"开发成本——配套设施开发"科目。

(2)配套设施与房屋建设不同步时,在配套设施尚未完成而房屋开发完成的情况下,对房屋项目应负担的配套设施费,采用预提方法确定完工房屋负担的配套设施支出,计入房屋开发成本中的成本项目内,借记"开发成本——房屋开发"科目,贷记"其他应付款"科目。预提数与其实际支出数的差额,在配套设施完工时调整有关房屋开发成本。

6.开发间接费用

企业内部独立核算单位为组织和管理开发产品而发生的各项间接费用,先通过"开发间接费用"科目的借方进行归集,期末,按一定的标准分配计入各有关开发产品成本。应由房屋开发成本负担的开发间接费用,借记"开发成本——房屋开发"科目,贷记"开发间接费用"科目。

【工作任务4-3】

浙江绿地房地产开发公司在已经开发完成的自用建设场地开发商品房A座、经营用房B座,分别占用场地面积的70%和30%。本期发生下列经济业务,会计处理如下:

(1)结转土地开发成本5 000 000元,其中土地征用及拆迁安置补偿费4 000 000元,基础设施费1 000 000元,应编制会计分录如下:

借:开发成本——房屋开发——商品房A座　　　　　　3 500 000
　　　　　　　——房屋开发——经营用房B座　　　　　　1 500 000
　　贷:开发产品——土地　　　　　　　　　　　　　　　　5 000 000

(2)以银行存款支付设计费,其中商品房A座设计费126 000元,经营用房B座设计费54 000元,应编制会计分录如下:

借:开发成本——房屋开发——商品房A座　　　　　　　126 000
　　　　　　　——房屋开发——经营用房B座　　　　　　 54 000
　　贷:银行存款　　　　　　　　　　　　　　　　　　　　180 000

(3)本期房屋开发工程领用各种设备500 000元,其中商品房A座领用设备200 000元,经营用房B座领用设备300 000元,应编制会计分录如下:

借:开发成本——房屋开发——商品房A座　　　　　　　200 000
　　　　　　　——房屋开发——经营用房B座　　　　　　300 000
　　贷:库存设备　　　　　　　　　　　　　　　　　　　　500 000

(4)结转分配开发间接费用150 000元,商品房A座负担105 000元,经营用房B座负担45 000元,应编制会计分录如下:

借:开发成本——房屋开发——商品房A座　　　　　　　105 000
　　　　　　　——房屋开发——经营用房B座　　　　　　 45 000
　　贷:开发间接费用　　　　　　　　　　　　　　　　　　150 000

(5)期末,房屋开发工程全部竣工,根据工程价款决算单,应付施工单位工程结算款3 000 000元,其中商品房A座2 200 000元,经营用房B座800 000元,应编制会计分录如下:

借:开发成本——房屋开发——商品房A座　　　　　　　2 200 000
　　　　　　　——房屋开发——经营用房B座　　　　　　 800 000
　　贷:应付账款　　　　　　　　　　　　　　　　　　　　3 000 000

(6)房屋开发全部完成,但配套设施尚未竣工,经批准,按预算成本 300 000 元预提计入房屋开发成本,其中商品房 A 座负担 210 000 元,经营用房 B 座负担 90 000 元,应编制会计分录如下:

  借:开发成本——房屋开发——商品房 A 座   210 000
       ——房屋开发——经营用房 B 座   90 000
    贷:其他应付款   300 000

(7)期末,结转完工成本,其中商品房 A 座为 6 841 000 元,经营用房 B 座为 2 289 000 元,应编制会计分录如下:

  借:开发产品——商品房 A 座   6 841 000
      ——经营用房 B 座   2 289 000
    贷:开发成本——房屋开发——商品房 A 座 6 841 000
        ——房屋开发——经营用房 B 座 2 289 000

六、代建工程开发成本的核算

(一)代建工程的种类及其成本核算对象和成本项目

代建工程是指开发企业接受委托单位的委托,代为开发的各项工程,或参加委托单位招标,经过投标中标后承建的开发项目。其主要包括建设场地、各种房屋和市政工程,例如,城市道路、园林绿化、基础设施等。

代建工程的成本核算对象,通常以具有单独的施工图设计、能单独编制施工图预算、在技术上可以单独施工的单位工程或单项工程作为一个成本核算对象。若代建工程规划大、工期较长,或有特殊技术要求,也可按分部分项工程作为成本核算对象。

代建工程开发成本主要由以下成本项目构成:土地征用及拆迁补偿费、前期工程费、基础设施费、建筑安装工程费、开发间接费用。

(二)代建工程开发成本的核算

根据现行会计制度规定,代建工程开发成本的核算方式如下:企业代委托单位开发的土地,即建设场地、各种房屋所发生的各项支出,应分别通过"开发成本——商品性土地开发"科目和"开发成本——房屋开发"科目进行核算。除土地、房屋以外,企业代委托单位开发的其他工程所发生的各项工程支出,应通过"开发成本——代建工程开发"科目进行核算。由于代建土地、房屋开发成本的内容和特点与前述商品性建设场地、商品房开发的成本核算相同,在此不再重复。这里着重说明企业接受外单位委托代建除土地、房屋以外的其他各种开发项目开发成本的核算。

代建工程的开发成本,应设置"开发成本——代建工程开发"科目进行核算。企业发生的各项代建工程支出,按成本核算对象和成本项目进行归集,借记"开发成本——代建工程开发"科目,贷记"银行存款""应付账款""库存设备""开发间接费用"等科目。代建工程竣工验收后,按其实际成本,借记"开发产品——代建工程"科目,贷记"开发成本——代建工程开发"科目;移交委托单位接受后,借记"主营业务成本——代建工程开发"科目,贷记"开发产品——代建工程"科目。

【工作任务 4-4】

浙江绿地房地产开发公司接受市政府委托,代为建设街心公园,有关经济业务和会计处理如下:

(1)以银行存款支付规划设计费、地质勘查费共计 80 000 元,应编制会计分录如下:

借:开发成本——代建工程开发　　　　　　　　　　80 000
　　贷:银行存款　　　　　　　　　　　　　　　　　　　80 000

(2)以现金支付居民拆迁补偿费,共计 120 000 元,应编制会计分录如下:

借:开发成本——代建工程开发　　　　　　　　　　120 000
　　贷:库存现金　　　　　　　　　　　　　　　　　　　120 000

(3)应付承建单位基础设施工程款 1 000 000 元,应编制会计分录如下:

借:开发成本——代建工程开发　　　　　　　　　　1 000 000
　　贷:应付账款　　　　　　　　　　　　　　　　　　　1 000 000

(4)以银行存款支付承建单位的建筑安装工程款 200 000 元,应编制会计分录如下:

借:开发成本——代建工程开发　　　　　　　　　　200 000
　　贷:银行存款　　　　　　　　　　　　　　　　　　　200 000

(5)领用代建工程所需的各种设备 220 000 元,应编制会计分录如下:

借:开发成本——代建工程开发　　　　　　　　　　220 000
　　贷:库存设备　　　　　　　　　　　　　　　　　　　220 000

(6)以银行存款支付绿化费 150 000 元,应编制会计分录如下:

借:开发成本——代建工程开发　　　　　　　　　　150 000
　　贷:银行存款　　　　　　　　　　　　　　　　　　　150 000

(7)结转分配的间接费用 200 000 元,应编制会计分录如下:

借:开发成本——代建工程开发　　　　　　　　　　200 000
　　贷:开发间接费用　　　　　　　　　　　　　　　　　200 000

(8)街心公园工程已竣工,结转其实际成本 1 970 000 元,应编制会计分录如下:

借:开发产品——代建工程　　　　　　　　　　　　1 970 000
　　贷:开发成本——代建工程开发　　　　　　　　　　　1 970 000

任务三　开发产品的核算

一、开发产品的核算

开发产品,是指房地产开发企业已完成全部开发过程并验收合格,可以按照合同规定的条件移交购货单位,或者可以作为商品对外销售的产品。

(一)开发产品的种类及计价

1.开发产品的种类

开发产品按其内容划分主要包括以下四类：

(1)开发土地，主要包括：为有偿转让或出租而开发的商品性建设场地，属于企业的最终产品；为建设商品房、经营房和周转房而开发的自用建设场地，属于企业的中间产品，若近期不使用，已完成的自用建设场地也视为最终产品。

(2)开发建设房屋，主要包括：为销售而开发建设的商品房；为出租经营而开发的出租房；为安置被拆迁居民周转使用而开发建设的周转房；代为开发建设的房屋。

(3)开发建设的配套设施，主要包括两大类：一类是开发小区内能有偿转让的公共配套设施，如商店、邮局、银行用房等，该类配套设施作为企业的最终产品，在开发完成后，作为企业的开发产品；另一类是开发小区内不能有偿转让的公共配套设施，如居委会用房、幼儿园用房、水塔等，该类配套设施作为企业的中间产品，在开发完成后，计入小区内房屋开发成本。

(4)代建工程，指企业接受其他单位委托，代为开发建设的各项工程，包括建设场地、房屋和其他工程。

2.开发产品的计价

开发产品按开发过程中所发生的实际成本计价。对于不能转让的公共配套设施，应计入商品房成本；如果公共配套设施不能与商品房建设同步，结转商品房成本时负担的配套设施费可采用预提的方法予以确定。

(二)开发产品增减的核算

为了核算企业开发产品的增加、减少和结存情况，企业应设置"开发产品"科目。该科目借方登记竣工验收开发产品的实际成本，贷方登记对外销售、转让开发产品而结转的实际成本。该科目的期末借方余额反映尚未销售、结转的各种开发产品的实际成本。该科目应按土地、房屋、配套设施及代建工程等项目名称设置明细分类科目。

1.开发产品增加的核算

企业开发的土地、房屋、配套设施以及代建工程等产品，在竣工验收时，按其实际成本借记"开发产品——土地(或房屋、配套设施、代建工程)"科目，贷记"开发成本——土地开发(或房屋开发、配套设施开发、代建工程开发)"科目。

2.开发产品减少的核算

企业开发完成的产品，由于减少的原因不同，应根据不同情况进行开发产品减少的会计处理。

(1)企业对外销售、转让开发产品时，期末按其实际成本，借记"经营成本"科目，贷记"开发产品"科目。

(2)采用分期收款结算方式销售开发产品，将分期收款方式的开发产品移交给购货单位时，按其实际成本，借记"分期收款开发产品"科目，贷记"开发产品"科目。

(3)企业将开发的土地和房屋用于出租经营或将开发的用房用于拆迁居民周转使用的，在移交使用时，按土地和房屋的实际成本，借记"出租开发产品""周转房"科目，贷记"开发产品——土地(房屋)"科目。

（4）企业将开发的经营性配套设施，用于本企业从事第三产业的经营用房，应视同自用固定资产进行处理，按配套设施的实际成本，借记"固定资产"科目，贷记"开发产品——配套设施"科目。

【工作任务4-5】

浙江绿地房地产开发公司本月发生的经济业务及会计处理如下：

（1）本期商品房开发项目竣工，实际成本为25 000 000元，应编制会计分录如下：

借：开发产品——房屋　　　　　　　　　　　　　25 000 000
　　贷：开发成本——房屋开发　　　　　　　　　　　　25 000 000

（2）本期对外销售商品房一幢，实际成本为8 000 000元，应编制会计分录如下：

借：主营业务成本——商品房销售成本　　　　　　　8 000 000
　　贷：开发产品——房屋　　　　　　　　　　　　　　8 000 000

（3）本期采用分期收款方式销售商品房一幢，并已办理交接手续，实际成本为18 000 000元，应编制会计分录如下：

借：分期收款开发产品　　　　　　　　　　　　　18 000 000
　　贷：开发产品——房屋　　　　　　　　　　　　　18 000 000

（4）本期将一座房屋对外出租，实际成本为3 000 000元，同时将一幢商品房用于安置拆迁居民周转使用，实际成本15 000 000元，应编制会计分录如下：

借：出租开发产品——出租产品　　　　　　　　　　3 000 000
　　周转房——在用周转房　　　　　　　　　　　　15 000 000
　　贷：开发产品——房屋　　　　　　　　　　　　　18 000 000

（5）本期将一座商店转作企业第三产业经营业务，实际成本500 000元，应编制会计分录如下：

借：固定资产　　　　　　　　　　　　　　　　　　500 000
　　贷：开发产品——配套设施　　　　　　　　　　　　500 000

二、分期收款开发产品的核算

（一）分期收款开发产品核算设置的科目

分期收款开发产品，是以分期收款结算方式销售的开发产品。按照房地产开发企业营业收入确认的条件，分期收款销售的开发产品，在未收到货款时，不能确认收入的实现，其发生的开发产品的经营成本同样也不能确定。因此，为了反映和监督分期收款开发产品的销售实现情况，应设置"分期收款开发产品"科目。该科目属于资产类科目，其借方登记已发生分期收款开发产品的实际成本，贷方登记每期收到的货款并确认为销售实现予以结转的开发产品的实际成本。该科目的借方期末余额表示尚未实现销售的分期收款开发产品的实际成本。

(二)分期收款开发产品的核算

采用分期收款方式销售开发产品,按分期销售合同的规定,将开发产品交付购货单位时,按交付开发产品的实际成本,借记"分期收款开发产品"科目,贷记"开发产品"科目。企业根据合同规定的时间收取销售货款时,按开发产品全部销售成本占全部销售收入的比例,计算本期应结转的销售成本,借记"主营业务成本——商品房销售成本"科目,贷记"分期收款开发产品"科目。

【工作任务4-6】

浙江绿地房地产开发公司采用分期收款方式销售商品房一幢,实际售价为35 000 000元,实际成本为30 000 000元。根据销售合同规定,款项分3年收取,收款比例分别为50%、25%和25%。

(1)交付开发产品,按照实际成本,编制会计分录如下:

借:分期收款开发产品　　　　　　　　　　　　　　30 000 000
　　贷:开发产品　　　　　　　　　　　　　　　　　　30 000 000

(2)按合同规定的时间收取销售货款时,第一年收取50%,编制会计分录如下:

借:银行存款　　　　　　　　　　　　　　　　　　19 075 000
　　贷:主营业务收入——商品房销售　　　　　　　　17 500 000
　　　　应交税费——应交增值税(销项税额)　　　　 1 575 000

(3)计算第一年应结转的销售成本,编制会计分录如下:

借:主营业务成本——商品房销售成本　　　　　　　15 000 000
　　贷:分期收款开发产品　　　　　　　　　　　　　15 000 000

(4)按合同规定的时间收取销售货款时,第二年收取25%,编制会计分录如下:

借:银行存款　　　　　　　　　　　　　　　　　　 9 537 500
　　贷:主营业务收入——商品房销售　　　　　　　　 8 750 000
　　　　应交税费——应交增值税(销项税额)　　　　　 787 500

(5)计算第二年应结转的销售成本,编制会计分录如下:

借:主营业务成本——商品房销售成本　　　　　　　 7 500 000
　　贷:分期收款开发产品　　　　　　　　　　　　　 7 500 000

(6)按合同规定的时间收取销售货款时,第三年收取25%,编制会计分录如下:

借:银行存款　　　　　　　　　　　　　　　　　　 9 537 500
　　贷:主营业务收入——商品房销售　　　　　　　　 8 750 000
　　　　应交税费——应交增值税(销项税额)　　　　　 787 500

(7)计算第三年应结转的销售成本,编制会计分录如下:

借:主营业务成本——商品房销售成本　　　　　　　 7 500 000
　　贷:分期收款开发产品　　　　　　　　　　　　　 7 500 000

三、出租开发产品的核算

(一)出租开发产品的核算内容及科目设置

出租开发产品,是指房地产开发企业对开发完成的土地和房屋,进行商业性出租的一种经营活动。其特征是以营利为目的,其价值是通过收取租金的形式来实现的。出租开发产品的核算主要包括三个方面:出租开发产品增加的核算;出租开发产品摊销的核算;出租开发产品减少的核算。

为了核算企业出租开发产品的增加、摊销及减少,企业应设置"投资性房地产"科目,并下设"投资性房地产——出租产品"和"投资性房地产累计摊销"两个明细科目。

"投资性房地产——出租产品"科目,借方登记出租房屋的实际成本,贷方登记改变出租产品用途对外销售出租产品时的原值。该科目的期末借方余额反映尚在出租中的土地或房屋的实际成本。

"投资性房地产累计摊销"科目,其借方登记因改变出租产品用途而冲销的出租产品累计摊销额,贷方登记各期计提出租产品的摊销额。该科目期末贷方余额表示出租产品累计摊销额。

(二)出租开发产品的核算

1.出租开发产品增加的核算

企业开发完成用于出租的土地和房屋,在签订出租合同或协议后,按土地和房屋的实际成本,借记"投资性房地产——出租产品"科目,贷记"开发产品——土地(或房屋)"科目。

2.出租开发产品摊销和维修的核算

出租开发产品在使用过程中,由于磨损等原因,其价值会逐渐减少,因此,企业应根据出租开发产品的原值和预计使用年限,计算其价值损耗,按期计入出租开发产品的经营成本。出租开发产品各期摊销额的计算公式为:

$$出租开发产品年摊销率 = \frac{1-预计残值占原值的比率}{出租开发产品的设计使用年限} \times 100\%$$

$$出租开发产品月摊销率 = 出租开发产品年摊销率 \div 12$$

$$出租开发产品月摊销额 = 应计摊销的出租开发产品原值 \times 出租开发产品月摊销率$$

对企业各月计提的摊销额,借记"主营业务成本——出租产品经营成本"科目,贷记"投资性房地产累计摊销"科目。

出租开发产品所发生的维修费用,作为出租开发产品经营支出的内容,直接计入出租产品的经营成本,借记"主营业务成本——出租产品经营成本"科目,贷记"银行存款"等科目。

3.出租开发产品减少的核算

出租开发产品减少,主要是指企业改变出租开发产品的用途将其对外销售的情况。企业将出租开发产品改变用途,将其作为商品对外出售时,应按出租产品的摊余价值,借记"主营业务成本——出租产品经营成本"科目,按出租产品的累计摊销额,借记"投资性房地产累计摊销"科目,按出租产品的原值,贷记"投资性房地产——出租产品"科目。

【工作任务 4-7】

浙江绿地房地产开发公司将开发完成的一栋办公楼出租给某单位使用。办公楼的实际成本为 7 000 000 元,每年计提摊销额 600 000 元,出租过程中,发生维修费用 100 000 元。办公楼出租 5 年后,终止出租合同,将其作为商品对外出售,取得销售收入 8 000 000 元(不含税)。

(1)结转出租开发产品的实际成本时,应编制会计分录如下:

借:投资性房地产——出租产品　　　　　　　　　7 000 000
　　贷:开发产品——房屋　　　　　　　　　　　　　　7 000 000

(2)每年计提出租产品的摊销额时,应编制会计分录如下:

借:主营业务成本——出租产品经营成本　　　　　　600 000
　　贷:投资性房地产累计摊销　　　　　　　　　　　　600 000

(3)支付出租开发产品的维修费时,应编制会计分录如下:

借:主营业务成本——出租产品经营成本　　　　　　100 000
　　贷:银行存款　　　　　　　　　　　　　　　　　　100 000

(4)商品房对外出售时,应编制会计分录如下:

借:银行存款　　　　　　　　　　　　　　　　　　8 720 000
　　贷:主营业务收入——商品房销售　　　　　　　　 8 000 000
　　　　应交税费——应交增值税(销项税额)　　　　　　720 000

(5)出租开发产品的摊余价值＝7 000 000－600 000×5＝4 000 000(元)

借:主营业务成本——出租产品经营成本　　　　　 4 000 000
　　投资性房地产累计摊销　　　　　　　　　　　　3 000 000
　　贷:投资性房地产——出租产品　　　　　　　　　 7 000 000

四、周转房的核算

(一)周转房的核算内容及其科目设置

周转房是指房地产开发企业用于安置拆迁居民周转使用、产权归本企业所有的房屋,其主要包括:专门为安置拆迁居民周转使用的房屋;企业开发完成的商品房,在尚未销售以前用于安置拆迁居民周转使用的部分;搭建的用于安置拆迁居民周转使用的临时简易房屋。周转房的核算内容主要包括周转房增加的核算和周转房减少的核算。

为了反映和监督企业周转房的增减变动及其摊销的情况,企业应设置"周转房"科目,并下设"在用周转房"和"周转房摊销"两个明细科目进行明细核算。

"周转房——在用周转房"科目属于资产类科目。该科目借方登记转作周转房的实际成本,贷方登记改变周转房用途对外销售周转房的原值。该科目的期末借余额表示尚在周转使用中房屋的实际成本。

"周转房——周转房摊销"科目,其贷方登记各月计提的周转房摊销额,借方登记改变周转房用途对外销售周转房而冲销的累计摊销额。该科目的期末贷方余额表示尚在周转中的房屋的累计摊销额。

(二)周转房的核算

1.周转房增加的核算

企业开发完成的周转房、商品房,在尚未销售前用于安置拆迁居民周转使用的部分以及建造完成的用于拆迁居民周转使用的临时性简易房屋,在交付使用时,按其实际成本,借记"周转房——在用周转房"科目,贷记"开发产品——房屋"科目。

2.周转房摊销的计算及其核算

周转房随着使用及自然力的侵蚀会逐渐发生损耗而减少其价值。其损耗的价值作为开发期间的费用,应计入土地、房屋的开发成本。周转房损耗价值的摊销主要采用年限平均摊销法。其计算公式如下:

$$周转房年摊销率 = \frac{1-预计净残值率}{预计摊销年限} \times 100\%$$

$$周转房月摊销率 = 周转房年摊销率 \div 12$$

$$周转房月摊销额 = 周转房原值 \times 周转房月摊销率$$

周转房按月计提摊销额时,若能确定其为某项房屋开发项目负担的,应借记"开发成本——房屋开发"科目,若不能确定其为某项房屋开发项目负担的,借记"开发间接费用"科目,按摊销额贷记"周转房——周转房摊销"科目。

周转房在周转过程中发生的修理费用应直接计入或摊销计入当期的开发成本,借记"开发成本——房屋开发""开发间接费用"等科目,贷记"银行存款""其他应付款""长期待摊费用"等科目。

3.周转房减少的核算

周转房减少是指改变周转房的用途,转作商品房对外销售的情况。取得销售收入时,借记"银行存款""应收账款"等账户,贷记"主营业务收入——商品房销售"账户,并贷记"应交税费——应交增值税(销项税额)"账户。企业结转作为商品房销售的周转房的实际成本时,按周转房的摊余价值,借记"主营业务成本——商品房销售成本"科目,按周转房累计摊销额,借记"周转房——周转房摊销"科目,按周转房原值,贷记"周转房——在用周转房"科目。

【工作任务 4-8】

浙江绿地房地产开发公司开发完成用于安置拆迁居民周转使用的房屋,其实际成本为 4 000 000 元,本月计提该周转房摊销额 25 000 元,在周转过程中发生修理费用 50 000 元。3 年后,将该周转房作为商品房出售,取得销售收入 6 000 000 元(不含税)。

(1)开发完成周转房交付使用时,应编制会计分录如下:

借:周转房——在用周转房　　　　　　　　　　　　　4 000 000
　　贷:开发产品——房屋　　　　　　　　　　　　　　　　4 000 000

(2)每月计提周转房的摊销额时,应编制会计分录如下:

借:开发成本——房屋开发　　　　　　　　　　　　　25 000
　　贷:周转房——周转房摊销　　　　　　　　　　　　　　25 000

(3)在周转过程中支付修理费用时,应编制会计分录如下:

借:开发成本——房屋开发　　　　　　　　　　　　　50 000
　　贷:银行存款　　　　　　　　　　　　　　　　　　　　50 000

(4)周转房销售时,应编制会计分录如下:

借:银行存款　　　　　　　　　　　　　　　　　　6 540 000
　　贷:主营业务收入——商品房销售　　　　　　　　　6 000 000
　　　　应交税费——应交增值税(销项税额)　　　　　　540 000

(5)结转对外销售的周转房的实际成本时,应编制会计分录如下:

销售时周转房的摊余价值＝4 000 000－25 000×12×3＝3 100 000(元)

借:主营业务成本——商品房销售成本　　　　　　　3 100 000
　　周转房——周转房摊销　　　　　　　　　　　　　900 000
　　贷:周转房——在用周转房　　　　　　　　　　　　4 000 000

任务四　营业收入的核算

一、营业收入的分类

房地产开发企业的营业收入,是指房地产开发企业在开发经营过程中,由于销售开发产品及材料、提供劳务、代建房屋及代建其他工程、出租开发产品以及其他多种经营活动所取得的收入。营业收入主要分为主营业务收入和其他业务收入两大类。

(一)主营业务收入

主营业务收入主要是指企业在土地开发、房屋开发、配套设施开发、出租产品开发以及代建工程开发等主要开发经营过程中实现的土地转让收入、商品房销售收入、配套设施销售收入、出租产品租金收入和代建工程结算收入等。

(二)其他业务收入

其他业务收入主要是指房地产开发企业主营业务以外的其他业务实现的收入,主要包括商品房售后服务收入、材料销售收入、无形资产转让收入和固定资产出租收入等。

二、营业收入的确认和计量

根据财政部2017年7月5日修订发布的《企业会计准则第14号——收入》(财会

〔2017〕22号),企业应当在履行了合同中的履约义务即在客户取得相关商品控制权时确认营业收入。取得相关商品控制权,是指能够主导该商品的使用并从中获得几乎全部的经济利益。

(一)营业收入确认的基本条件

当房地产企业与客户之间的合同同时满足下列条件时,房地产企业应当在客户取得相关商品控制权时确认收入:

(1)合同各方已批准该合同并承诺将履行各自义务。
(2)该合同明确了合同各方与所转让商品相关的权利和义务。
(3)该合同有明确的与所转让商品相关的支付条款。
(4)该合同具有商业实质,即履行该合同将改变房地产企业未来现金流量的风险、时间分布或金额。

(二)营业收入确认的具体条件

房地产开发企业营业收入的确认,除满足上述基本条件以外,还应根据以下具体内容予以确认:

(1)企业开发完成的土地、商品房,在办理移交后,将结算账单提交给买方得到认可时,确认营业收入的实现。根据现行股份有限公司会计制度规定,房地产股份有限公司在满足以下条件的情况下,也可以采用完工百分比法确认营业收入:有建造合同,并且合同不可取消;买方累计付款超过售价的50%;其余应收款项能够收回;开发项目的完工程度能够得到可靠确认。

(2)企业接受其他单位委托代建的房屋和工程,应在房屋和工程竣工验收,办理财产移交手续,并将代建的房屋和工程的工程价款结算账单提交委托单位时,确认营业收入的实现。

(3)企业采用赊销、分期收款方式销售开发产品的,应按合同规定的本期应收价款分次结转确认营业收入的实现。

(4)企业出租开发产品,应在出租合同或协议规定日期收取租金后,确认为营业收入的实现。合同或协议规定的收款日期已到,租方未付租金,仍应确认为营业收入的实现。

(5)企业采取预收款方式销售的开发产品,应在开发商品或产品已提交买方或劳务已经提供后确认营业收入的实现。企业向购房单位和个人收取的购房定金或购房款及开发建设资金,属于预收款项,因为不能确定开发产品合同的完成程度,所以在会计上不能确认营业收入的实现。

(6)房地产企业采用交款提货方式销售的,若货款已收到,发票账单已提交买方,则无论商品、产品是否发出,均作为营业收入的实现。

房地产开发企业的营业收入,均应在规定的时间按实际发生的金额予以计量。在销售过程中发生的销货退回、折扣与折让,均冲减当期的主营业务收入。

三、主营业务收入的核算

为了核算和监督房地产开发企业主营业务收入的实现情况,企业应设置"主营业务收入"科目,该科目应按主营业务收入类别设置二级科目,如"商品房销售收入""配套设施销售

收入""土地转让收入""代建工程结算收入"等二级科目。

根据收入与费用、成本的配比原则,房地产开发企业在同一会计期间发生收入时必须相应地结转成本。房地产企业对外转让、销售和出租所开发的土地或者商品房等产品所取得收入的经营成本应通过"主营业务成本"科目核算,根据房地产开发成本的用途设置主营业务成本的二级科目如"商品房销售成本""土地转让成本""配套设施销售成本"以及"代建工程结算成本"等二级科目。

不具有融资性质的分期收款销售商品房业务,需设置"发出商品"科目核算该性质的销售收入所涉及的产品。

(一)一般开发产品转让、销售收入的核算

对于开发产品,房地产开发企业办妥土地、商品房以及配套设施的产权移交手续之后,将结算账单提交买主认可,此时方可确认经营收入。确认收入时,借记"银行存款""应收账款"等科目,贷记"主营业务收入""应交税费——应交增值税(销项税额)"科目;期末根据已转让和销售的产品的实际成本,借记"主营业务成本"科目,贷记"开发产品"科目。

在代建工程业务中,房地产开发企业在完成工程验收,提交结算单并经委托单位认可后,按工程结算价款借记"银行存款""应收账款"等科目,贷记"主营业务收入——代建工程结算收入""应交税费——应交增值税(销项税额)"科目;期末按代建工程实际成本借记"主营业务成本"科目,贷记"开发产品"科目。

(二)分期收款方式开发产品的销售收入

房地产开发商销售开发产品若采用递延方式分期收款实现收入,需要区分收款方式是否具有融资性质。

(1)具有融资性质的分期收款方式,一般指收款期限在三年以上的分期收款方式。房地产开发企业在完成分期收款销售合同的签订以及产权移交手续之后,按合同或协议价款借记"长期应收款"科目,按合同或协议价款公允价值(按实际利率对合同价款折现之值)贷记"主营业务收入"科目,两个科目差额贷记"未实现融资收益"科目;期末按开发产品实际成本结转销售成本,按实际成本借记"主营业务成本"科目,贷记"开发产品"科目。应收合同款项与其公允价值的差额,需在合同规定期限内按应收账款的摊余成本和实际利率计算确定的摊销额,分期冲减财务费用。

【工作任务4-9】

2018年1月1日,浙江绿地房地产开发公司以分期收款方式向红光医院销售门诊大楼,已签订销售合同,门诊大楼已交付医院使用。销售合同规定,医院门诊大楼销售价款为6 000 000元(不含税),价款分四次收取:2018年年末收取30%、2019年年末收取30%、2020年年末和2021年年末分别收取20%。该门诊大楼的实际开发成本为4 000 000元。假设实际利率为6%。

该分期收款销售年限为4年,具有融资性质,销售合同已签订并且门诊大楼交付使用,符合收入确认条件,在2018年1月确认收入。

由于增值税作为价外税,不具有融资性质,因此在计算未确认融资费用时,不需要考虑增值税。

根据实际利率对长期应收款进行折现：

合同价款的公允价值＝6 000 000×30％÷(1＋6％)＋6 000 000×30％÷(1＋6％)² ＋
　　　　　　　　　　6 000 000×20％÷(1＋6％)³ ＋ 6 000 000×20％÷(1＋6％)⁴
　　　　　　　　　＝5 258 162.34（元）

(1)2018 年 1 月 1 日确认销售收入，并结转销售成本，应编制会计分录如下：
①确认销售收入
借：长期应收款　　　　　　　　　　　　　　　　　　　　　65 40 000.00
　　贷：主营业务收入——商品房销售收入　　　　　　　　　　5 258 162.34
　　　　未实现融资收益　　　　　　　　　　　　　　　　　　741 837.66
　　　　应交税费——待转销项税额　　　　　　　　　　　　　540 000.00
②结转销售成本
借：主营业务成本——商品房销售成本　　　　　　　　　　　　4 000 000
　　贷：开发产品——商品房　　　　　　　　　　　　　　　　4 000 000

(2)2018 年 12 月 31 日，收取价款 30％存入银行账户时，应编制会计分录如下：
①借：银行存款　　　　　　　　　　　　　　　　　　　　　1 962 000
　　贷：长期应收款　　　　　　　　　　　　　　　　　　　1 962 000
②借：应交税费——待转销项税额　　　　　　　　　　　　　162 000
　　贷：应交税费——应交增值税(销项税额)　　　　　　　　162 000
③借：未实现融资收益　　　　　　　　　　　　　　　　　　315 489.74
　　贷：财务费用　　　　　　　　　　　　　　　　　　　　1315 489.74

(3)2019 年 12 月 31 日，收取价款 30％存入银行账户时，应编制会计分录如下：
①借：银行存款　　　　　　　　　　　　　　　　　　　　　1 962 000
　　贷：长期应收款　　　　　　　　　　　　　　　　　　　1 962 000
②借：应交税费——待转销项税额　　　　　　　　　　　　　162 000
　　贷：应交税费——应交增值税(销项税额)　　　　　　　　162 000
③借：未实现融资收益　　　　　　　　　　　　　　　　　　226 419.13
　　贷：财务费用　　　　　　　　　　　　　　　　　　　　226 419.13

(4)2020 年 12 月 31 日，收取价款 20％存入银行账户时，应编制会计分录如下：
①借：银行存款　　　　　　　　　　　　　　　　　　　　　1 308 000
　　贷：长期应收款　　　　　　　　　　　　　　　　　　　1 308 000
②借：应交税费——待转销项税额　　　　　　　　　　　　　108 000
　　贷：应交税费——应交增值税(销项税额)　　　　　　　　108 000
③借：未实现融资收益　　　　　　　　　　　　　　　　　　132 004.27
　　贷：财务费用　　　　　　　　　　　　　　　　　　　　132 004.27

(5)2021 年 12 月 31 日，收取价款 20％存入银行账户时，应编制会计分录如下：
①借：银行存款　　　　　　　　　　　　　　　　　　　　　1 308 000
　　贷：长期应收款　　　　　　　　　　　　　　　　　　　1 308 000

②借:应交税费——待转销项税额　　　　　　　　　108 000
　　贷:应交税费——应交增值税(销项税额)　　　　　　　　108 000
③借:未实现融资收益　　　　　　　　　　　　　　67 924.52
　　贷:财务费用　　　　　　　　　　　　　　　　　　　67 924.52

(2)不具有融资性质的分期收款销售方式,项目完工后将开发产品移交给交易对方,借记"发出商品"科目,贷记"开发产品"科目;同时签订分期收款销售合同,根据合同规定的时间和金额分期确认销售收入,借记"银行存款"等科目,贷记"主营业务收入""应交税费——应交增值税(销项税额)"科目;期末按当期收入占总收入百分比结转成本,借记"主营业务成本"科目,贷记"发出商品"科目。

四、其他业务收入

房地产开发企业除了通过出售、代建工程获取收入之外,还可以通过提供房屋出租服务、销售建筑材料等方式获取收入,这些非主营业务收入统一通过"其他业务收入"科目核算,该科目按具体的业务可以设置"出租房地产收入""材料销售收入"等明细科目。

房地产开发企业在各期实现其收入的同时需要相应地结转成本,设置"其他业务成本"科目核算相应的业务成本。以下着重介绍房地产开发企业进行房屋出租的业务核算。

对于企业已完工的开发产品转作出租用途时,首先需要将出租的房地产转入"投资性房地产"科目进行核算,借记"投资性房地产"科目,贷记"开发产品"科目;在合同规定期限内收到租金收入,需要借记"银行存款"等科目,贷记"其他业务收入"科目;若采用成本模式进行后续计量,结转成本时通过计提折旧分期摊销成本,借记"其他业务成本"科目,贷记"投资性房地产累计折旧"科目。

五、税金及附加的核算

房地产开发企业在经营的过程中需要缴纳土地增值税、城镇土地使用税、城市维护建设税和教育费附加等税费。

在房地产开发企业所负担的税负中相当一部分是土地增值税,土地增值税按转让房地产所取得的增值额和超率累进税率征收。房地产企业建设普通标准住宅出售所获得的收入,扣除税法中准予扣除的项目后作为计税的依据。每月企业根据增值额和累进税率计提土地增值税,借记"税金及附加"科目,贷记"应交税费"科目;实际缴纳时借记"应交税费"科目,贷记"银行存款"科目。

房地产开发企业的增值税根据房地产企业销售对象进行划分,销售开工日期在2016年5月1日之前的项目,按5%征收,销售开工日期在2016年5月1日之后的项目,按9%计算。城镇土地使用税按房地产开发实际占用的应税土地以及适用税率计提。城市维护建设税应按实际缴纳的增值税以及相应的税率计算,教育费附加应按实际应缴纳的增值税的3%计算。月末计提应交税费,借记"税金及附加"各明细科目,贷记"应交税费"科目。

【工作任务 4-10】

2021年3月，浙江绿地房地产开发公司出售原存量商品房，取得销售额 50 000 000元，税务机关核定企业在土地增值税中准予扣除的金额合计 26 000 000元。具体会计核算过程如下：

当月出售地产获得增值额＝50 000 000－26 000 000＝24 000 000(元)

增值额与扣除项目之比为＝24 000 000/ 26 000 000＝92％

本月应缴纳土地增值税＝24 000 000×40％ － 26 000 000×5％＝8 300 000（元）

月末计提土地增值税时，应编制会计分录如下：

借：税金及附加　　　　　　　　　　　　　　　　　8 300 000
　　贷：应交税费——应交土地增值税　　　　　　　　　　8 300 000

实际缴纳土地增值税时，应编制会计分录如下：

借：应交税费——应交土地增值税　　　　　　　　　8 300 000
　　贷：银行存款　　　　　　　　　　　　　　　　　　　8 300 000

任务五　物业管理企业会计核算

一、代收、预收款项的核算

为了节省成本和减少工作量，有关单位会委托物业管理企业代收水电费、煤气费、有线电视费等费用。在规定的时间内，物业管理企业按合同约定收齐费用并交到委托单位。物业管理企业与委托单位的这种业务关系，在会计核算上就形成了往来账务关系。物业管理企业向委托单位提供代收费业务的服务，可按合同规定收取一定比例的手续费。

（一）科目设置

设置"代收款项"科目，该科目属于负债类科目，主要核算物业管理企业代收的水电费、煤气费、电话费等。"代收款项"科目属于负债类科目。

设置"预收账款"科目，该科目属于负债类科目，借方反映确认收入时结转的款项；贷方反映企业预先收到的有关单位和个人缴纳的公共卫生清洁、公共设施维护和保养、绿化等公共性服务费用；期末科目贷方余额反映企业向有关单位和个人预收的款项，借方余额反映有关单位和个人补缴的款项。

设置"其他应付款"科目，本科目属于负债类科目，借方反映向用户支付相关押金或保证金；贷方反映企业暂收的其他单位和个人缴纳的款项，如物业产权人、使用人入住时或者入住后准备进行装修时，企业向物业产权人、使用人收取的可能因为装修而发生的损毁修复、安全责任等方面的费用的保证金等。

(二)代收、预收款项核算方法

1.代收水电费、煤气费等代收费业务

物业管理企业代收住户的水电费、煤气费、电话费、卫生费等项目,公司收到各种代收款项时借记"银行存款""库存现金"等科目,贷记"代收款项——××费用"科目。收取代收款项手续费时,借记"代收款项——××费用"科目,贷记"主营业务收入"科目。

> 【工作任务4-11】
>
> 浙江新城物业公司为环卫所代收垃圾清运费20元/户,为有线电视台代收基本收视维护费300元/户,为自来水公司预收水费45元/户,为供电所代收电表保证金80元/户,该物业公司管理350户住户。

应编制会计分录如下:

借:银行存款　　　　　　　　　　　　　　　　155 750
　　贷:代收款项——垃圾清运费　　　　　　　　　7 000
　　　　　　　——基本收视维护费　　　　　　105 000
　　　　　　　——水费　　　　　　　　　　　 15 750
　　　　　　　——电表保证金　　　　　　　　 28 000

2.预收公共服务性款项业务

物业管理企业向物业使用人预先收取公共卫生清洁费、公用设施维护保养费和保安、绿化等费用时,借记"银行存款"或"库存现金"等科目,贷记"预收账款"科目;当收入实现时借记"预收账款"科目,贷记"经营收入""其他业务收入"等科目。

3.暂收保证金等款项业务

物业产权人或者使用人向物业管理企业缴纳装修保证金、安全保证金等费用时,借记"银行存款""库存现金"等科目;贷记"其他应付款"科目。向物业产权人返还保证金时,借记"其他应付款"科目,贷记"银行存款"等科目。

二、代管基金核算

(一)代管基金概述

代管基金指物业管理企业接受物业产权人、使用人、业主委员会委托代管的房屋公共部分维修基金以及共有设施设备维修基金。房屋维修基金应当专户存储,专款专用,并定期接受业主委员会或物业产权人、使用人的检查与监督。房屋维修基金的利息净收入应当经业主委员会或者物业产权人、使用人认可后转作房屋维修基金滚存使用和管理。

(二)代管基金科目设置

物业管理企业应设置"代管基金"总分类科目,该科目属于负债类科目,用于核算物业管理企业收到的委托代管房屋公共部分维修基金、共有设施设备维修基金。

（三）代管基金核算方法

1. 收到委托代管基金

物业管理企业收到委托代管的房屋公共部分维修基金和共有设施设备维修基金，应当借记"银行存款——代管基金存款"科目，贷记"代管基金"科目。

【工作任务 4-12】

浙江新城物业公司收到房地产开发公司交来的该小区的房屋公共部分维修基金和共有设施设备维修基金 160 000 元，存入银行代管基金专户，应编制会计分录如下：

借：银行存款——代管基金存款　　　　　　　160 000
　　贷：代管基金　　　　　　　　　　　　　　　　160 000

2. 收到代管基金存款利息

物业管理企业收到银行计息通知，按照有关规定，属于代管基金存款所产生的利息，借记"银行存款——代管基金存款"科目，贷记"代管基金"科目。

3. 有偿使用物业共有设施

物业管理企业使用产权属于全体业主所有的商业用房和共有设施时，应负担相应的费用，例如承包费、租赁费等，按设施使用受益对象借记"主营业务成本""管理费用""其他业务成本"等科目，贷记"代管基金"科目。

【工作任务 4-13】

浙江新城物业公司租用产权属于全体业主的公共用房一处，作为办公室，租期一年，年租金为 24 000 元，本月已缴纳租金 2 000 元，应编制会计分录如下：

借：主营业务成本　　　　　　　　　　　　　2 000
　　贷：代管基金　　　　　　　　　　　　　　　　2 000

4. 代管基金支出

外聘施工单位对房屋公共部分、共有设施设备进行大修、更新或者改造，工程完工之后，工程款项经过业主委员会或者物业产权人、使用人鉴定认可后方可与施工单位结算，物业管理企业支付施工单位工程款，应借记"代管基金"科目，贷记"银行存款"等科目。

三、物业工程的核算

（一）物业工程概述

物业工程是指物业管理企业承接房屋公共部分、共有设施设备大修、更新、改造，或者对业主委员会、物业产权人、使用人提供的管理用房地产、商业用房地产进行装修装饰等工程。

物业工程按其实施方式不同分为两种类型：外包方式，即物业产权人、使用人或者业主委员会委托物业管理企业以外的施工单位承接工程;自营方式,即物业管理企业接受物业产权人、使用人或者业主委员会委托自行组织施工。

(二)科目设置

设置"工程施工"科目核算物业维修业务,科目借方反映企业承接物业工程所发生的各项支出,科目贷方反映结转到完工产品的各项支出,期末借方余额表示未完工的在建工程项目。

"工程施工"科目下设"间接费用"二级明细科目来核算间接费用,主要包括临时设施摊销费用和企业下属的施工、生产单位组织和管理施工生产活动所发生的费用,如管理人员薪酬、劳动保护费、固定资产折旧费及修理费、物料消耗费、取暖费、水电费、办公费、差旅费、财产保险费、工程保修费、排污费等。

"材料采购"和"在途物资"科目核算企业购入各种物资的采购成本,科目借方反映购入材料采购成本,包括买价、运杂费、损耗、入库前的整理费用、税金、应分摊的采购保管费等,科目贷方反映消耗的物资价值,期末科目借方余额表示已支付货款而物资尚未到达以及验收入库的在途物资。企业使用实际成本法时应该采用"在途物资"科目,当企业使用计划成本法时应该采用"材料采购"科目。

"原材料"科目核算企业购入并验收入库的各种物资,科目借方反映新增入库的各种物资的实际成本或者计划成本,贷方反映减少的物资,期末余额表示库存的材料物资。

"长期待摊费用"科目核算物业管理企业租入固定资产的改良性支出,科目借方反映新增的租入固定资产改良性支出,贷方反映摊销的费用,期末借方余额反映尚未摊销的租入固定资产改良性支出。

(三)物业工程核算方法

1.采购施工材料

物业管理企业采购施工所需原材料,根据发票、账单支付各项物资费用时,借记"材料采购"或"在途物资"等科目,贷记"银行存款""应付账款"等科目。

> 【工作任务 4-14】
>
> 浙江新城物业公司购入水泥一批,共36吨,单价为600元/吨,水泥买入价为21 600元,增值税为2 808元(假设当年全部抵扣),运杂费为2 000元,使用银行存款支付货款,企业采用实际成本法核算原材料,材料已经验收入库,应编制会计分录如下:
>
> 借:在途物资 　　　　　　　　　　　　　　　　23 600
> 　　应交税费——应交增值税(进项税额)　　　 2 808
> 　　贷:银行存款　　　　　　　　　　　　　　　　　　26 408
> 借:原材料　　　　　　　　　　　　　　　　　 23 600
> 　　贷:在途物资　　　　　　　　　　　　　　　　　　23 600

2.自营方式承接物业工程

物业管理企业以自营方式承接房屋公共部分、共有设备设施的大修、更新或改造工程的,施工过程发生的各项费用支出,应借记"工程施工"科目,贷记"银行存款""原材料"等科目;工程完工后经业主委员会或物业产权人、使用人对工程鉴定认可后进行工程款转账,借记"代管基金"科目,贷记"银行存款"等科目;最后需要结转已完工的物业工程成本,借记"主营业务成本"科目,贷记"工程施工"科目。

【工作任务4-15】

浙江新城物业公司以自营方式承接了小区道路大修工程,实际发生材料费用100 000元,人工费用为40 000元,间接费用为10 000元,工程已完工,经业主委员会验收合格,已投入使用。业主委员会同意支付工程款,施工合同约定的承包工程价款为180 000元(不含税)。

归集物业工程成本费用,结转施工成本时,应编制会计分录如下:

借:工程施工——小区道路改造工程　　　　　　150 000
　　贷:原材料　　　　　　　　　　　　　　　　100 000
　　　　应付职工薪酬　　　　　　　　　　　　　40 000
　　　　工程施工——间接费用　　　　　　　　　10 000
借:主营业务成本——物业大修成本　　　　　　　150 000
　　贷:工程施工——小区道路改造工程　　　　　150 000

工程完工,经业主委员会鉴定认可,结转确认物业大修收入时,应编制会计分录如下:

借:银行存款——基本户　　　　　　　　　　　　190 800
　　贷:银行存款——代管基金存款　　　　　　　190 800
借:代管基金　　　　　　　　　　　　　　　　　190 800
　　贷:主营业务收入——物业大修收入　　　　　180 000
　　　　应交税费——应交增值税(销项税额)　　 10 800

3. 以外包方式发出物业工程

业主委员会、物业产权人、使用人聘请物业管理企业以外的施工单位承包工程时,"工程施工"科目起到的是结算科目的作用。物业管理企业支付工程价款时,借记"工程施工"科目,贷记"银行存款"等科目;工程完工经业主委员会、物业产权人、使用人鉴定认可后确认收入,借记"代管基金"科目,贷记"主营业务收入——物业大修收入"科目;结转完工工程成本,借记"主营业务成本"科目,贷记"工程施工"科目。

4. 租入管理、商业用房的改良性支出

物业管理企业租用业主委员会或者物业产权人、使用人所有的房屋用于商业或者管理用途的,当发生房屋装修费用时,借记"工程施工"科目,贷记"原材料""银行存款"等科目;工程完工后借记"长期待摊费用"科目,贷记"工程施工"科目;以后每年摊销借记"管理费用"等科目,贷记"长期待摊费用"科目,长期待摊费用的金额一般应在租期内摊销完。

【工作任务4-16】

甲物业公司对租用业主委员会的管理用房进行装修,耗用装饰装修材料及备件11 000元,施工工人工资5 000元,工程间接费用2 000元。甲物业公司与业主委员会签订租约的期限为3年。具体会计核算过程如下:

归集物业工程成本时,应编制会计分录如下:

借:工程施工——装修工程　　　　　　　　　　　　　　　　18 000
　　贷:原材料　　　　　　　　　　　　　　　　　　　　　　11 000
　　　　应付职工薪酬　　　　　　　　　　　　　　　　　　　5 000
　　　　工程施工——间接费用　　　　　　　　　　　　　　　2 000

结转物业工程成本时,应编制会计分录如下:

借:长期待摊费用　　　　　　　　　　　　　　　　　　　　18 000
　　贷:工程施工——装修工程　　　　　　　　　　　　　　18 000

今后每年每月摊销装修费用＝18 000÷(3×12)＝500(元)

摊销装修费用时,应编制会计分录如下:

借:管理费用　　　　　　　　　　　　　　　　　　　　　　　500
　　贷:长期待摊费用　　　　　　　　　　　　　　　　　　　500

四、物业管理企业经营成本核算

(一)物业管理企业经营成本的核算对象

成本核算对象是一定空间和时期内成本计算的实体,是企业归集分配费用的对象。物业管理企业按业务的服务类别及营业收入明细核算的类别,可以将经营成本核算对象划分为物业管理成本、物业经营成本、物业大修成本等;具体的成本项目包括直接人工费、直接材料费、间接费用等。

(二)经营成本及费用的核算

物业管理企业设置"主营业务成本"总分类科目,下设"物业管理成本""物业经营成本""物业大修成本"等二级明细科目归集相关成本项目。

1.物业管理成本的核算

"主营业务成本——物业管理成本"科目核算物业管理企业为物业产权人、使用人提供公共性服务、公众代办性服务、特约服务等业务所产生的直接费用,发生上述相关费用时借记"主营业务成本——物业管理成本"科目,贷记"银行存款""原材料""应付账款"等科目。

(1)公共性服务成本的核算

公共性服务成本是物业管理成本中的重要组成部分,包括公共设施(如电梯、水泵、照明、消防、水箱、停车棚)的使用管理和维修保养费用以及公共环境卫生的清洁费、绿化费、保安费等支出。物业管理企业提供公共性服务可采用自营方式或者外包方式进行。

企业采用自营方式提供公共性服务,发生费用支出时借记"主营业务成本——物业管理成本——公共性服务"科目,贷记"银行存款""原材料""应付职工薪酬"等科目。

【工作任务4-17】

浙江新城物业公司本月对小区会所进行全面清洁,共消耗清洗材料500元,人工费用1 000元,款项尚未支付,结转有关成本账务处理时,应编制会计分录如下:

借:主营业务成本——物业管理成本——公共性服务	1 500	
贷:原材料		500
应付职工薪酬		1 000

实际发放清洁人员工资时,应编制会计分录如下:

借:应付职工薪酬	1 000	
贷:银行存款		1 000

企业采用外包方式提供公共性服务时,通过与承包方签订服务合同约定相关服务的具体内容以及服务价款。承包方完成合同约定的服务项目之后,物业管理企业向其支付服务费用,借记"主营业务成本——物业管理成本——公共性服务"科目,贷记"银行存款"科目。

(2) 公共代办性服务成本核算

一般而言,公共代办性服务所产生的成本为人工成本,物业管理企业每月根据"工资结算汇总表"和"派工单"所列示的资料进行人工成本的汇总分配。实际账务处理时借记"主营业务成本——物业管理成本——代办服务成本"科目,贷记"应付职工薪酬"科目。

(3) 特约服务成本的核算

物业管理企业受业主委托完成特约服务所耗费的材料费用和人工费用均按实际发生额结算。发生特约服务时,物业管理企业填制材料耗用单和人工耗用单,服务结束时按材料单价和人工单价核算实际成本,借记"主营业务成本——物业管理成本——特约服务成本"科目,贷记"应付职工薪酬""原材料"等科目。

【工作任务 4-18】

浙江新城物业公司接受住户王某委托为其维修空调,耗用人工费用200元,配件和修理耗材共计300元,应编制会计分录如下:

借:主营业务成本——物业管理成本——特约服务成本	500	
贷:原材料		300
应付职工薪酬		200

2.物业经营成本的核算

物业管理企业经营业主委员会、物业产权人、使用人所提供的房屋、建筑物和共有设施应支付给业主委员会、物业产权人、使用人相应的租金,借记"主营业务成本——物业经营成本"科目,贷记"代管基金"等科目。

【工作任务 4-19】

浙江新城物业公司经营的停车场产权属于小区业主委员会,每年向业主委员会支付使用费100 000元。应编制会计分录如下:

借:主营业务成本——物业经营成本	100 000	
贷:代管基金		100 000
借:银行存款——代管基金存款	100 000	
贷:银行存款——基本户		100 000

3.物业大修成本的核算

物业管理企业承接房屋公共部分、共有设施设备的大修、更新等任务,实际发生的费用支出在"工程施工"科目核算,工程完工后,物业管理企业应及时结转施工成本,借记"主营业务成本——物业大修成本"科目,贷记"工程施工"科目。

五、物业管理企业经营收入核算

(一)物业管理企业经营收入概述

按业务收入的主次划分,物业管理企业的收入分为主营业务收入和其他业务收入。主营业务收入主要包括物业管理收入、物业经营收入和物业大修收入;其他业务收入主要包括房屋中介代销手续费收入、材料物资销售收入、废品回收收入、商业用房经营收入及无形资产转让收入。

(二)科目设置

物业管理企业应设置"主营业务收入"总分类科目核算物业管理、经营、大修等业务产生的收入,科目贷方反映物业管理企业确认的主营业务各项收入,借方反映结转到本年利润的各项收入,损益类科目期末没有余额。"主营业务收入"科目按收入分类下设"物业管理收入""物业经营收入""物业大修收入"等二级明细分类科目。

"其他业务收入"科目核算中介费、商用房屋经营收入等收入项目,科目贷方反映确认的各项其他业务收入,科目借方反映结转入"本年利润"科目的收入项目。

(三)经营收入的核算

1.物业管理企业主营业务收入

(1)物业管理收入的核算

由前述物业管理企业成本核算相关内容可知,管理成本分为公共性服务成本、公众代办性服务成本、特约服务成本,对应的物业管理收入也分为公共性服务收入、公众代办性服务收入、特约服务收入。

公共性服务费收入包括:管理、服务人员的工资和按规定提取的福利费;公共设施设备日常运行、维修及保养费;绿化管理费;清洁费;安保费;办公费;物业管理单位固定资产折旧费;其他法定税费等收入。

公共性服务费收入的计算依据是各套房屋建筑面积,每套房屋的建筑面积包括房屋的"自用"面积,以及合理分摊的"共用"建筑面积。

> **【工作任务 4-20】**
>
> 某小区一栋楼房的建筑面积为 8 600 平方米,其中各套房屋"自用"建筑面积总和为 7 260 平方米,需要分摊的"共用"建筑面积为 1 340 平方米。则房屋的建筑面积计算过程如下:
>
> $$\text{"自用"建筑面积分摊率} = \frac{\text{"共用"建筑面积}}{\text{"自用"建筑面积}} \times 100\% = \frac{1\,340}{7\,260} \times 100\% = 18\%$$
>
> 该栋楼内某套商品房的"自用"面积为 120 平方米,则:
>
> 该套房屋建筑面积 = 120 × (1 + 18%) = 141.6(平方米)

公共性服务费收入一般采取定期预收办法,该项收入的收取方式需要物业管理企业与业主协商,可以按月、按季或者按年收取。收到业主预付的公共性服务费时,借记"银行存款"科目,贷记"预收账款——公共性服务费收入"科目,确认当月的收入时,贷记"主营业务收入——物业管理收入——公共性服务费收入"科目。

【工作任务4-21】

2021年1月,浙江新城物业公司预收本年度的物业管理费即公共性服务费,25号楼业主"自用"面积280平方米,房屋公摊率即"自用"建筑面积分摊率为20%,每月每平方米的物业费为0.55元(含税),具体会计核算过程如下:

25号楼建筑面积＝280×(1+20%)＝336(平方米)
25号楼每年公共性服务费＝336×0.55×12＝2 217.6(元)

借：银行存款　　　　　　　　　　　　　　　　　　　2 217.60
　　贷：主营业务收入——物业管理收入——公共性服务费收入　174.34
　　　　预收账款——公共性服务费收入　　　　　　　　2 032.80
　　　　应交税费——应交增值税(销项税额)　　　　　　　10.46

公众代办性服务费收入包括房屋业主或者租户委托物业管理企业代理缴纳的煤气费、电费、水费、有线电视费、电话费等,物业管理企业可适当地收取一定比例的代办业务费。收到业主缴纳的各项费用时,借记"银行存款""库存现金"等科目,按一定比例收取手续费时,贷记"主营业务收入——物业管理收入——公众代办性服务费收入"科目,按借贷方差额贷记"代收款项——代收××费"科目。

【工作任务4-22】

2021年1月浙江新城物业公司为各房屋业主及租户代为缴纳自来水费共计95 000元,按2%收取代办服务费,具体会计核算过程如下:

物业管理公司应收代办费＝95 000×2%＝1 900(元)
应编制会计分录如下：

①借：银行存款　　　　　　　　　　　　　　　　　　95 000
　　贷：代收款项——代收自来水费　　　　　　　　　　95 000
②借：代收款项——代收自来水费　　　　　　　　　　2 014
　　贷：主营业务收入——物管收入——公众代办性服务费收入　1 900
　　　　应交税费——应交增值税(销项税额)　　　　　　　114

自来水费解缴时,应编制会计分录如下：

借：代收款项——代收自来水费　　　　　　　　　　　92 986
　　贷：银行存款　　　　　　　　　　　　　　　　　　92 986

特约服务费收入指物业管理企业对业主个别需求的个性化服务,包括进行房屋装修、空调等家用电器的维修等。收到业主缴纳的特约服务费及工程款时,借记"银行存款""库存现金"等科目,贷记"其他应付款——××费"科目,确认特约服务费收入时,贷记"主营业务收入——物业管理收入——特约服务费收入"科目。

【工作任务 4-23】

浙江新城物业公司接受业主委托对一套商品房进行装修,根据双方签订的合同,房屋装修预算为 60 000 元,按 2%收取特约服务费,应编制会计分录如下:

借:银行存款　　　　　　　　　　　　　　　　　　　　　61 272
　　贷:主营业务收入——物业管理收入——特约服务费收入　　1 200
　　　　其他应付款——房屋装修费用　　　　　　　　　　　60 000
　　　　应交税费——应交增值税(销项税额)　　　　　　　　　　72

(2)物业经营收入的核算

物业经营收入指物业管理企业使用业主委员会、物业所有者提供的房屋建筑、公共设施等资产而取得的一些收益,例如经营停车场、游泳池等建筑物设施而获得的收益,取得收入时,借记"银行存款"科目,贷记"主营业务收入——物业经营收入"科目。

【工作任务 4-24】

某物业管理公司经营业主委员会提供的小区停车场,当月收入 30 000 元(不含税),应编制会计分录如下:

借:银行存款　　　　　　　　　　　　　　　　　　　　　31 800
　　贷:主营业务收入——物业经营收入——停车场收费收入　　30 000
　　　　应交税费——应交增值税(销项税额)　　　　　　　　1 800

(3)物业大修收入的核算

物业管理企业承接业主委员会、物业产权人委托对房屋公共部分、共有设施设备进行大修或者更新改造,确认相关收入时,借记"代管基金"科目,贷记"主营业务收入——物业大修收入"科目。

2.物业管理企业其他业务收入

物业管理企业取得中介费、物资销售收入等其他业务收入时,借记"银行存款""应收账款"等科目,贷记"其他业务收入"科目。"其他业务收入"科目按收入分类下设二级明细科目,例如"其他业务收入——房屋中介代销手续费收入""其他业务收入——废品回收收入"等科目。

六、物业管理企业税金的核算

2016 年 5 月 1 日全面施行"营改增"之后,物业管理企业根据税法规定缴纳增值税,增值税税率为 6%。除增值税外,物业管理企业还需缴纳城市维护建设税、教育费附加等相关税费。

物业管理企业设置"税金及附加"科目来归集核算企业发生的除增值税以外的各项税金及附加,科目借方反映应缴纳的税金及附加,贷方反映结转到"本年利润"科目数。其他业务收入所涉及的税金及附加应通过"其他业务支出"科目核算。

【工作任务 4-25】

某物业管理公司本月取得不含税经营收入 100 000 元,增值税税率为 6%,城市维护建设税税率为 7%,教育费附加征收率为 3%。假定本月无增值税进项税额抵扣,具体核算过程如下:

城市维护建设税计算:

应缴纳城市维护建设税 = 100 000 × 6% × 7% = 420(元)

借:税金及附加　　　　　　　　　　　　　　　　　　　420
　　贷:应交税费——城市维护建设税　　　　　　　　　　　420

教育费附加计算:

应缴纳教育费附加 = 100 000 × 6% × 3% = 180(元)

借:税金及附加　　　　　　　　　　　　　　　　　　　180
　　贷:应交税费——应交教育费附加　　　　　　　　　　　180

项目小结

本项目主要阐述了房地产企业以及物业管理企业的会计核算方法,本项目的重点问题主要包括了房地产开发企业、物业管理企业会计核算特点以及房地产开发企业和物业管理企业成本归集核算问题。

学习房地产开发企业会计核算特点时,需要注意掌握会计核算与企业实际业务之间的内在联系。例如,由于房地产开发企业的业务多样化,包括房屋建设、基础设施建设、周转房建设和房屋出租等业务,导致了企业资金形态的多样化,反映在会计核算方法上则是账务核算流程比较复杂。此外,房地产开发企业在开发过程中会与较多的供应商产生往来关系,因此而引起的资金结算关系会比较复杂。

在学习房地产开发企业成本核算时,需要注意区分不同开发产品成本核算内容和方法。房地产开发成本按项目种类可以分为土地开发成本、房屋开发成本、配套设施开发成本、代建工程开发成本。各类开发成本在核算上将其费用分为以下六个成本项目:土地征用及拆迁安置补偿费、前期工程费、建筑安装工程费、基础设施费、公共配套设施费和间接开发费用。

项目练习

一、单项选择题

1.房地产开发企业对出租的商品房进行装修,装修费用应该通过(　　)科目进行核算。
A."主营业务成本"　　　　　　　　B."开发成本"
C."出租开发产品"　　　　　　　　D."开发间接费用"

2.房地产开发企业对出租的商品房进行修理,发生的修理费应记入( )科目。
A."主营业务成本"　　　　　　　B."开发成本"
C."开发间接费用"　　　　　　　D."开发产品"

3.房地产开发企业对周转房进行了修理,其修理费用应记入( )科目。
A."开发产品"　　　　　　　　　B."主营业务成本"
C."开发间接费用"　　　　　　　D."销售费用"

4.分期收款开发产品的成本应( )结转。
A.在合同成立时一次　　　　　　B.按收款比例
C.在全部房款收齐后　　　　　　D.按月

5.开发成本中的土地征用及拆迁安置补偿费不包括( )。
A.耕地占用费　　　　　　　　　B."三通一平"费
C.劳动力安置费　　　　　　　　D.安置动迁用房支出

6.( )属于房地产开发企业的其他业务收入。
A.出租开发产品租金收入　　　　B.配套设施销售收入
C.土地转让收入　　　　　　　　D.商品房售后服务收入

7.出租经营的开发产品应视为企业的( )。
A.存货　　　B.固定资产　　　C.低值易耗品　　　D.在建工程

8.企业开发的周转房用于安置拆迁居民,产权归属于( )。
A.居住者　　　　　　　　　　　B.政府房地产管理部门
C.房地产开发企业　　　　　　　D.施工单位

9.房地产开发企业将配套设施作为第三产业用房,则该配套设施应当视同( )。
A.自用固定资产　　　　　　　　B.政府房地产管理部门
C.房地产开发企业　　　　　　　D.施工单位

10.一栋楼房的建筑面积为5 700平方米,其中各套房屋"自用"建筑面积总和为4 360平方米,某套商品房的"自用"面积为150平方米,则该套房屋建筑面积为( )。
A.196平方米　　B.180平方米　　C.176平方米　　D.168平方米

二、多项选择题

1.周转房计提摊销额时,借记"开发成本——房屋开发"科目,贷记( )科目。
A."周转房——周转房摊销"　　　B."周转房——在用周转房"
C."开发间接费用"　　　　　　　D."周转房摊销"

2.房地产开发企业的房屋包括( )。
A.商品房　　B.经营房　　C.周转房　　D.代建房

3.开发成本中的前期工程费包括( )。
A.土地征用费　　　　　　　　　B.勘察测绘费
C.规划设计费　　　　　　　　　D.项目可行性研究费

4.企业代管房发生的收入与支出应在( )科目中核算。
A."主营业务收入"　　　　　　　B."其他业务收入"
C."主营业务成本"　　　　　　　D."其他业务成本"

5.企业在房屋建设过程中进行的建筑安装工程,采用自营方式的企业,即房地产开发企业组织自有的工程队进行施工的工程,发生的建筑安装工程费根据实际情况可以通过( )科目进行核算。

A."开发成本——房屋开发"　　　B."工程施工"

C."开发产品"　　　　　　　　　D."施工间接费用"

三、判断题

1. 房屋维修基金可以存入企业的普通存款账户。　　　　　　　　　　　　(　　)
2. 因为出租的土地不会发生损耗,故在出租期间不用摊销其价值。　　　　(　　)
3. 土地开发过程中发生的费用,都应在"开发成本——土地开发"科目中核算。(　　)
4. 公共配套设施与商品房非同步建设时,对应负担的配套设施费,可采用预提方法,预先计入商品房成本。　　　　　　　　　　　　　　　　　　　　　　　　　(　　)
5. 公共性服务费收入的计算依据是各套房屋建筑面积。　　　　　　　　　(　　)

四、计算及会计处理题

1. 华盛房地产开发公司开发凤凰城小区,规划建造商品住宅45 000平方米、邮局200平方米、锅炉房120平方米,邮局建好后将有偿转让给市政局。该小区发生的土地征用及拆迁安置补偿费、前期工程费、基础设施费按各项开发产品的建筑面积进行分配。凤凰城小区在开发过程中,发生了下列经济业务:

(1) 用银行存款支付土地征用及拆迁安置补偿费15 600 000元、前期工程费750 000元、基础设施费5 540 000元。

(2) 土地开发完工,结转其开发成本。

(3) 将建筑面积5 320平方米的1号楼的建筑安装工程发包给中华建筑公司施工,工程标价为3 150 000元,预付工程款2 200 000元,工程完工验收后用银行存款支付余额。

(4) 用银行存款支付各项开发间接费用803 300元。

(5) 经分配,1号楼应负担开发间接费用11 000元。

(6) 锅炉房工程完工,结算工程价款390 000元。

(7) 计算1号楼应负担的锅炉房开发成本。

(8) 结转1号楼的开发成本。

(9) 邮局工程完工,支付工程价款222 500元,并结转其成本。

要求:编制相应的会计分录。

2. 华发房地产开发公司接受市建设银行的委托,代为修建办公楼,发生下列经济业务:用银行存款支付土地征用及拆迁安置补偿费、前期工程费,共计510 000元,结转应付建筑安装工程费6 600 000元,应负担的开发间接费用50 000元。

要求:编制相应的会计分录。

3. 万家物业管理有限责任公司以提供小区物业管理服务为公司的主营业务,3月发生以下经济业务:

(1) 对业主委员会提供的管理用房屋进行装修,购入材料10 000元,取得增值税专用发票,增值税1 600元,此外还发生人工费用7 000元,工程间接费用3 000元。

(2) 为小区业主和租户代缴电力公司电费共计15 000元,按3%比例收取手续费。

(3) 承接小区道路的维修业务,实际发生工程支出9 000元,工程完工,工程价款12 000元已由业主委员会签字认可。

(4)本月经营收入共计70 000元,增值税税率为6%,按7%的税率缴纳城市维护建设税,按3%的征收率缴纳教育费附加。

要求:编制相应的会计分录。

五、思考题

1.房地产开发过程中建设的周转房,其摊余价值应该如何计算?

2.简述代建工程的成本核算对象以及核算方法。

3.什么是物业管理企业代管基金?

项目五
旅游、餐饮、服务企业会计

> **学习目标**
> 1. 熟悉旅游、餐饮、服务企业会计概况。
> 2. 掌握旅游、餐饮、服务企业经营业务的核算。

任务一 旅游、餐饮、服务企业会计认知

一、旅游、餐饮、服务企业概述

旅游企业是以旅游资源和服务设施为条件,通过组织旅行游览等活动向旅客出售劳务的服务性企业。旅游业是通过对旅游的推动、促进和提供便利服务来获取收入的。从根本上来说,它是一种具有服务性质的、以营利为目的的并需要独立核算的特殊经济性产业,具有投资少、收效快、利润高的特点。

餐饮企业是以提供各种餐饮服务而获得盈利的服务性企业。其特点是既加工又销售,同时还提供服务,生产周期短,产品花样多,数量零星。

服务企业是为人们提供各种技术性或非技术性服务或劳务的企业。例如,修理业、洗染业、照相馆、搬家公司、咨询公司、浴池等。其经营特点是不进行产品生产,只提供各种服务和劳务来收取费用。

二、旅游、餐饮、服务企业会计的特点

企业会计的特点是由会计对象决定的,旅游、餐饮、服务企业的经营特点决定了其会计核算的特点。由于旅游、餐饮、服务企业属于第三产业,其经营特点表现为以服务为中心,辅之以生产和商品流通,直接为消费者服务。与制造企业和商品流通企业相比,在会计核算上表现为以下特点:

1. 核算方法不同

旅游企业和餐饮企业都具有生产、零售和服务三种职能,在会计核算上就必须分不同业

务结合制造企业、商品流通企业的会计核算方法进行核算。例如,旅游活动是一种高级的综合消费,相应地,旅游企业则是一种综合性的社会服务企业。为了满足旅游者食、住、行、游、买多方面的消费需求,旅游业的经营涉及旅行社、旅游饭店、旅游商场、旅游娱乐场以及各种旅游服务企业,也涉及民航、铁路、文物、园艺、工艺美术等部门和行业。因此,许多旅游企业兼有生产、销售和服务职能。餐饮业在业务经营过程中,同样执行生产、零售和服务三种职能,即:一方面从事菜肴和食品的烹制;一方面将烹制品直接供应给消费者。在供应过程中,为消费者提供消费场所、用具和服务活动。此外,餐饮制品的质量标准和技艺要求复杂,在会计核算上也很难像制造企业那样,按产品逐次逐件进行完整的成本计算,一般只能核算经营单位或经营种类耗用原材料的总成本,以及营业收入和各项费用支出。

2. 收入和费用分布结构不同

以服务业为例,服务业通常由专门从业人员提供带有技艺性的劳动,以及运用与之相适应的设备和工具作为主要服务内容。在会计核算上,需反映按规定收费标准所得的营业收入、服务过程中开支的各项费用和加工过程中耗用的原材料成本。

3. 自制商品与外购商品分别核算

为了分别掌握自制商品和外购商品的经营成果,加强对自制商品的核算与管理,经营外购商品销售业务的企业,还要对自制商品和外购商品分别进行核算。

4. 涉外性

涉外性主要指旅游企业和大饭店的业务特点。例如旅游企业的接待工作,主要有三种类型:一是组织国内旅游者在国内进行浏览活动;二是组织国内旅游者出国进行游览活动;三是接待国外旅游者到国内进行游览活动。后两种类型的业务活动,都是涉外性质业务。

因此,在会计核算中,具有关于按照外汇管理条例和外汇兑换券管理办法办理外汇存入、转出和结算的业务。涉及外汇业务的,应采用复币记账,反映原币和本币,计算汇兑损益和换汇成本。

任务二　旅游企业经营业务的核算

旅游是指外出旅行和游览。旅游经营业务是指组织旅游者外出远游,并为其提供住宿、交通、导游等服务,满足旅游者的不同需求。旅行社在组织旅游的过程中会涉及旅馆业、交通运输业、餐饮业等,因此旅游企业的经营业务核算有其自身的特点。

一、旅游经营业务营业收入的核算

(一)旅游营业收入的内容及核算科目的设置

旅游营业收入是指旅游企业为旅游、观光、度假、参观提供各项服务所取得的收入。旅游企业的形式一般是旅行社。旅行社主要进行招揽、联系、安排、接待旅游者的各项工作。旅行社根据其经营内容又可分为组团社、接团社。组团社是指享有外联权的,主要从事招揽、联系、安排业务的旅行社,即组织国内外旅游者旅游的旅行社。由于组团社有外联权,又称一类社。接团社是指负责接待旅游团的旅行社,也称二类社。

旅行社的营业收入主要是各项服务收费。其收费方式一般有两种:一种是自行组团,按团体收费;另一种是个别登记收费。无论采取何种收费方式,旅游营业收入主要包括:

(1)组团外联收入:即由组团社自组外联,收取旅游者住房、用餐、旅游、交通、导游、翻译、文娱活动等的收入。

(2)综合服务收入:即旅行社在组织包团旅游时向旅游者收取的包括市内交通费、导游服务费、一般景点门票费在内的包价费用收入。

(3)票务收入:即旅行社办理国际联运客票和国内客票的手续费收入。

(4)零星服务收入:即旅行社接待零星旅游者和承办委托事项所得的服务收入。

(5)劳务收入:即非组团社为组团社提供境内全程导游、翻译人员等所得的收入。

(6)地游及加项收入:即接团社向旅游者要求增加计划外的当地旅游项目及风味餐等。

(7)其他服务收入:即不属于以上各项的其他服务收入。

旅行社组织境外旅游者到国内旅行,应以旅游团离境或离开本地时确认营业收入的实现。旅行社组织国内旅游者到境外旅游,以旅游团结束旅游返回时确认营业收入的实现。旅行社组织国内旅游者在国内旅游,也应以旅游团队旅行结束返回时确认营业收入的实现。

旅行社核算其营业收入要根据其经营业务的情况和特点在"主营业务收入"科目下设置"综合服务收入""组团外联收入""零星服务收入""劳务收入""票务收入""地游及加项收入""其他收入"等二级科目。企业还可以在二级明细科目之下设置三级明细科目。如在"综合服务收入"二级科目之下设置"房费收入""餐费收入""车费收入""陪团费收入""杂费收入"等。还应注意的是,组团社与接团社的服务内容不完全相同,所以其营业收入核算应适应经济活动的具体情况。

(二)组团社营业收入的核算

1.组团社结算的一般程序

首先,业务部门根据旅游团计划编制报价单。组团社的外联部门根据旅游团计划,综合参考有关收费标准,计算该旅游团每个人的综合服务报价及全团报价,编制"外联团外联预算明细表",经财务部门审核无误后进行对外报价。

其次,预收费用。旅游团根据旅游合同在规定时间内汇缴定金,组团社对于应收的款项进行核算。

最后,结算旅游费。旅游团按照预定的时间和地点结束旅游时,应根据实际旅游项目的住宿、膳食、交通等情况,填制结算单,核收全部旅费。旅行社也可以在旅游团到达之前预收全部费用,旅游后再结算。

2.组团社营业收入的核算

为了核算旅行社的组团收入,在进行会计核算时,除了设置"主营业务收入"科目外,还需设置"应收账款"(或"预收账款")科目来核算旅行社在经营过程中发生的各种应收、预付款项,并在该科目下分别设置"应收国内结算款""应收联社结算款""应收中国港澳台结算款"和"应收国外结算款"等四个明细科目进行明细分类核算。

【工作任务 5-1】

浙江西子国际旅行社为一般纳税人,与国外某旅游机构签订合同,预订旅游团一行 30 人于 9 月 10 日至 9 月 20 日在我国进行旅游活动,以每人每天收取综合服务费 600 元人民币计算,即该旅行社应收取综合服务费 18 000 元人民币。根据合同,该国外旅游机构应在 7 月底前先支付定金 6 000 元人民币。旅行社于 7 月 20 日收到中国银行转来的定金 6 000 元人民币。

财会部门根据有关凭证,应编制会计分录如下:

借:银行存款　　　　　　　　　　　　　　　　6 000
　　贷:应收账款——应收国外结算款　　　　　　　　6 000

按合同规定,该旅行社收到银行转来旅游团预交的全部旅费(扣除定金)后,财会部门根据有关凭证,应编制会计分录如下:

借:银行存款　　　　　　　　　　　　　　　　12 000
　　贷:应收账款——应收国外结算款　　　　　　　　12 000

9 月 20 日,国外旅游团旅游结束,根据结算单每人每天应增收旅游费 150 元,合计 4 500 元,财会部门根据有关凭证,应编制会计分录如下:

借:银行存款　　　　　　　　　　　　　　　　4 500.00
　　应收账款——应收国外结算款　　　　　　　　18 000.00
　　贷:主营业务收入　　　　　　　　　　　　　　21 226.42
　　　　应交税费——应交增值税(销项税额)　　　　1 273.58

注意,旅游机构交了定金后,如果有特殊情况不能来旅游的,按规定就不再退还定金。这时应转销应收账款,作为营业外收入处理。

借:应收账款——应收国外结算款　　　　　　　　6 000
　　贷:营业外收入　　　　　　　　　　　　　　　　6 000

(三)接团社营业收入的核算

接团社的主要业务之一是按照组团社安排的旅游团活动计划提供导游、住宿、用餐、交通、购物、娱乐等一系列服务。接团业务结束后,接团社应与组团社等接待单位进行各项往来款项的结算。

1.接团社结算的一般程序

接团社在旅游团离开本地后,应及时向组团社报送账单,即旅游团费用"结算通知单"。账单一般由财务部门根据组团社发来的旅游团计划、接团社自己编制的接待计划、地陪人员填制的旅游团在当地详细活动情况表,按照结算标准或双方协议价格编制。账单一式两份,一份寄给组团社财务部门,组团社财务部门在收到接团社的"结算通知单"后,应仔细审核并及时结清往来款项;另一份由接团社财务部门留存入账。

2.接团社营业收入的账务处理

接团社营业收入主要是由组团社按拨款标准及双方协议价格拨付的费用。这些费用主要是综合服务费、餐费、房费、城市间交通费、加项服务费、陪同劳务费等。当接团社向组织社发出"结算通知单"后,无论款项收到与否,都应确认营业收入。

【工作任务 5-2】

浙江西子国际旅行社在接待某旅游团的过程中,发生综合服务收入 21 600 元,劳务收入 1 440 元,地游及加项收入 10 800 元,票务收入 3 600 元。增值税税率为 6%,财务部门根据有关凭证向组团社报"结算通知单"后接到了银行收款通知,编制会计分录如下:

(1)确认营业收入时

借:应收账款	37 440.00
贷:主营业务收入——综合服务收入	20 377.36
——劳务收入	1 358.49
——地游及加项收入	10 188.68
——票务收入	3 396.22
应交税费——应交增值税(销项税额)	2 119.25

(2)接到银行通知时

借:银行存款	37 440
贷:应收账款	37 440

二、旅游经营业务营业成本的核算

旅行社营业成本是指直接用于接待旅游者并为其提供各项服务所发生的全部支出,包括游客的住宿费、餐费、门票等。

(一)旅行社营业成本的内容

一般而言,旅行社营业成本包括如下几类:

(1)组团外联成本

组团外联成本指各组团社组织的外联团、外国旅游团,按规定开支的住宿费、餐饮费、综合服务费、国内城市间交通费。

(2)综合服务费

综合服务费指按团社接待由组团社组织的报价旅游团,按规定开支的住宿费、餐饮费、车费、组团费和接团费。

(3)零星服务成本

零星服务成本指接待零星散客、委托代办事项等,按规定开支的委托费、手续费、导游接送费等其他支出。

(4)劳务成本

劳务成本指非组团旅游公司为组团社派出的翻译人员参加全程陪同,按规定开支的各项费用。

(5)票务成本

票务成本指各地旅游企业代办国际联动客票和国内客票等,按规定开支的各项手续费、退票费等。

(6)地游加项成本

地游加项成本指各地旅游企业接待的小包价旅游,或因游客要求增加旅游项目而按规定开支的费用。

(7)其他服务成本

其他服务成本指不属于以上各项成本的支出。

(二)旅行社营业成本的核算

1.组团社营业成本的核算

组团社与接团社之间存在紧密联系,接团社的收入就是组团社的成本。组团社的成本包括两部分:主要部分是拨付接团社的支出,另一部分是组团社为组团而发生的外联费用和全陪人员的部分费用支出,属于服务性支出。

组团社是先收费,再接待。接团社是先接待,然后再与组团社结算。一般情况下,组团社按照实际支出结转成本。

【工作任务5-3】

浙江乐游旅行社9月3日组织了A旅游团,9月15日返回的A旅游团已到规定的结算日,收到云南接团社报来的"旅游团费用拨款结算通知单",共计50 000元(不含税),其中:综合服务费35 000元,劳务成本7 000元,地游加项成本5 000元,其他服务成本3 000元,以上费用均取得增值税专用发票,税率均为6%。

该旅行社应编制会计分录如下:

借:主营业务成本　　　　　　　　　　　　　　　　　50 000
　　应交税费——应交增值税(进项税额)　　　　　　3 000
　贷:应付账款——云南　　　　　　　　　　　　　　53 000

2.接团社营业成本的核算

接团社营业成本是指为了给旅游团提供服务而向宾馆、饭店、风景点等支付的费用。一般按照实际成本入账。

接团社的营业成本包括:

(1)代付费用

代付费用指接团社代旅行团支付的费用(餐费、车费、门票费等)。

(2)服务支出

接团社为接待旅行团所支付的其他服务支出,如翻译导游人员的工资或福利费等。

【工作任务5-4】

浙江旅游公司在接待广州国际旅游公司A旅游团的过程中,共支出126 000元,其中:支付宾馆住宿费62 000元,餐饮费23 000元,车费30 000元,风味小吃费7 800元,全程陪同费3 200元,款项一并以银行存款支付。

该旅游公司应编制会计分录如下:

借:主营业务成本——综合服务成本　　　　　　　　115 000
　　　　　　　　——劳务成本　　　　　　　　　　　3 200
　　　　　　　　——地游加项成本　　　　　　　　　7 800
　贷:银行存款　　　　　　　　　　　　　　　　　　126 000

三、旅游业增值税的核算

(一)旅游服务适用的税率

旅游服务属于生活服务中的一种。旅游服务的增值税税率为6%,增值税征收率为3%。

生活服务是指为满足城乡居民日常生活需求提供的各类服务活动。包括文化体育服务、教育医疗服务、旅游娱乐服务、餐饮住宿服务、居民日常服务和其他服务。

(二)一般纳税人的增值税计算和账务处理

增值税的计税方法包括一般计税方法和简易计税方法。一般纳税人发生的应税行为适用一般计税方法计税;小规模纳税人发生的应税行为适用简易计税方法计税。

提供旅游服务的一般纳税人,可以选择全额计税,也可以选择差额计税

1. 全额计税

销售旅游服务的一般纳税人,可以按包括向旅游服务购买方收取并支付给其他单位或个人的住宿费、餐饮费、交通费、签证费、门票费和支付给其他接团旅游费用全部的销售额全额开具增值税专用发票。即以其取得的全部价款和价外费用为销售额。

【工作任务5-5】

浙江西子国际旅行社为增值税一般纳税人,选择全额计税方法。5月收取单位和个人缴纳的旅游费用300万元,支付给旅游目的地的地接公司餐饮费29万元(地接公司开具增值税普通发票),住宿费66万元、交通费33万元、门票费60万元(地接公司开具增值税专用发票),上述金额为发票的价税合计数。另外该公司本月购进计算机等办公设备取得增值税专用发票上注明的税额合计1万元。该公司5月需缴纳多少增值税?如何进行账务处理?

该公司5月应纳增值税税额计算如下:

5月的销项税额 $= \dfrac{300}{1.06} \times 0.06 = 16.98$(万元)

5月的进项税额 $= \dfrac{66}{1.06} \times 0.06 + \dfrac{33}{1.09} \times 0.09 + \dfrac{60}{1.06} \times 0.06 + 1$

$= 3.74 + 2.72 + 3.4 + 1$

$= 10.86$(万元)

5月应纳增值税税额 $= 16.98 - 10.86 = 6.12$(万元)

具体账务处理如下:

(1)收取单位或个人的旅游费时,编制会计分录如下:

借:银行存款/应收账款	300.00
贷:主营业务收入	283.02
应交税费——应交增值税(销项税额)	16.98

(2)支付给地接公司餐饮费时,编制会计分录如下:

借:主营业务成本　　　　　　　　　　　　　　　　　　29
　贷:应付账款/银行存款　　　　　　　　　　　　　　　　　29

(3)支付给地接公司住宿费、交通费和门票费时,编制会计分录如下:

借:主营业务成本　　　　　　　　　　　　　　　　　　149.14
　应交税费——应交增值税(进项税额)　　　　　　　　9.86
　贷:应付账款/银行存款　　　　　　　　　　　　　　　　　159.00

(4)购进计算机等办公设备时,编制会计分录如下:

借:固定资产　　　　　　　　　　　　　　　　　　　　7.69
　应交税费——应交增值税(进项税额)　　　　　　　　1.00
　贷:应付账款/银行存款　　　　　　　　　　　　　　　　　8.69

(5)5月末结转本月未交增值税时,编制会计分录如下:

借:应交税费——应交增值税(转出未交增值税)　　　　6.12
　贷:应交税费——未交增值税　　　　　　　　　　　　　　6.12

(6)6月初缴纳5月的增值税时,编制会计分录如下:

借:应交税费——未交增值税　　　　　　　　　　　　　6.12
　贷:银行存款　　　　　　　　　　　　　　　　　　　　　6.12

2.差额计税

提供旅游服务的企业,可以选择以取得的全部价款和价外费用,扣除向旅游服务购买方收取并支付给其他单位或者个人的住宿费、餐饮费、交通费、签证费、门票费和支付给其他接团旅游企业的旅游费用后的余额为销售额。

选择上述办法(差额计税)计算销售额的纳税人,向旅游服务购买方收取并支付的上述费用,不得开具增值税专用发票,可以开具普通发票。

$$差额征税额 = \frac{含税收入 - 可抵扣成本}{(1+税率)} \times 税率 - 可抵扣的进项税额$$

【工作任务 5-6】

> 浙江西子国际旅行社为增值税一般纳税人,选择差额计税方法。5月收取单位和个人缴纳的旅游费用 300 万元(含税),支付给旅游目的地的地接公司餐饮费 29 万元、住宿费 66 万元、交通费 33 万元、门票费 60 万元,地接公司开具了增值税普通发票。另外该公司本月购进计算机等办公设备取得增值税专用发票上注明的税额合计 1 万元。该公司 5 月需缴纳多少增值税?如何进行账务处理?

该公司5月应纳增值税税额计算如下:

$$5月的销售额 = \frac{300 - 188}{1.06} = 105.66(万元)$$

5月的销项税额 = 105.66×0.06 = 6.34(万元)

5月的进项税额 = 1(万元)

5月应纳增值税税额＝6.34－1＝5.34(万元)

具体账务处理如下：

(1)收取单位或个人的旅游费时，编制会计分录如下：

借：银行存款/应收账款　　　　　　　　　　　　　　　300.00
　　贷：主营业务收入　　　　　　　　　　　　　　　　　　　283.02
　　　　应交税费——应交增值税(销项税额)　　　　　　　　　16.98

(2)支付给地接公司餐费、住宿费、交通费和门票费时，编制会计分录如下：

借：主营业务成本　　　　　　　　　　　　　　　　　177.36
　　应交税费——应交增值税(销项税额抵减)　　　　　　10.64
　　贷：应付账款/银行存款　　　　　　　　　　　　　　　　188.00

(3)购进计算机等办公设备时，编制会计分录如下：

借：固定资产　　　　　　　　　　　　　　　　　　　　7.69
　　应交税费——应交增值税(进项税额)　　　　　　　　1.00
　　贷：应付账款/银行存款　　　　　　　　　　　　　　　　8.69

(4)5月末结转本月未交增值税时，编制会计分录如下：

借：应交税费——应交增值税(转出未交增值税)　　　　5.34
　　贷：应交税费——未交增值税　　　　　　　　　　　　　5.34

(5)6月初缴纳5月的增值税时，编制会计分录如下：

借：应交税费——未交增值税　　　　　　　　　　　　5.34
　　贷：银行存款　　　　　　　　　　　　　　　　　　　　　5.34

任务三　餐饮企业经营业务的核算

一、餐饮业营业收入的核算

餐饮业是从事加工烹制、出售饮食品并为顾客提供场所、设备和服务的行业。如各种中餐馆、西餐馆、酒馆、咖啡馆和冷饮店等。其业务主要由三项内容组成：(1)自己加工烹饪食品出售；(2)经营各种饮料、烟酒；(3)提供场所、用具以及其他服务。餐饮的营业收入包括餐费收入、冷热饮收入、服务收入、其他收入等。

(一)餐饮制品的定价

餐饮制品的定价与餐饮业的经济效益有直接关系。目前餐饮制品常用的定价方法一般有毛利率法和成本加成率法两种。

1.毛利率法

毛利率法又称为内扣毛利率法，它是在饭店事先确定的餐饮制品平均毛利率的基础上，计算确定每种餐饮制品销售价格的方法。其计算公式为：

$$某种餐饮制品的价格 = \frac{该餐饮制品的定额成本}{1-平均毛利率}$$

【工作任务 5-7】

知味餐厅制作一份蒜蓉秋葵的定额成本为12元,饭店规定餐饮制品定价使用的平均毛利率为50%,则:

蒜蓉秋葵的价格=12÷(1-50%)=24(元)

2.成本加成率法

成本加成率法是在饭店规定的成本加成率的基础上计算确定餐饮制品销售价格的一种方法。其计算公式为:

某餐饮制品的价格=定额(或标准)成本×(1+成本加成率)

【工作任务 5-8】

接〖工作任务 5-7〗,知味餐厅规定餐饮制品定价使用的成本加成率为100%,则:

蒜蓉秋葵的价格=12×(1+100%)=24(元)

(二)餐饮业的结算方式

餐饮业的销售业务既是实现营业收入、取得营业成果的过程,也是为顾客提供服务的过程。它的结算方式主要有以下几种:

1.柜台统一售票

客人在用餐前先到总台购买专用的定额小票或购买固定品名的筹码,然后凭筹码或专用定额小票领取食品,也可由服务员根据小票的编号和顾客手中的副联票签对号后送至桌上。营业结束后,总台收款员要填制"营业收入日报表",经服务员核对签章后,连同营业款一起交财务部门。

2.服务员开票收款

顾客点菜后,服务员再开票、收款,然后到总台结算,收款员在小票上签章后,一联由服务员送至厨房领菜,另一联留存。待营业结束后,服务员与收款员分别统计所收的金额,核对无误后,由服务员在收款员的"收款核对表"上签字证明。

3.先就餐后结清

顾客点菜后,由服务员填写小票一式四联,一联交餐厅服务台登记台账,一联交厨房配菜,一联留顾客,一联服务员自留,便于其送菜、酒水和查收。营业结束后,收款台、厨房、服务员分别结算销售额和发菜额,三方核对相符后,共同在汇总表上签字证明。

4.现款现售结算

现款现售结算是一手交钱一手交货的收款方式。此方式适用于经营品种简单并且规格化的快餐类餐馆。这种方式手续简便,但必须进行数量登记。食品交服务员销售时,由产销双方登记数量;业务终了时,由服务员进行盘存核对。计算公式为:

销售数量=上班结存+本班生产或提货-班末结存

5.转账结算

转账结算指对有往来关系的单位或个人,在用完餐后由服务员开具收款单据,用餐人在收款单据上签字,最后由服务员将收款单据和营业款一起交财务部门。

6.信用卡结算

信用卡结算是企业与有关银行签订使用信用卡合同后,客人凭信用卡用餐,企业根据信用卡结算单入账。

7.其他结算

随着信息技术的发展,支付结算手段日益多样化,结算企业也可以采取微信、支付宝等方式向客人收取款项。

(三)餐饮业营业收入的核算

1.普通业务营业收入的核算

餐饮业无论采用何种结算方式,均应在每日营业结束终了,由收款员根据当日销售情况编制"营业收入日报表",连同收到的现款一同交企业财务部门,或者由收款员将现金送存银行,凭银行进账单回单联等凭证向财务部门报账。财务部门根据收款员转来的"营业收入日报表"等凭证及现金,经审核无误后,进行账务处理,借记"库存现金"或"银行存款"科目,贷记"主营业务收入"科目。

【工作任务5-9】

知味餐厅(增值税一般纳税人)根据"营业收入日报表"列明应收现金13 000元,应编制会计分录如下:

借:库存现金　　　　　　　　　　　　　　　　　　　　　　13 000.00
　　贷:主营业务收入　　　　　　　　　　　　　　　　　　　　12 264.15
　　　　应交税费——应交增值税(销项税额)　　　　　　　　　735.85

2.承办宴席时营业收入的核算

餐饮企业还经常有承办宴席的业务。在承办宴席时,要先填写订单,注明时间、桌数,并在后面附上菜单。一般情况下,订单填制一式两份,餐厅与顾客双方签字后各执一份。且要预先交付一定的定金,以免顾客取消宴席时餐饮企业受到不必要的损失。

【工作任务5-10】

某客户向知味餐厅预订宴席3桌,每桌2 400元,共7 200元。

(1)预收定金2 000元,收到定金时,应编制会计分录如下:

借:库存现金　　　　　　　　　　　　　　　　　　　　　　2 000
　　贷:预收账款　　　　　　　　　　　　　　　　　　　　　　2 000

(2)宴席过程中,客户加了烟、酒、饮料1 500元。加上3桌酒席,共8 700元。扣除定金后,收到转账支票6 700元,存入银行。应编制会计分录如下:

借:银行存款　　　　　　　　　　　　　　　　　　　　　　6 700.00
　　预收账款　　　　　　　　　　　　　　　　　　　　　　2 000.00
　　贷:主营业务收入　　　　　　　　　　　　　　　　　　　　8 207.55
　　　　应交税费——应交增值税(销项税额)　　　　　　　　　492.45

3.发行有价票券时营业收入的核算

有时,为了方便住店客人消费以及正确组织餐饮收入的核算,饭店会采取发行内部有价票券的方式为客人提供餐饮服务。有价票券有两种:一种是一次性使用的有价票券,另一种是多次循环使用的有价票券。一次性使用票券,是指只能使用一次,饭店根据经营中客人使用的需要发行,且于使用后就作废的票券。饭店发行此类票券时,应根据收到的实际发售价款,借记"库存现金"科目,贷记"其他应付款"科目;每日根据收回的票券金额,借记"其他应付款"科目,贷记"主营业务收入"科目。多次循环使用票券,是指可供客人多次周转、循环使用的票券。采用多次循环使用票券时,企业要根据情况增设"库存有价票券"和"发行有价票券"科目。

【工作任务5-11】

知味餐厅发行30 000元内部多次循环使用票券。当月售出20 000元票券,当月收回16 000元票券。

(1)发行30 000元多次循环使用的票券时,应编制会计分录如下:

借:库存有价票券　　　　　　　　　　　　　　　　30 000
　　贷:发行有价票券　　　　　　　　　　　　　　　　30 000

(2)当月售出有价票券时,应编制会计分录如下:

借:库存现金　　　　　　　　　　　　　　　　　　20 000
　　贷:库存有价票券　　　　　　　　　　　　　　　　20 000

(3)月末收回有价票券时,应编制会计分录如下:

借:发行有价票券　　　　　　　　　　　　　　　　16 000.00
　　贷:主营业务收入　　　　　　　　　　　　　　　　15 094.34
　　　　应交税费——应交增值税(销项税额)　　　　　　905.66

二、餐饮业营业成本的核算

(一)餐饮业营业成本的计算对象及内容

餐饮业营业成本包括本企业加工生产各种餐饮制品发生的原材料成本及商品进价成本。根据现行制度规定,餐饮业营业成本只核算餐饮制品的原材料成本、商品进价成本,其他费用如工资等列入有关费用中进行核算。

餐饮业的食品原材料是个大类,在饭店、酒楼、度假村的原材料中占很大比重。食品原材料包括以下几类:

(1)粮食类,指制作主食的大米、面粉、糯米等。

(2)副食类,指鸡、鸭、鱼、肉、蛋和各种蔬菜等。它们属于鲜活类材料,应随时采购,随时消耗。

(3)干菜类,指木耳、香菇、干鱼翅、干海参等。

(4)调味品类,指油、盐、酱、醋、味精、辣椒、花椒、老姜、调料等。

另外，食品原材料还可以按照存放的地点划分为入库管理原材料和不入库管理原材料：

入库管理原材料，是指购进量大且能较长时间存储的材料。在购进时，企业应办理验收入库的手续，由专人主管，设置原材料明细账，保持合理的储备。

不入库管理原材料，是指购进量小且不能长时间存储的材料，如肉、鱼、蔬菜等鲜活类材料。这类原材料采取随购随用的方式，购入时直接交厨房验收后使用。

（二）餐饮制品成本的计算

餐饮制品的成本包括所耗用的原材料以及组成餐饮制品的主料、配料和调料。根据餐饮业规模和管理模式，餐饮制品成本的计算通常包括如下内容：

1. 原材料成本的计算

（1）永续盘存制原材料成本的计算

永续盘存制是餐饮制品耗用原材料成本的一种计算方法。它是按照餐饮加工部门实际领用数来计算耗用原材料成本的方法，此方法适用于实行领料制的餐饮企业。餐饮加工部门当月从餐饮材料仓库领用的原材料价值，计入饮食制品的成本，记入"主营业务成本"科目和"原材料"科目。月末盘点或估计已领未用的原材料、在制品和制成品的价值，从本期领用原材料的价值中扣除，并办理假退料手续，调整主营业务成本。调整后的"主营业务成本"科目本期借方发生额合计数就是本月耗用的原材料总成本。下月初，再将假退料数额原数冲回。餐饮加工部门本期耗用原材料成本计算公式为：

> 耗用原材料成本＝厨房月初结存额＋本月领用额－厨房月末结存额

式中，厨房月初结存额、本月领用额可以从"原材料"科目或"主营业务成本"科目的有关项目中求得，厨房月末盘存额按盘存表计算。对于在制品、制成品，有的企业要求按配料定额和账面价值折合计算。财务部门将"月末剩余半成品和待售产成品盘存表"代替"退料单"，不移动厨房实物，作假退料处理。

【工作任务 5-12】

知味餐厅 9 月份成本资料如下："主营业务成本"科目月末余额 50 000 元，其中：中餐厅 34 000 元，西餐厅 16 000 元。厨房原材料月末盘存额 1 200 元，其中：中餐厅 1 000 元，西餐厅 200 元。

按公式计算如下：

中餐部耗用原材料成本＝34 000－1 000＝33 000（元）

西餐部耗用原材料成本＝16 000－200＝15 800（元）

采用永续盘存制的企业在会计管理中应注意以下问题：

第一，建立健全领料制度。对日常原材料的出、入库房，要严格履行手续。入库要填制"入库单"或"收料单"，出库要填制"领料单"，制表、复核要由专人负责，定期抽查职责履行情况，实行岗位轮换制。

第二，加强月末盘点工作。月末，厨房尚未投入使用的原材料、尚未加工完成的食品价值是计算本期耗用原材料成本的关键。它们的价值是通过盘点确认的，所以，企业要在月末组织好人员，认真做好月末盘点工作。

（2）实地盘存制原材料成本的计算

实地盘存制适用于没有条件实行领料制的企业，一般适用于没有条件和能力建立原材料库房，或者经营规模小，没有必要建立库房的小型餐饮企业。这些企业在平时领料时，不填写领料单，不进行账务处理，月末将厨房剩余材料、在产品、制成品的盘点金额加上库存原材料的盘点金额，算出原材料月末仓库和厨房结存额，而后倒挤出耗用的原材料成本。其计算公式如下：

$$本月耗用原材料成本 = 原材料月初仓库和厨房结存额 + 本月原材料购进额 - 原材料月末仓库和厨房结存额$$

【工作任务 5-13】

知味餐厅"原材料"科目9月初余额是8 000元，其中：中餐部是5 000元，西餐部是3 000元；本月购进原材料总额为22 000元，其中：中餐部18 000元，西餐部4 000元；月末，根据盘存表计算仓库和厨房结存额为5 000元，其中：中餐部2 000元，西餐部3 000元。根据以上资料填制耗用原材料成本计算表，见表5-1。

表5-1　　　　　　　　　　　　耗用原材料成本计算表

2021年9月

部门	月初仓库和库房结存额	本月购进额	月末仓库和库房结存额	本月耗用原材料成本
中餐部	5 000	18 000	2 000	21 000
西餐部	3 000	4 000	3 000	4 000
合计	8 000	22 000	5 000	25 000

采用实地盘存制，优点是手续简便，但是由于平时材料出库无据可查，会将一些材料的丢失、浪费等计入营业成本，不利于加强企业管理、降低企业成本和维护消费者利益。采用永续盘存制，虽然手续复杂，但是在材料出库时有据可查，因此，对耗费原材料的成本计算就能比较准确，便于加强企业管理、降低成本和维护消费者权益。

2. 半成品成本的计算

半成品成本是指原材料经过初步加工后的成本。半成品成本的具体核算方法包括一料一档的计算方法和一料多档的计算方法。

（1）一料一档的计算方法

一料一档是指原材料经过初加工后，只有一种半成品。一料一档的下脚料分为两种，一种是不可作价利用的，另一种是可以作价利用的。

下脚料不可作价利用的半成品单位成本等于购进原材料的总成本除以加工后半成品的总重量。其计算公式为：

$$半成品单位成本 = \frac{购进原材料总成本}{加工后半成品总重量}$$

【工作任务 5-14】

知味餐厅厨房购入条虾100千克，每千克28元，经过加工后得到净虾70千克。虾须等下脚料不作价。计算净虾的单位成本如下：

净虾单位成本 = 100×28÷70 = 40（元/千克）

下脚料可作价利用的半成品单位成本的计算公式为：

$$半成品单位成本=\frac{购进原材料总成本-下脚料金额}{加工后半成品总重量}$$

【工作任务5-15】

知味餐厅厨房购入冻牛肉100千克，进价为每千克30元，经加工后得净牛肉80千克，牛筋12千克，耗损8千克。牛筋作价每千克15元。求净牛肉的单位成本。

净牛肉单位成本＝(100×30－12×15)÷80＝35.25(元/千克)

(2)一料多档的计算方法

一料多档是指原材料经过加工后，产生几种半成品，需要分别计算各半成品的价格。各半成品价格的总和应等于加工前原材料购进的总价。其中，质量好的成本较高，质量差的成本较低。其计算公式为：

$$某半成品单位价格=\frac{购进原材料总成本-其他半成品价值之和(包括下脚料价值)}{该半成品重量}$$

【工作任务5-16】

知味餐厅购进冻牛肉120千克，每千克30元，经加工后得到：牛筋9.60千克，每千克15元；下脚料14.40千克，每千克5元；净牛肉96千克。计算净牛肉的单位成本。

净牛肉单位成本＝(120×30－15×9.60－14.40×5)÷96＝35.25(元/千克)

3.餐饮制品成本的计算

餐饮制品成本的计算分为自制品成本和外购品成本的计算，分别说明如下：

(1)自制品成本的计算

自制品成本的计算要运用配料定额成本计算，即将配料数量定额乘以配料单位成本，然后相加求出配料定额成本。配料数量定额是指制作每一饮食品所规定的投料数量标准。配料定额成本是以净料计算的，可以运用上面的方法核算净料成本。

【工作任务5-17】

知味餐厅自制菜"清炒茭白芦笋"，主料使用芦笋0.2千克，单价6元/千克，茭白，配料为0.5千克，单价5元/千克；调料为植物油，定量为0.2千克，单价10元/千克；鸡精红辣椒等调味料约4元。计算该菜品的成本。

该菜品成本＝0.2×6＋0.5×5＋0.2×10＋4＝9.7(元)

(2)外购品成本的计算

餐饮业由于经营的需要除了自制食品外，有时还需要从外部购入一些食品，比如熟食、凉菜等，这些食品的成本可以按照采购实际发生的成本作为其成本。

(三)餐饮业营业成本的账务处理

对原材料实行永续盘存制的企业在领料时，按照领料的数额借记"主营业务成本"科目，贷记"原材料"科目。月末终了时,如果需要办理假退料手续,则用红字作同样的会计分录,并在下月初将假退料数冲回。

> 【工作任务 5-18】
> 接〖工作任务 5-12〗,根据月末剩余半成品和待售产成品盘存表,作假退料转账,应编制会计分录如下:
>
> 借:原材料——假退料　　　　　　　　　　　　　1 200
> 　　贷:主营业务成本——中餐部　　　　　　　　　　　1 000
> 　　　　　　　　　　——西餐部　　　　　　　　　　　　200
>
> 假退料手续应在3月初按照原数冲回,应编制会计分录如下:
>
> 借:主营业务成本——中餐部　　　　　　　　　　1 000
> 　　　　　　　　——西餐部　　　　　　　　　　　200
> 　　贷:原材料——假退料　　　　　　　　　　　　　　1 200

企业采用实地盘存制对原材料进行核算时,财务部门在月末根据倒挤计算出的本月耗用原材料数额,借记"主营业务成本"科目,贷记"原材料"科目。

> 【工作任务 5-19】
> 接〖工作任务 5-13〗,根据表 5-1,应编制会计分录如下:
>
> 借:主营业务成本——中餐部　　　　　　　　　　21 000
> 　　　　　　　　——西餐部　　　　　　　　　　　4 000
> 　　贷:原材料——中餐部　　　　　　　　　　　　　21 000
> 　　　　　　——西餐部　　　　　　　　　　　　　4 000

任务四　服务企业经营业务的核算

服务业一般是指利用一定的场所、设备和工具提供服务劳动的行业。其经营方式多样,服务项目繁多,而且所提供的往往是带有一定技术的服务性劳动。

一、旅馆经营业务的核算

旅馆业是为住宿的客人提供住房、生活设施和服务人员的劳动,并收取一定费用的行业。

旅馆的客房是一种特殊商品,它不出卖所有权,只出售使用权,并可在不同时期反复销售,客人买到的仅是某一时期的客房使用权。客房经营情况的好坏主要是看其出租和收入情况,反映这一信息的是客房出租率和租金收入率两个指标。

1.客房出租率和租金收入率的计算

(1)客房出租率

客房出租率,又称客房利用率和客房开房率,是指已出租客房占可以出租客房的比例。

其计算公式为：

$$客房出租率 = \frac{计算期客房实际出租间天数}{可出租客房数量 \times 计算期天数} \times 100\%$$

客房出租率越高,说明经营效益越好;反之,则说明经营效益越差。若是小旅店,可出租客房数量按出租床位数算。

【工作任务5-20】

瑞莱宾馆现有可供出租的客房400间,9月份共出租9 000间天,则该宾馆9月份的客房出租率为:

客房出租率 = 9 000÷(400×30)×100% = 75%

(2)租金收入率

租金收入率是指在一定时期内客房的实收房租总额占应收房租总额的比例,其计算公式为:

$$租金收入率 = \frac{报告期实收客房租金}{报告期应收客房租金} \times 100\%$$

【工作任务5-21】

瑞莱宾馆现有可供出租的总统套房8间,每间天租金1 880元;豪华套房20间,每间天租金888元;豪华标准间100间,每间天租金488元;普通标准间100间,每间天租金388元;单人间40间,每间天租金288元。9月份实收客房租金总额为3 529 000元,则该宾馆9月份的租金收入率为:

$$租金收入率 = \frac{3\ 529\ 000}{(8 \times 1\ 880 + 20 \times 888 + 100 \times 488 + 100 \times 388 + 40 \times 288) \times 30} \times 100\% = 89.17\%$$

考核这两个指标时,要注意将因维修或其他原因而暂时不能出租的客房在"可出租客房数量"中扣除。此外,还要注意客房出租率只能反映客房的利用情况,而不能全面反映客房收入和经营情况。

2.客房营业收入的核算

客房营业收入的入账时间应为客房实际出租时间,即按权责发生制的原则进行核算。其入账价格应以实际出租价格为准。

宾馆的总服务台负责接待前来入住的客人,并负责与客人办理宿费结算。在一般情况下,客人入住时,办完登记手续后要根据预计住宿的时间预交一定的押金,客人退房时,再到总服务台办理结算,多退少补。每日营业终了,总服务台应编制"营业收入日报表"和"内部交款单",连同当日收入的现金及宿费发票记账联一起送交宾馆财务部,财务部对总服务台送交的报表、发票及款项审核无误后,据以入账。

记账时,应按预收的押金,借记"库存现金"或"银行存款"科目,贷记"预收账款"科目;按当日应收的客房租金(已实现的营业收入),借记"应收账款"科目,贷记"主营业务收入"科目;同时,还应冲减结账客人预交的押金,借记"预收账款"科目,贷记"应收账款"科目。

【工作任务 5-22】

瑞莱宾馆(增值税一般纳税人)9月19日财务部收到总服务台转来的"营业收入日报表"和"内部交款单",其中收到的押金通过银行转账 68 000 元,收到现金 28 000 元。当日实现收入 78 000 元,根据相关数据,财务部进行会计处理。

根据当日预收的押金,应编制会计分录如下:

借:银行存款	68 000	
库存现金	28 000	
贷:预收账款		96 000

根据当日实现的营业收入,应编制会计分录如下:

借:应收账款	78 000.00	
贷:主营业务收入		73 584.91
应交税费——应交增值税(销项税额)		4 415.09

同时,冲减预收押金,应编制会计分录如下:

借:预收账款	78 000	
贷:应收账款		78 000

二、美容美发、洗浴中心经营业务的核算

其他常见的服务业有美容美发、洗浴中心等行业,其经营业务均是通过服务人员利用各种服务设施及工具,为消费者进行相关专业项目服务的一种业务。在管理上有先收款后服务和先服务后收款两种方式。

(一)先收款后服务

这种方式适用于大型理发店、美容厅和大众浴池。顾客需先到统一的收款处按自己要求服务的项目交款,然后凭票(牌)理发、美容或洗浴。每日营业终了,收款员将收到的现金与各个服务员收到的票(牌)核对相符后,编制"营业收入日报表",连同收到的现金一并送交财务部,财务部据此记账。

(二)先服务后收款

这种方式适用于中小型理发店、美容店和高档浴池。中小型理发店、美容店不设专门的收款台,而由理发员或美容师先为客人服务,然后再根据服务项目按标准收费,并随时登记到自己的"营业收入台账"上。每日营业终了,有专人负责统计每一服务人员服务的人次及收入的金额,经与现金核对无误后,填制"营业收入日报表",报送财务部入账。高档浴池则设总收款台,顾客在洗浴后,到总收款台根据消费的项目按标准交款。当日营业终了时,收款员将收到的现金与各个服务员转来的由顾客本人及服务员签字的消费单据核对相符后,编制"营业收入日报表",报送财务部入账。

【工作任务5-23】

艾美丽美容美发店（增值税一般纳税人）财务部9月15日收到统计员转来的"营业收入日报表"，其中理发收入13 000元，美容收入18 000元，均为现金收入，经审核无误后，编制会计分录如下：

借：库存现金　　　　　　　　　　　　　　　　　　　31 000.00
　　贷：主营业务收入——理发　　　　　　　　　　　　12 264.15
　　　　　　　　　　　——美容　　　　　　　　　　　16 981.13
　　　　应交税费——应交增值税（销项税额）　　　　　 1 754.72

三、照相、洗染、修理经营业务的核算

照相业是利用摄影艺术和造型艺术，为顾客提供人物和实物影像的经营服务性行业。照相业服务的项目有照相、着色、扩印、代客冲洗等，有些照相企业还经营照相器材和相册零售、照相机出租和修理等业务。

照相业的收款方式是先收款后交件。顾客照相、洗印照片时，需先开票交款，收款员开出一式三联的"工作单"，一联交顾客凭单取件，一联是工作凭证，另一联留作存根。每日营业终了，收款员将存根联汇总金额与收到的现金核对无误后，填制"营业收入日报表"，连同收到的现金一并报送财务部入账。

洗染业是从事服装及纺织品的洗烫、染色、织补、干洗等业务的服务行业。洗染业的收款方式一般是先服务后收款。营业员在接收顾客送来的洗染物品时，开出一式三联的"取衣凭单"，一联交顾客作取件凭证，一联交业务部门保存，另一联作为存根，并据以登记"营业日记簿"。每日营业终了，营业员根据"营业日记簿"填制"营业收入日报表"，连同收到的现金一并报送财务部入账。

修理业是从事修理的技术人员应用必要的设备和工具，对家用电器、钟表、照相机、文体用品等进行修复的行业。修理业的收款方式一般有先服务后收款、先收款后服务、上门服务和立等可取等。虽然收款方式不同，但其核算方法与同行业和其他企业大体相同。

四、娱乐经营业务的核算

娱乐业具体包括舞厅、音乐茶座、台球室、保龄球馆、网球场、游泳池和游戏机房等。随着人们生活水平的提高，娱乐业也得到了较快的发展。

各种娱乐项目的价格是根据购置与维护固定资产和低值易耗品的费用、服务人员的工资、房租、水电费及各种直接费用，加上一定的利润制定的。其计算公式为：

$$收费价格 = \left(\frac{固定资产月折旧额 + 月间接费用}{月接待能力 \times 上座率} + 每次服务的直接费用 \right) \div (1 - 毛利率)$$

【工作任务 5-24】

麦歌音乐茶座固定资产的各月份的折旧额均为 10 000 元,房租、水电费、员工工资等各种间接费用每月为 22 000 元,给每位客人赠送的饮料、瓜子、毛巾等成本为 5 元。该茶座的日接待能力为 500 人,每天一场,上座率为 85%。每场乐队和演唱人员的酬金为 600 元。毛利率为 50%。则该音乐茶座的门票价格应为:

$$门票价格 = \left(\frac{10\,000+22\,000}{30\times500\times85\%} + \frac{600}{500\times85\%} + 5\right) \div (1-50\%) \approx 17.84(元)$$

娱乐业一般由专人售票,每日营业终了,售票员根据售出的门票和收到的现金,填制"营业收入日报表",连同收到的现金一并报送到财务部门入账。

项目小结

本项目主要阐述了旅游、餐饮、服务企业经营活动中发生的经济业务的会计核算。主要内容包括:

1. 旅游、餐饮、服务企业的业务范围,典型的经济业务及其特点。

2. 旅游企业经营业务的核算:旅游企业的营业收入主要是各项服务收入,均通过"主营业务收入"科目进行核算;旅游企业的营业成本主要核算各种纯服务费用,归集到"主营业务成本"科目进行核算。在"主营业务成本"科目和"主营业务收入"科目下可以根据需要设置明细科目。

3. 餐饮企业经营业务的核算:餐饮企业营业收入的结算方式多样,但各种结算的收入一律属于营业收入的核算范围,通过"主营业务收入"科目核算;餐饮制品的定价可以通过"毛利率法"和"成本加成率法"进行计算;餐饮企业的营业成本只核算直接材料成本,发生的工资等其他费用通过有关费用科目进行归集。

4. 服务企业经营业务的核算:服务企业的收入种类很多,不另外划分其他业务收入,都通过"主营业务收入"科目进行核算;服务企业的营业成本核算比较有特点,饭店的营业成本全部通过"销售费用"科目进行核算。其他服务业中如浴池、洗染、修理业等需要核算营业成本,通过"主营业务成本"科目进行核算。

项目练习

一、单项选择题

1. 不宜入库管理的原材料是( )。
A. 调味品　　　　　　B. 海鲜　　　　　　C. 粮食　　　　　　D. 豆油

2. 采用成本毛利率法计算某饮食制品售价的公式为( )。
A. 成本×(1+成本毛利率)　　　　　　B. 成本×(1+销售毛利率)

C.成本÷(1－销售毛利率)　　　　　　D.成本÷(1－成本毛利率)

3.理发、美容、浴池、照相、染发、修理、娱乐等服务业在管理上虽然有先收款后服务和先服务后收款两种方式,但无论哪种收款方式,财务部门都应于每日营业终了时,根据业务部门报送的"主营业务收入日报表"及收到的款项登记(　　)科目。

A."预收账款"　　B."主营业务收入"　　C."其他应收款"　　D."应收账款"

4.一般宾馆的当天宿费的结算时间是(　　)点。

A.14　　　　　　B.12　　　　　　C.11　　　　　　D.15

5.一手交钱一手交货的收款方式属于下列(　　)的结算方式。

A.服务员开票收款　　B.先就餐后结清　　C.现款现售结算　　D.转账结算

二、多项选择题

1.目前,餐饮制品常用的定价方法,一般有(　　)。

A.毛利率　　　　　B.倒算法　　　　　C.成本加成率法　　　D.销售毛利率法

2.食品原材料包括(　　)。

A.粮食类　　　　　B.副食类　　　　　C.干菜类　　　　　D.调味品类

3.修理业的收款方式一般有(　　)。

A.先服务后收款　　B.先收款后服务　　C.上门服务　　　　D.转账结算

4.旅游价格中的"综合服务费"包括(　　)。

A.餐饮费　　　　　B.市内车费　　　　C.导游劳务费　　　D.风味餐费

5.餐饮制品成本的核算通常包括(　　)。

A.原材料成本的计算　　　　　　　　　B.半成品成本的计算

C.餐饮制品成本的计算　　　　　　　　D.租金成本的计算

三、判断题

1.为核算接团社的经营成果,无论款项是否已收到,都应以其向有关组团社发出"拨款单"的时间和金额作为计算本期营业收入的依据。(　　)

2.餐饮业无论采用何种结算方式,均应在每日营业结束终了,由收款员根据当日销售情况编制"营业收入日报表"。(　　)

3.先服务后收款方式适用于大型理发店、美容厅和大众浴池。(　　)

4.旅馆的客房是一种特殊商品,它不仅出售使用权,还出卖所有权。(　　)

5.客房营业收入的入账时间应为客房实际出租时间。(　　)

四、计算及会计处理题

1.四海旅行社7月份组团赴新加坡、马来西亚和泰国旅游。

7月8日,收到旅游单位转账支票一张。金额为200 000元,当日将支票送存银行。

7月13日,四海旅行社通过中国银行分别汇给新、马、泰各国接待旅行社各4 000美元,当日汇率为1美元＝6.62元人民币。

7月15日,旅游圆满结束。四海旅行社收到新、马、泰各国接待旅行社转来的结算账单。经汇总后,实际支出餐饮、导游等综合服务费52 000元,房费60 700元,城市间交通费8 800元,各种专项附加费18 000元。其中新加坡50 700元,马来西亚47 000元,泰国

41 800元。

7月17日,四海旅行社通过中国银行汇给新、马、泰各国接待旅行社垫支款分别为3 658.62美元、3 099.70美元、2 314.20美元,当日汇率为1美元＝6.62元人民币。

要求:根据上述业务进行会计处理。

2.好阳光餐厅新推出两道菜肴:一是"绒绒鲜虾",每份用大虾仁800克,每千克80元;松子100克,每千克40元;其他调配料7元。二是"鲍鱼饭",每份用鲍鱼200克,每千克250元;大米160克,每千克2元;其他调配料15元。该餐厅的销售毛利率为45%。

要求:请计算出上述两道菜肴的售价。

3.好阳光餐厅7月7日财务部收到收款台报送的当日"主营业务收入日报表",见表5-2:

表5-2　　　　　　　　　主营业务收入日报表

7月7日　　　　　　　　　　　　　　　　　　　　单位:元

项目	现金	支票	签单	定金	合计
1.中餐	4 850	11 600	1 700	360	18 510
2.西餐	2 080				2 080
3.快餐	1 360				1 360
4.盒饭	280				280
合计	8 570	11 600	1 700	360	22 230

说明:支票11 600元是结算以前欠款;签单1 700元为当日赊欠;定金是预订明日的酒席。实交现金8 570元;转账支票一张,金额为11 600元;签单3张,金额合计为1 700元。

要求:根据上述资料,进行账务处理。

4.南园宾馆7月20日的"客房部主营业务收入日报表",见表5-3:

表5-3　　　　　　　　　客房部主营业务收入日报表

7月20日出　　　　　　　　　　　　　　　　　　单位:元

上日结存	本日应收	本日交付		本日结存(预收款)
(预收款)	(当日收入)	预收款	补交款	
48 190	27 410	5 440	2 400	28 620

要求:为该宾馆进行当天的账务处理。

项目六 商业银行会计

学习目标

1. 了解银行经营活动的典型情况及管理活动;
2. 熟悉银行经营活动中使用的会计凭证、会计账簿、账务处理程序、会计处理方法;
3. 掌握银行金融活动中使用的主要科目;
4. 掌握银行金融活动的具体会计核算。

任务一 商业银行会计认知

银行是国家经营管理金融工作的机构。银行按照类型分为中央银行、商业银行、投资银行、政策性银行。其中,商业银行以营利为目的,以金融资产和金融负债为主要经营对象,按照国家的法律、政策性法规,独立行使职权,开展各种货币信用业务,包括存贷款业务,结算业务、现金收付业务和往来业务等。

商业银行会计与其他行业会计相比较,具有以下方面的特点:

1.核算内容的综合性

商业银行是一个特殊行业,它的各项业务活动都延伸到生产和流通的各个领域,与社会再生产有着密切联系。会计核算对象极其广泛,各企业和单位的资金收付与往来都要通过银行开立账户进行结算。所以说,商业银行会计业务具有综合性。

2.核算方法的特殊性

由于商业银行经营范围和对象的特殊性,在采用一般会计核算方法上,又形成了自己一套特殊方法。如商业银行在会计凭证的设置和填制、会计账簿的设置与登记等方面有其自身特点。

3.监督职能的社会性

商业银行作为经营信用和货币业务的特殊企业,在全国范围内组织、聚集、分配和运用资金的经营活动,使各银行和其他企业的经济利益紧密联系在一起。每个银行虽然只反映某个单位或部门的经济活动情况,但是通过会计报表的逐级汇总,可以反映一个地区、一个省乃至全国的经济情况。这就决定了监督职能具有广泛的社会性。

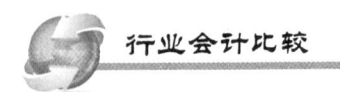

任务二　商业银行会计核算

一、存款业务的核算

吸收社会上的闲散资金用于金融经营是银行的主要业务之一。有关企业、个人存入现金和支取所存现金,银行应根据实际情况办理业务并进行账务处理。

银行通过设置"吸收存款""利息支出"和"库存现金"等科目进行核算。"吸收存款"科目是负债类科目,它核算银行吸收的除同业存放款项以外的其他各种存款,包括单位存款、个人存款、信用卡存款等。"利息支出"科目是损益类科目,核算金融机构发生的利息支出,包括吸收的各种存款、与其他金融机构之间发生资金往来业务、卖出回购金融资产等产生的利息支出。

(一)吸收存款的账务处理

银行会计根据已经收讫的缴款单,应编制会计分录如下:
借:库存现金
　　贷:吸收存款——活期存款(××户)

(二)支付现金的账务处理

客户取现时,银行会计根据现金支票或现金支付传票,据以记账。应编制会计分录如下:
借:吸收存款——活期存款(××户)
　　贷:库存现金

(三)利息计算及账务处理

利息的计算公式为:

$$本金 \times 存期 \times 利率 = 利息$$

利率分为年利率、月利率和日利率三种。

定期存款采用整存整取的,根据这一公式按年计算。全年计360天,每月不论大月、小月、平月、闰月都按30天计算。到期支取的,无论利率如何变动,计算利息均按存单开户日所确定的利率计付利息,即利率变动不分段计息。提前支取的,均按支取日挂牌公布的活期利率计息。过期支取的,其过期部分利息一律按支取日挂牌公布的活期利率计付利息。

定期存款采用零存整取的,可采用月积数计息法。即根据分户账的存款余额,按月计算出月积数。支取时再求出累计月积数,并乘以月利率即得利息。例如,某客户每月存入1 000元,连存3个月,月利率为2.5‰。3个月到期可根据月积数3 000、2 000、1 000将其利息计算为6 000×2.5‰=150(元)。如遇利率调整或提前支取、过期支取,参照整存整取处理。

活期存款按规定每年结息一次。自每年7月1日至次年6月30日为一个计息年度,于

每年6月30日结息一次,并计入本金。中途客户要求结清,无论存期长短,一律将利息随之结清。计息方法可以用累计积数计息:

> 利息＝日利率×计息积数＝日利率×本金×存期(天数)

如储户要求结清,在完成各项手续后,应编制会计分录如下:

借:吸收存款——活期存款(××户)
  利息支出——活期储蓄利息支出
 贷:库存现金

如每年6月30日结息,根据利息清单的合计数填制活期存款科目汇总传票并进行转账,应编制会计分录如下:

借:利息支出——活期储蓄利息支出
 贷:吸收存款——客户

(四)存放款项的账务处理

存放款项是指商业银行在中央银行、其他银行和非银行金融机构存入的,用于支付清算、提取及缴存现金的款项,以及按吸收存款的一定比例存于中央银行的准备金存款等,也包括存放中央银行款项、存放同业款项。这里以存款准备金使用"存放中央银行款项"科目核算来进行基本原理的介绍。这是金融机构往来核算之一。

存款准备金制度是中央银行通过控制存款准备率,来限制或扩张派生存款,以便调节银行的信用规模和货币供应量。对于商业银行,由此可以增强支付能力和资金后备力量,保证联行和同业之间相互往来等资金清算的需要。如商业银行从系统内调入资金存入中央银行,应编制会计分录如下:

借:存放中央银行款项
 贷:库存现金

"存入中央银行款项"科目是资产类科目,核算银行存放于中央银行的各种款项,包括业务资金的调拨、办理同城票据交换和异地跨系统资金汇划、提取或缴存现金等。

二、贷款业务的核算

为客户提供贷款是金融企业另一项主要业务。贷款是指金融企业向借款人提供的按规定的利率和期限还本付息的货币资金。金融企业发放的贷款中,偿还期限在一年及一年以内的称为短期贷款;偿还期限在两年及两年以上五年及五年以内的称为中期贷款;偿还期在五年以上的称为长期贷款。

(一)短期贷款的账务处理

1.发放短期贷款的账务处理

会计办妥贷款转账手续后,应编制会计分录如下:

借:短期贷款——××户
 贷:吸收存款——××户

银行的各种"短期贷款"科目是资产类科目。

2.收回短期贷款的账务处理

(1)客户到期还款,银行应编制会计分录如下:

借:吸收存款——××户
　　贷:短期贷款——××户

利随本清,在核算收回贷款本金时还要计算利息,则应编制会计分录如下:

借:吸收存款——××户
　　贷:短期贷款——××户

借:应收利息
　　贷:利息收入

借:吸收存款——××户
　　贷:应收利息

贷款利息的计算与存款利息的计算公式和方法是通用的。

(2)贷款展期。贷款到期,当借款人无法及时归还而要求贷款展期时,应在贷款到期日十天前,向银行提出贷款展期的申请。银行的信贷部门根据借款人的具体情况和展期原因决定是否展期。若同意展期,则在展期申请书上签署意见,然后交会计部门处理。会计部门对贷款展期不办理转账手续,只在借据上批注展期日期,并将原借据和展期申请书一并保管,并按展期后的到期日排列。

(二)中长期贷款的账务处理

中长期贷款的基本账务处理与短期贷款相同,但由于经营业务不同,增加了一些特定内容。

发放中长期贷款时,应编制会计分录如下:

借:中长期贷款——××户
　　贷:吸收存款——××户

计算应收的贷款利息时,应编制会计分录如下:

借:应收利息——××户
　　贷:利息收入

贷款到期,收回贷款本金,应编制会计分录如下:

借:吸收存款——××户
　　贷:中长期贷款——××户

贷款到期不能收回的,转为逾期贷款,应编制会计分录如下:

借:逾期贷款——××户
　　贷:中长期贷款——××户

贷款逾期90天,仍未收回的,将本金和应收利息转入"非应计贷款"科目。"应计贷款"和"非应计贷款"在资产负债表中应分别列式。当贷款逾期90天转为非应计贷款时,应编制会计分录如下:

借:非应计贷款——××户
　　贷:逾期贷款——××户
　　　　应收利息——××户

银行对外发放的贷款应当在期末按规定计提贷款损失准备,它与一般工商企业有关资产计提减值准备类似,在此不再赘述。

三、结算业务的核算

金融企业经营存款、贷款业务的同时,还为客户提供结算服务。结算是指各个经济实体之间,由于进行商品交易、劳务供应和资金调拨等经营活动而发生的货币收付。结算按货币收付的方式不同,可分为现金结算、转账结算。转账结算是通过银行从付款单位账户将款项划转到收款单位账户的货币收付。

(一)结算原则

银行和客户在办理结算中都应该遵循结算原则。结算原则包括:

1.恪守信用,履约付款

收款人和付款人必须按照经济合同或承诺履行义务,银行根据收付双方提供的票据等结算凭证,按照双方约定的付款形式及时划转资金。

2.谁的钱进谁的账,由谁支付

客户在银行的存款,其所有权属于存款人。银行与存款人的关系是一种信用关系,必须谁的钱进谁的账,存款的支配权也理所当然地属于存款人。银行作为资金清算的中介,必须根据收款凭证准确、及时地为收款人入账,根据付款人的委托办理款项的支付。

3.银行不垫款

银行办理转账业务,只负责将结算款项从付款人账户划转到收款人账户,银行不承担垫款的责任。其实质是银行不能被随意占用资金,防止盲目扩大信贷规模和货币投放。为此,银行在结算过程中必须先借记付款人账户,后贷记收款人账户。付款人只能在其存款余额内支用款项,收款人也只能在款项收妥进账后才能抵用。

(二)使用支票结算

支票是出票人签发的,委托办理支票存款业务的银行或其他金融机构在见票时,无条件支付确定的金额给收款人或持票人的票据。支票分为现金支票、转账支票。现金支票只能用于支取现金;转账支票只能用于转账。

支付结算手段简便、灵活,适用于客户之间在同城或票据交易区域内的商品交换和劳务供应等款项的结算。

1.收款人与签发人在同一银行开户的处理

收款人与签发人在同一银行开户,使用支票结算,应编制会计分录如下:

借:吸收存款——活期存款(签发人户)
　　贷:吸收存款——活期存款(收款人户)

2.收款人与签发人不在同一银行开户的处理

收款人与签发人不在同一银行开户,支票必须通过票据交换在两个银行之间传递。这个过程先由签发人开户银行办理款项支付手续,收款人开户银行才能为收款人入账。如发生退票,签发人开户银行应在规定的时间内通知收款人开户银行,超过约定时间没有通知,收款人开户银行即可为收款人入账。

收款人开户银行办理支票的处理和付款人开户银行受理支票的处理,在业务程序上有所不同,但在核算上并无本质差异。

收款人开户银行收到收款人交来的进账单和支票审查无误后,在两联进账单上加盖"收妥后入账"戳记并加盖转讫章后,将第一联进账单退给收款人,第二联进账单暂存,在支票上加盖"托收票据"戳记后按照票据交换的规定及时提出交换。

付款人开户银行收到收款人开户银行提交的支票,审查无误后,应编制会计分录如下:

借:吸收存款——活期存款(签发人户)
　　贷:存放中央银行款项

若经过审查,支票不符合规定,不能支付,应在退票时间内通知收款人开户银行,说明退票原因,并按退票规定将支票退交收款人开户银行,并对付款人处以罚款。

收款人开户银行在退票时间内未接到付款人开户银行的退票通知,退票时间过后即可办理转账,应编制会计分录如下:

借:存放中央银行款项
　　贷:吸收存款——收款人户

收款人开户银行在退票时间内,若接到付款人开户银行退票,应将支票退回收款人。

(三)使用信用卡结算

信用卡是银行发行的,持卡人凭以办理购物消费结算的信用支付工具。使用范围仅限于消费性支付,不得用于企业之间的商品交易、劳务供应款项的结算。持卡人可以在同城或异地的特约商场等购物和消费,也可以在指定的银行存取现金。

信用卡分为单位卡、个人卡。单位和个人申领信用卡,应在发卡银行开立信用卡账户,并按发卡银行的要求提供担保,交存一定金额的备用金。单位卡账户的资金一律从其基本存款账户转账存入,不得交存现金,不得将其他存款账户和销货收入的款项存入其账户。个人卡账户的资金可以将其持有的现金和拥有的合法收入转账存入。

持卡人不得凭单位卡在同城提取现金,在异地可按国家现金管理规定提取少量现金。持卡人凭个人卡在银行和自动柜员机上按规定提取现金。

1. 开户的处理

客户申领信用卡时,须向发卡银行填送信用卡申请表,发卡银行根据申请表,经过对申请人及担保人的资金、信誉、经济状况等进行全面审核、调查、评估,确认可以发卡后,按规定向其收取担保金和手续费,办理开户手续。发卡银行批准客户领用信用卡时,应编制会计分录如下:

借:吸收存款——申请单位户
　　贷:吸收存款——申请单位信用卡户

发卡银行批准个人客户领用信用卡时,在收妥现金后记账时,应编制会计分录如下:

借:库存现金
　　贷:吸收存款——申请人信用卡户

2. 续存的处理

办妥续存手续,记账时,应编制会计分录如下:

借:吸收存款(或库存现金)——××单位户
　　贷:吸收存款——单位(个人)信用卡户

3.销户的处理

持卡人结清账户,办理销户手续后,银行应编制会计分录如下:

借:吸收存款——单位(个人)信用卡户
　　利息支出——信用卡存款利息支出户
　　贷:吸收存款(或库存现金)——××单位户

4.支出现金的处理

持卡人用信用卡支取现金时,银行应编制会计分录如下:

借:吸收存款(或联行往来)
　　贷:库存现金

异地支付还应贷记"手续费及佣金收入"。

5.转账支付的处理

持卡人在特约单位购物或消费时,应填制签购单连同信用卡一并交特约单位,特约单位审查无误后,在签购单上填写日期、金额及经办人姓名,经压印后,将签购单回单联及信用卡退持卡人。营业终了,特约单位根据签购单汇总填制"汇计单",将其附上签购单连同进账单一并交开户银行。

(1)特约单位开户银行的处理。特约单位开户银行收到上述凭证,进行审查,按不同情况分别进行处理。

首先,特约单位与持卡人在同一城市的不同行处开户,特约单位开户银行的会计分录为:

借:分行辖内往来
　　贷:吸收存款——特约单位户

转账后,将有关单证,随分行辖内往来借方保单送交发卡银行。

其次,特约单位与持卡人不在同一城市开户,特约单位开户银行应编制会计分录如下:

借:联行往账
　　贷:吸收存款——特约单位户

转账后,将有关单证随全国联行借方报单一并寄往发卡银行。

(2)发卡银行的处理。发卡银行收到分行辖内往来借方报单或联行借方报单及所附单证,经审查无误后,立即转账,应编制会计分录如下:

借:吸收存款——××单位(个人)信用卡户
　　贷:分行辖内往来(或联行来账)

结算业务还涉及汇兑及商业汇票、本票、银行本票等,在此不再赘述。

四、联行往来的核算

(一)联行往来概述

联行往来是指同一银行辖内所属各行处之间的资金账务往来。客户之间办理结算业务必然涉及各行处之间的这种联行往来。内部行处之间划拨资金、相互存欠的清算也通过联行往来进行。这也是金融机构往来核算之一。

联行往来实行"统一领导，分级管理，集中监督，分别核算"，分别按全国、省、县三级采取全国联行往来、分行辖内往来、支行辖内往来的核算方式。全国联行往来是省、市、自治区之间的资金账务往来。分行辖内往来是省、市、自治区内，各行处之间的资金账务往来。支行辖内往来是同一县（区）内各行处之间的资金账务往来。

三级联行往来基本上都采取直接发报，逐级轧计汇差；往来双向报告，集中对账；逐月查清未达，年度上划结平。其基本做法是：

1.划分往账与来账两个系统

一个联行单位既办理往账，又受理来账，统称经办行。经办行办理往账时称为发报行，办理来账时称为收报行。往账和来账是两个不同的系统，核算时两者必须分清。

2.利用报单贯穿联行账务

联行往来的基本凭证称为联行报单。当联行业务发生时，由发报行填制报单寄收报行并根据报单编制往账报告表寄管辖行；收报行根据发报行寄来的报单办理来账业务，同时据以编制来账报告表寄管辖行。这样，每一笔联行账务都通过同一内容的报单，把发报行、收报行和管辖行等联系起来，成为一个有机的整体。

3.往来双向报告，集中对账

发报行发生联行账务，必须先编制联行报单，向管辖行编发往账报告表。收报行必须根据发报行的联行报单，办理联行账务，并向管辖行编发来账报告表。管辖行根据往、来账报告表所附每笔报单进行逐笔核对查清。

4.轧计汇差，逐级清算

经办行每日营业终了前，根据当日联行往来各有关科目借方、贷方发生额，分别加计总数轧计出联行应收汇差或应付汇差，并逐级办理资金清算。

5.清算未达，年度上划结平

联行往来账务，以年度为界限，逐年结清账务，上划结平。新年度开始时，对联行账务划分上年户和本年户，分别处理。待上年联行账务查清后，由各经办行将上年账户余额逐级上划，最后总行汇总结平。

（二）联行往来日常核算的科目

1.联行往来应该使用的科目

联行往来应该使用的科目一个是"存放联行款项"科目，另一个是"联行存放款项"科目。"存放联行款项"科目是资产类科目，核算银行日常签发，受理联行划拨款项而存放的各种往来款。该科目之下设置"往户""来户""汇差清算户"科目。当发报行签发借方报单时，借记"往户"科目；当受理贷方报单时，借记"来户"科目；当清算联行汇差的应付差额时，借记"汇差清算户"科目。"联行存放款项"科目是负债类科目，核算银行日常签发，受理联行划拨款项以及联行存放本行的各种往来款项。该科目之下设置"往户""来户""汇差清算户"科目。当签发贷方报单时，贷记"往户"科目；当受理借方报单时，贷记"来户"科目；当清算联行汇差的应收差额时，贷记"汇差清算户"科目。

2.联行往来实际使用的科目

由于联行的业务量大，涉及范围广，在日常核算时使用以上两个科目还不能满足日常核算和监督的需要。为了保证联行业务的进行有条不紊，在实际工作中使用更为详细的联行会计科目。只有到月末或年末编制报表时，才将有关的联行科目内容根据要求汇总并入"存放联行款项""联行存放款项"这两个科目。

实务中使用的联行科目包括"联行往账""联行来账""联行汇差""汇差资金划拨""上年联行往账""上年联行来账"等科目。

(1)"联行往账"科目。该科目发报行使用。发报行在发生联行账务,填发联行报单时,用本科目核算。填发借方报单,记入"联行往账"科目的借方;收到贷方报单,记入"联行往账"科目的贷方。

(2)"联行来账"科目。该科目收报行使用。收报行在接到发报行寄来的联行报单时用本科目核算。收到借方报单,记入"联行来账"科目贷方;收到贷方报单,记入"联行来账"科目借方。

(3)"联行汇差"科目。经办行根据"联行往来"各有关科目,每日轧计联行汇差资金及通过"汇差资金划拨"科目逐级上报管辖行时,用本科目核算。当联行各科目轧出差额为借方时,为应收汇差,记入本科目贷方;差额为贷方时,为应付汇差,记入本科目借方。

(4)"汇差资金划拨"科目。各级行处将汇差资金上报上级行时,用本科目核算。应付汇差资金记入本科目贷方,应收汇差资金记入本科目借方。

(5)"上年联行往账"科目。新年度开始时,上年度"联行往账"科目余额不通过会计分录转入本科目。

(6)"上年联行来账"科目。新年度开始时,上年度"联行来账"科目余额不通过会计分录转入本科目。

(三)联行往来核算

联行报单是联行间办理资金划拨和账务处理的重要依据,是联行往来的基本凭证。通过举例讲解联行核算。

1. 发报行的会计核算

发报行是联行往来账务的发生行。联行账务发生时,发报行的任务是正确、及时地填发联行报单,按期向管辖行编报联行往账报告表。

发报行根据"联行往账"科目会计分录方向,编制借方或贷方报单。

【工作任务6-1】

中国工商银行杭州市白马支行收到某收款单位的进账单和银行汇票一份,金额20 000元,划付中国工商银行杭州市拱墅区运河支行某付款单位。应编制借方报单,编制会计分录如下:

借:联行往账　　　　　　　　　　　　　　　　　　　20 000
　　贷:吸收存款——××收款单位户　　　　　　　　　　　　20 000

【工作任务6-2】

中国工商银行杭州市白马支行代某付款单位邮划委托收款的货款35 000元,给中国工商银行沈阳铁西区支行某收款单位。应编制贷方报单,编制会计分录如下:

借:吸收存款——××付款单位户　　　　　　　　　　　35 000
　　贷:联行往账　　　　　　　　　　　　　　　　　　　　35 000

2.收报行的处理

收报行是联行往来的接收行,负责联行来账的处理。收报行认真审查发报行寄来的报单,准确地、及时地办理转账和向管辖行编报联行来账报表,也是保证全国联行往来正常进行的关键。

【工作任务 6-3】

接〖工作任务 6-1〗,中国工商银行杭州市拱墅区运河支行接到中国工商银行杭州市白马支行的借方报单和银行汇票,将款项从付款单位付出。应编制会计分录如下:

借:吸收存款——××付款单位　　　　　　　　　　　　　　20 000
　　贷:联行来账　　　　　　　　　　　　　　　　　　　　　　20 000

【工作任务 6-4】

接〖工作任务 6-2〗,中国工商银行沈阳铁西区支行接到中国工商银行杭州市白马支行的邮划贷方报单和委托收款凭证,将款项转入收款单位账户。应编制会计分录如下:

借:联行来账　　　　　　　　　　　　　　　　　　　　　　35 000
　　贷:吸收存款——××收款单位户　　　　　　　　　　　　35 000

五、同业往来的核算

同业往来是指商业银行之间的资金账务往来。由于客户在不同的银行开户,其经济活动引起的彼此之间的货币结算,必然要在两个不同的银行的有关行处进行,从而使商业银行之间发生资金与账务往来关系。此外,商业银行之间开展横向资金融通,办理资金拆借,形成同业之间的借贷关系,也会产生商业银行之间发生资金与账务往来关系。同业往来的实质是清偿商业银行之间的应收应付关系。由于各商业银行都是独立核算的企业,所以必须处理好同业往来的核算。

(一)跨行资金的汇划

1.汇出地为双设机构地区

汇出地为双设机构地区是指在汇出地区不仅有中国工商银行,还有中国农业银行或中国建设银行。首先,由汇出行将跨行的汇款凭证按照不同系统逐笔填制转汇清单,并根据转汇清单汇总编制划款凭证,通过"存放同业"或"同业存放"等科目划转到同城跨系统转汇行办理转汇。再由转汇行通过本系统联行将款项汇划异地收款单位账户。

甲地汇出行,应编制会计分录如下:

借:吸收存款——甲单位户
　　贷:同业存放——转汇行户
　　　　存放中央银行款项——存款户

甲地转汇行,应编制会计分录如下：
借：存放同业——汇出行户
　　存放中央银行款项——存款户
　贷：联行往账
乙地汇入行,应编制会计分录如下：
借：联行来账
　贷：吸收存款——乙单位户

2. 汇出地为单设机构地区、汇入地为双设机构地区

汇出地为单设机构地区、汇入地为双设机构地区,是指汇出地没有汇入行系统的金融机构,而汇入地设有汇入行系统的金融机构。由汇出行将跨系统的汇划凭证先通过本系统联行将款项划转异地本系统的转汇行,转汇行收到本系统汇出行划来的联行报单及凭证,审核无误后,可通过同城票据交换,向跨系统汇入行办理转汇,将款项存入收款单位的账户。

甲地汇出行,应编制会计分录如下：
借：吸收存款——甲单位户
　贷：联行往账
乙地转汇行,应编制会计分录如下：
借：联行来账
　贷：同业存放——汇入行户
　　　存放中央银行款项——存款户
乙地汇入行,应编制会计分录如下：
借：存放同行——转汇行户
　　存放中央银行款项——存款户
　贷：吸收存款——乙单位户

3. 汇出地、汇入地均为单设机构地区的处理

汇出地、汇入地均为单设机构的地区一般是乡镇所在地银行的基层处所,如发生跨系统行汇划款项,只能先通过"分行辖内往来"科目或"支行辖内往来"科目将款项划转管辖行,再由其管辖行用"存放同业"科目或"同业存放"科目办理转汇手续。

管辖行的账务处理与汇出地为双设机构地区的处理类同,这里不一一赘述。

(二)同城票据交换

同城票据交换是指同一城市各行处将代收票据、代付票据集中到票据交换场所进行交换,以清算相互之间的资金账务往来。同城票据交换由中央银行主办,各行通过"存放中央银行款项"科目的存款户清算资金。

1. 票据交换的处理

进行票据交换时,票据提出行和票据提回行的转账业务是相互联系的不同地点的处理。

(1)票据提出行的处理

票据提出行的借方和贷方凭证,应分别逐笔填制票据交换清单,然后根据交换清单汇总编制两联借方或贷方凭证,经审核后,将一联借方或贷方凭证代传票办理转账,并编制会计分录。

若是代收款项,则应编制会计分录如下:
借:吸收存款——甲单位户
　　贷:存放中央银行款项——同城交换户
若是代付款项,则应编制会计分录如下:
借:存放中央银行款项——同城交换户
　　贷:吸收存款——丙单位户
办理转账后,将另一联借方或贷方凭证联同有关提出凭证交票据交换中心进行票据交换。

(2)票据提回行的处理

票据提回行提回一联借方或贷方凭证及其有关的提回凭证,认真审核后办理转账。

若是提回贷方凭证,则应编制会计分录如下:
借:存放中央银行款项——同城交换户
　　贷:吸收存款——乙单位户
若是提回借方凭证,则会计分录相反。

2.票据交换差额清算的处理

参加票据交换的各银行于每日终了时,计算当日的应收或应付差额。如"存放中央银行款项"科目同城交换户的余额在借方为应收差额;余额在贷方为应付差额。然后由各行向中央银行填制"两行往来划拨凭证"办理划款手续。

应付差额行应编制会计分录如下:
借:存放中央银行款项——同城交换户
　　贷:存放中央银行款项——备付金存款户
应收差额行应编制会计分录如下:
借:存放中央银行款项——备付金存款户
　　贷:存放中央银行款项——同城交换户
中央银行应编制会计分录如下:
借:××银行存款——应付资金行户
　　贷:××银行存款——应收资金行户

(三)同业拆借

同业拆借是指商业银行之间临时融通资金。它主要用于同业之间因汇划款项相互转汇或票据交换而产生的临时性资金不足。同业拆借资金时间短,必须按期归还,拆借的资金都要通过各自在中国人民银行开立的存款户进行核算。

1.资金拆借的处理

(1)拆出行的账务处理。拆出行根据借款行填交的一式五联借款凭证,审查无误后办理转账。应编制会计分录如下:
借:存放同业——××银行户
　　贷:存放中央银行款项——备付金存款户
同时,签发中央银行转账支票交借款行由借款人根据转账支票内容填写两联进账单,持其向中央银行办理资金划转手续。

(2)中央银行的账务处理。中央银行接到借款行交来的进账单及所附拆借行签发后交

给的转账支票,审查无误后办理转账。应编制会计分录如下:

借:××银行存款——拆借行户
　　贷:××银行存款——借款行户

(3)借款行的账务处理。借款行根据中央银行办理资金划转的凭证,办理转账。应编制会计分录如下:

借:存放中央银行款项——备付金存款户
　　贷:同业存放——××银行户

2.归还借款的处理

(1)借款行归还借款的处理。拆借的资金到期,借款行应计算利息连同贷款金额一并开具中央银行转账支票,送原拆借行,由原拆借行填制一式两联进账单连同支票送中央银行转账清算。应编制会计分录如下:

借:同业存放——××银行户
　　利息支出
　　贷:存放中央银行款项——备付金存款户

"利息支出"科目是金融企业的营业成本类科目。

(2)中央银行账务处理。中央银行接到进账单和转账支票,审查无误后办理转账。应编制会计分录如下:

借:××银行存款——借款行户
　　贷:××银行存款——拆借行户

(3)拆借行收回借款账务处理。拆借行根据中央银行的入账通知办理转账。应编制会计分录如下:

借:存放中央银行款项——备付金存款户
　　贷:存放同业——××银行户
　　　　利息收入

"利息收入"科目是金融企业营业收入类科目。金融企业提供金融商品服务所取得的收入主要包括利息收入、手续费及佣金收入等,金融企业应根据业务情况针对性地设置科目进行核算。

任务三　中央银行会计核算

中央银行是管理全国金融业的国家机关,是全国金融活动的中心。中央银行掌管货币发行,集中管理信贷资金,管理外汇、金银,经理国库,代发行国家债券等,与各商业银行和其他金融机构以及财政部门等发生密切的资金联系。

从会计核算的角度来看,中央银行的会计核算内容主要包括货币发行业务的核算、商业银行缴存存款和贷款的核算以及国库业务的核算等,本任务只介绍与商业银行核算密切相关的货币发行业务核算与商业银行缴存存款和贷款的业务核算。

一、货币发行业务的核算

中国人民银行是我国唯一的货币发行机关。货币发行,是指对货币的印制、保管、调拨、货币的发行与回笼以及对损伤票币的销毁等活动。

(一)货币发行应设置的会计科目

发行基金是指中国人民银行代替国家保管的尚未发行的票币,是为调剂市场货币流通的准备基金。由印制厂印制完成但尚未投入流通的票币以及从流通领域回笼的票币,均为发行基金。发行库是发行基金的保管库。

1.发行库专用会计科目

发行库专用的会计科目有"发行基金""总行重点库发行基金"和"印制及销毁票币"科目。"发行基金"用于记载各发行库本身及其所辖发行基金的变动情况;"总行重点库发行基金"科目用于记载重点库发行基金的变动情况;"印制及销毁票币"科目用于记载有关票币的印制和销毁情况。这些科目与其他中国人民银行业务的核算没有关联,采用单式记账法进行核算。

2.银行统一会计科目

"发行基金往来"科目用于记载货币的发行和回笼情况,各级中国人民银行通用,在总行借贷方反映的内容与基层行相反。该科目借方核算基层银行货币回笼数,贷方核算基层银行货币投放数。

"流通中货币"科目用于记载流通中货币的变动情况,贷方登记发行货币数,借方登记回笼货币数。

(二)发行基金印制入库的核算

印制货币必须遵守印制计划,印制完成的所有合格货币,必须全数解缴总库指定的发行库内保管。

合格货币入库时,总行重点库应作如下会计处理:

收入:"总行重点库发行基金"

总库收到重点库验收盖章入库凭证时,应作会计分录如下:

收入:"发行基金——××重点库"

收入:"印制及销毁票币——××券别户"

(三)发行基金的调拨核算

发行基金的调拨是发行库与发行库之间发行基金的转移,是组织货币投放的准备工作,有上下级库之间以及同级库之间的调拨两种。

1.上下级库之间发行基金的调拨

(1)上级调拨发行基金给下级库时,上级库应编制会计分录如下:

收入:"发行基金——××调入库"

付出:"发行基金——本库户"

下级调入库验收无误后,应作会计分录如下:

收入:"发行基金——本库户"

(2)下级调拨发行基金给上级库时,下级库应作会计分录如下:

付出:"发行基金——本库户"

上级调入库验收无误后,应作会计分录如下:

收入:"发行基金——本库户"

付出:"发行基金——××调出库"

2.同级调拨发行基金

先由上级库签发命令,分别通知调入库和调出库。

(1)上级库作会计分录如下:

收入:"发行基金——××调入库"

付出:"发行基金——××调出库"

(2)调出库的会计处理:

付出:"发行基金——本库户"

(3)调入库的会计处理:

收入:"发行基金——本库户"

(四)货币投放的核算

货币投放是指发行库将发行基金支付给商业银行的过程。货币投放后,发行基金减少。商业银行在中央银行的现金收付活动,是实现中央银行的货币发行与回笼的主要手段。

【工作任务6-5】

中国商业银行杭州市上城区支行向同级中国人民银行提取现金2 000 000元,发行库在办理投放业务时,应编制会计分录如下:

付出:发行基金——本库户	2 000 000

同级中国人民银行应编制会计分录如下:

借:库存现金	2 000 000
贷:发行基金往来	2 000 000
借:商业银行存款	2 000 000
贷:库存现金	2 000 000

杭州市发行库在接到通知后,编制会计分录如下:

付出:发行基金——××区分库户	2 000 000

总库应在接到通知后,编制会计分录如下:

付出:发行基金——北京分库户	2 000 000

总行应编制会计分录如下:

借:发行基金往来	2 000 000
贷:流通中货币	2 000 000

(五)货币回笼的核算

各商业银行将超过库存限额的货币交存中国人民银行发行库,称为货币的回笼。货币回笼表现为各商业银行送存现金给中国人民银行,其实质是流通中的货币退出流通领域,返回到发行基金的状态。

(1)发行库收到商业银行送存的现金时,应编制会计分录如下:

收入:"发行基金——本库户"

(2)中国人民银行应编制会计分录如下:

借:发行基金往来
  　贷:××银行存款

(3)总行应编制会计分录如下:

借:流通中货币
  　贷:发行基金往来

(4)总库在接到通知时,应编制会计分录如下:

收入:发行基金——××分库户

(5)商业银行向中国人民银行送存现金时,应编制会计分录如下:

借:存放中央银行款项
  　贷:库存现金

二、商业银行缴存存款和贷款的核算

为充分发挥中国人民银行控制货币供应量的职能,我国实行存款准备金制度,采取缴存存款的办法,即各金融机构应按规定比例缴存存款准备金。

根据国家规定,各商业银行吸收的存款以及财政性存款全部划归中国人民银行所有,其吸收的一般性存款,如企业存款、城乡储蓄存款、其他存款,必须按规定的比例缴存中国人民银行,由中国人民银行统一使用。中国人民银行为控制货币供应量,放松或紧缩贷款规模,支持商业银行的业务发展,可向商业银行提供贷款。

(一)商业银行缴存存款(存款准备金)的核算

为了核算各商业银行缴存的财政性存款,应设置"××银行缴来财政性存款"科目,该科目为负债类科目,余额反映在贷方。

为了核算各商业银行缴存的一般性存款,应设置"××银行缴来一般性存款"科目,该科目为负债类科目,余额反映在贷方。

【工作任务6-6】

中国工商银行大连分行9月末各项存款余额调整缴存存款后,已缴存财政性存款40 000 000元,已缴存一般性存款5 000 000元。10月10日该分行各存款科目余额为:

财政性存款　　45 000 000元
企业存款　　　100 000 000元
储蓄存款　　　70 000 000元

各种存款缴存比例为:财政性存款100%,一般性存款13%。

应补缴财政性存款:45 000 000－40 000 000＝5 000 000(元)

应补缴一般性存款:170 000 000×13%－5 000 000＝17 100 000(元)

中国人民银行在办理转账时,应编制会计分录如下:

借:中国工商银行存款户——大连分行　　　　　　　　22 100 000
　贷:中国工商银行缴来财政性存款　　　　　　　　　　5 000 000
　　　中国工商银行缴来一般性存款　　　　　　　　　17 100 000

中国工商银行大连分行在办理转账时,应编制会计分录如下:

借:存放中央银行款项——财政性存款　　　　　　　17 100 000
　　存放中央银行款项——一般性存款　　　　　　　　5 000 000
　贷:存放中央银行款项——备付金存款　　　　　　　22 100 000

(二)对商业银行再贷款的核算

中国人民银行向商业银行贷款分为以下几种:

(1)年度性贷款,指中国人民银行解决专业银行因经济合理增长引起的年度性贷款资金不足而发行的贷款。一般期限为一年,最长不超过两年。

(2)季节性贷款,指中国人民银行解决专业银行因信贷资金先支后收或存、贷季节性下降上升造成的暂时资金不足而发放的贷款。一般期限为两个月,最长不超过四个月。

(3)日拆性贷款,指中国人民银行为解决商业银行因汇划款项未达发生的临时性资金短缺而发行的贷款。一般期限为十天,最长不超过二十天。

(4)再贴现,指用于解决商业银行因办理票据贴现引起的暂时资金不足而融通的资金。期限从再贴现之日到贴现票据到期日止,一般在六个月内。

【工作任务6-7】

中国交通银行杭州分行向中国人民银行杭州分行申请期限为一年的贷款10 000 000元。

中国人民银行杭州分行应编制会计分录如下:

借:交通银行贷款　　　　　　　　　　　　　　　　10 000 000
　贷:交通银行存款　　　　　　　　　　　　　　　　10 000 000

中国交通银行杭州分行应编制会计分录如下:

借:存放中央银行款项　　　　　　　　　　　　　　10 000 000
　贷:向中央银行借款　　　　　　　　　　　　　　　10 000 000

还款时作相反的会计分录,对发生的利息,中国人民银行杭州分行应贷记"利息收入"科目;中国交通银行杭州分行应借记"利息支出"科目。

(三)再贴现的核算

中国人民银行可以为商业银行办理再贴现业务,也就是说,商业银行可以将作为贴现收到的票据向中国人民银行办理再贴现。

【工作任务 6-8】

中国工商银行杭州分行于 2008 年 8 月 1 日将未到期的商业承兑汇票（到期日为 10 月 1 日，票面金额 200 000 元）向中国人民银行杭州分行办理再贴现，月再贴现率为 0.48%。再贴现=200 000×0.48%×2=1 920(元)；再贴现金额=200 000－1 920=198 080(元)。

中国人民银行杭州分行应编制会计分录如下：
借：再贴现——中国工商银行再贴现账户　　　　　　　200 000
　　贷：中国工商银行存款　　　　　　　　　　　　　198 080
　　　　利息收入　　　　　　　　　　　　　　　　　　1 920
中国工商银行杭州分行应编制会计分录如下：
借：存放中央银行款项　　　　　　　　　　　　　　　198 080
　　利息支出　　　　　　　　　　　　　　　　　　　　1 920
　　贷：向中央银行借款——再贴现借款　　　　　　　200 000
该汇票 10 月 1 日到期时，中国人民银行杭州分行应编制会计分录如下：
借：中国工商银行存款　　　　　　　　　　　　　　　200 000
　　贷：再贴现——中国工商银行再贴现　　　　　　　200 000
中国工商银行杭州分行应编制会计分录如下：
借：向中央银行借款——再贴现借款　　　　　　　　　200 000
　　贷：存放中央银行款项　　　　　　　　　　　　　200 000

项目小结

本项目主要讲述商业银行会计核算和中国人民银行会计核算。商业银行会计核算主要讲述存款、贷款、结算业务的核算以及同业拆借等的核算。结算业务核算主要包括商业汇票、支票结算、信用卡结算等的核算。中国人民银行核算主要介绍了货币发行和商业银行缴存存款和贷款的核算。

项目练习

一、单项选择题

1.银行会计的具体对象是(　　)。
A.价值运动　　　　　　　　　　B.会计六要素
C.资金来源、资金运用　　　　　　D.信贷资金运动

2.银行会计对应收利息的核算，当超过会计制度的规定的时间就不再计入当期损益，而在表外登记，这体现了(　　)。
A.权责发生制原则　　　　　　　　B.历史成本原则

C.谨慎性原则 D.划分两类支出原则

3.银行会计具有严密的内部控制管理机制和制度,这体现了银行会计的(　　)。

A.任务 B.作用
C.职能 D.特点

4.银行会计根据有关原始凭证及业务事项,自行编制凭以记账的凭证是(　　)。

A.基本凭证 B.特定凭证
C.原始凭证 D.记账凭证

5.存款人因特定用途需要而开立的存款账户是(　　)。

A.基本存款账户 B.一般存款账户
C.专用存款账户 D.临时存款账户

6.同城、异地均可采用的支付结算方式是(　　)。

A.银行汇票 B.商业汇票
C.银行本票 D.支票

7.既可以用于支取现金,也可以用于转账的支票是(　　)。

A.现金支票 B.转账支票
C.普通支票 D.划线支票

8.银行拍卖抵押品时,当净收入高于贷款本息时应编制的会计分录是(　　)。

A.借:库存现金等
　　贷:抵押贷款——借款人户
　　　　应收利息
　　　　利息收入

B.借:库存现金等
　　贷:逾期贷款——借款人户
　　　　应收利息
　　　　利息收入

C.借:现金等
　　贷:抵押贷款——借款人户
　　　　应收利息

D.借:现金等
　　贷:逾期贷款——借款人户
　　　　应收利息

9.票据贴现实付金额为(　　)。

A.汇票金额 B.贴现利息
C.汇票金额——贴现利息 D.都不是

10.凡是在总行清算中心开立备付金存款账户,办理其辖属行处汇划款项清算的分行称为(　　)。

A.清算行 B.经办行
C.发报行 D.收报行

11.商业银行缴存中国人民银行法定存款准备金可称为(　　)。

A.联行往来 B.同业往来
C.辖内往来 D.金融企业往来

12.对出纳短款,当按规定的审批手段予以报损时,可确认为银行的(　　)。

A.营业费用 B.其他营业支出
C.营业外支出 D.手续费支出

13.在我国,外汇业务在记账方法上的特点表现为采用(　　)。

A.外汇统账制 B.借贷复式记账法
C.单式记账法 D.外汇分账制

14.能够反映固定资产出售、报废或毁损的主要科目是（　　）科目。
A."待处理财产损溢"　　　　B."固定资产"
C."固定资产清理"　　　　　D."营业外支出"

二、多项选择题

1.银行会计记账方法按其登记经济业务方式不同,可选择（　　）。
A.借贷复式记账法　　　　B.资金收付复式记账法
C.单式记账法　　　　　　D.增减复式记账法
E.财产收付复式记账法

2.银行会计的综合核算系统的构成要素是（　　）。
A.余额表　　　　　　　　B.科目日结单
C.总账　　　　　　　　　D.日计表
E.分户账

3.出纳错款的处理原则包括（　　）。
A.长款不得寄库　　　　　B.长款立即退还原主
C.短款不得空库　　　　　D.不得以长补短
E.不得侵占

4.银行的营业外收入应包括（　　）。
A.固定资产盘盈　　　　　B.出纳长款收入
C.固定资产清理净收益　　D.罚款收入
E.教育费附加返还款等

5.银行固定资产的计价方法主要有（　　）。
A.按原始价值计价　　　　B.按公允价值计价
C.按完全重置价值计价　　D.按转移价值计价
E.按净值计价

三、计算及会计处理题

1.M公司于3月15日来办理迁厂销户,其存款账户余额为500 000元,经计算,截至当日应支付的利息为25 000元。

2.储户李明来行办理的整存整取一年期定期储蓄存款(2020年1月3日存入,约定利率2.25%,存款金额20 000元),现已过期20天。当李明于2021年1月23日来行支取时,银行编制相应的会计分录。(当日公告的活期储蓄存款利率为0.99%)

3.N公司于2021年7月25日申请一笔200 000元的半年期贷款,年利率5.472%,经审查同意发放。

4.本旬应调增缴存财政性存款100 000元。

5.用银行存款购买土地使用权1 000 000元。

6.盘盈验钞机一台,完全重置价值为20 000元,估计折旧为2 000元。

7.本行开户单位乙公司提交"转账支票"及一式三联"进账单",用以支付他行开户的丙单位的购货款60 000元,经审查后入账。

8.收到系统内涪陵支行寄来的信汇凭证及联行贷方报单,经审查是甲公司的销售款,金额为50 000元,经审查后入账。

9.系统内安山支行寄来联行贷方报单及委托收款凭证第四联,此为本行开户的 A 单位的销货款,金额为 100 000 元,经审查后入账。

10.发生出纳长款一笔,金额 500 元。

四、思考题

1.简述银行会计账务每日核对的内容。

2.简述整存整取定期储蓄存款利息的计算。

项目七 农业企业会计

学习目标

1. 理解生物资产分类以及农业企业各种业务；
2. 掌握农业企业会计核算方法；
3. 熟练运用相关会计科目编制会计分录。

任务一　农业企业会计认知

一、农业企业的特征

1. 生产对象的生命性

生物不但是农业企业的生产对象，同时也是生产资料。在会计核算中，生物资产有的属于存货，有的属于固定资产。生物繁殖、生长周期和生长规律受自然条件的影响很大，因此，农业生产具有较大的不确定性。

2. 生产周期的季节性

在农业生产中，企业利用植物和动物生长和生理机能进行生产，因此，产品的生产时间和生产者的劳动时间往往是不一致的。在完成一般的人类劳动之外，生物性资产通常需要额外的自然生长时间才能形成有价值的农产品。这样就形成了农业生产的季节性。

3. 多种经济成分复杂性

从所有制角度来看，农业企业呈现出多种经济成分并存的局面，有国有农场、建设兵团、集体企业、个体企业、合伙企业、有限责任公司和股份制公司等不同形式。特别是国有农场和建设兵团具有一定的特殊性。

4. 劳动资料、劳动对象和劳动产品的相互转化性

农业企业的劳动对象是具有生命的动物和植物，因此劳动的对象和产品常常存在相互转换的情况。例如畜牧业的幼畜可以转化为育肥畜，育肥畜又可以转化为产畜，产畜淘汰又可转为育肥畜。在畜牧业生产中，幼畜是指未成熟的牲畜或家禽，成熟后可能出售也可能转为生产性生物资产，如役畜、奶畜或种畜等。育肥畜是指在生产中未成熟的牲畜或家禽，成熟后一般用于出售，如育肥猪、肉鸡等。

二、农业企业会计的特点

作为应用于农业企业的专门会计,农业企业会计以货币为主要计量单位,同时也是农业企业经济管理的重要组成部分。农业企业生产经营过程具有一定的特殊性,因此农业企业的会计核算也具有显著的特点。

1.成本计算与资金构成的复杂性

农业企业的多种经营、综合经营决定了农业企业会计核算必须按农业企业的需要确定会计核算对象,核算各种业务的收入与成本,例如养殖业务、屠宰业务、加工业务等。

2.月度生产资金耗费不均衡性

由于农业生产的周期较长,生产费用在整个经营期间内并非均匀发生,因此,在计算经营成本时需要以年为会计期间分配具体费用。

3.资金用途的相互转换性

在农业企业会计核算过程中,部分产成品占用的货币资金会以某种形式转换成生产占用资金或者储备占用资金,这是因为在农业企业经营过程中,劳动资料、劳动对象和劳动产品具有相互转化性,从而导致了资金形式的转换。

任务二 农业企业会计核算

一、生物资产的定义和特点

1.生物资产的定义

生物资产是指与农业生产相关的有生命的动物和植物。与国际会计准则相比较,我国会计准则在定义生物资产时不涉及产权方面的概念,定义相对宽泛。

2.生物资产的特点

(1)生物资产的生物转化性

有生命的动物或者植物其自身具有生物转化的能力。生物转化指的是生物资产的质量和数量发生变化的生长、蜕化、繁殖和生产的过程。生物资产的自身转化过程与制造企业的原材料消耗过程具有一定的相似性,两种过程的结果都是资产的形态最终发生了变化,并且价值得到增加。两者的区别在于:一方面,生物资产的转化过程中,生物体自身起到了主导作用,人工的管理以及自然界的作用对于生物资产的转化起到的是辅助作用,而在制造企业生产中,原材料没有自身转化的能力;另一方面,生物资产在完成转化过程后其数量常常是增加的,例如细胞分裂、产畜的生产等,而在制造企业生产过程中,原材料是被消耗的对象,在转化过程完成后,原材料的数量是减少的。

(2)生物资产的流动性与长期性

具有特殊经营目的的生物资产具有流动性的特点,例如,饲养牛羊以取其皮、肉为经营目的,此时生物资产只能利用一次,这样的生物资产具有流动性。

生物资产在经营过程中可以长期使用,连续多年为企业创造价值,例如,饲养牛羊以取其奶、毛为经营目的,这样的生物资产可以长期反复使用,具有长期性。

就生物资产的长期性而言,其与固定资产具有一定的相似性。而生物资产与固定资产具有本质区别。生物资产是有生命的,具有天然增值能力;而固定资产是没有生命的,不具有自身增值能力。这种区别主要体现在以下两方面:一方面,固定资产投产后,其价值随着生命周期的延续呈逐年下降趋势,而生物资产的价值随生命周期的延长呈缓慢增长、快速增长、趋于稳定和下降趋势;另一方面,固定资产投产后,其产能随着生命周期的延续呈逐年递减趋势,而生物资产的产能随生命周期的延长呈零产能、增长、稳定、下降趋势。

二、生物资产的确认与分类

1. 生物资产的确认

生物资产必须同时满足三个条件才能予以确认:企业因过去交易或事项而拥有或者控制着该生物资产;该生物资产所包含的未来经济利益很可能流入企业;该生物资产的成本能够可靠地计量。

2. 生物资产的分类

根据生物资产持有目的不同,可以将其分为消耗性生物资产、生产性生物资产和公益性生物资产。

(1)消耗性生物资产指的是为出售而持有的,或者在将来收获为农产品的生物资产,如种植的水稻和玉米等庄稼、大棚蔬菜、林业中长成后作为原木的用材林以及存栏待售的牲畜等。消耗性生物资产通常被一次性消耗并终止其服务能力或未来经济利益,因此在一定程度上具有存货的特征。

(2)生产性生物资产是为产出农产品、提供劳务或者出租而持有的生物资产。包括诸如下蛋产奶的牲畜、种畜、役畜以及果树。生产性生物资产具有自我生长性,属于有生命的劳动手段。按照是否能进入正常生产周期为标准,生产性生物资产还应当分为成熟生产性生物资产和未成熟生产性生物资产。未成熟生产性生物资产指的是未进入正常生产周期,不能多年连续提供劳动服务或可以连续收获产品的生产性生物资产,如未开始下蛋的鸡鸭等;成熟生产性生物资产是指进入正常生产周期,能够多年连续提供劳动服务或可以连续收获产品的生产性生物资产。

(3)公益性生物资产是指以防护和环境保护为主要目的的生物资产,包括防风固沙林、水土保持林和水源涵养林等。企业拥有的公益性生物资产虽然不能直接为企业带来利益,但是有可能为企业从相关的资产中带来经济收益,因此符合生物资产的确认条件。

三、消耗性生物资产的核算

(一)消耗性生物资产会计核算的科目设置

为了对消耗性生物资产进行核算,需要设置"消耗性生物资产""消耗性生物资产跌价准备"等科目。

"消耗性生物资产"科目,用于核算农业企业持有的消耗性生物资产的实际成本。科目借方登记外购、自行栽培、营造、繁殖等各种方式取得的消耗性生物资产的实际成本;贷方登记收获和处置消耗性生物资产的实际成本,期末借方余额反映企业消耗性生物资产的实际成本。

"消耗性生物资产跌价准备"科目,用于核算消耗性生物资产价格下跌时计提的跌价准备。科目借方登记处置消耗性生物资产结转的跌价准备和转回的消耗性生物资产跌价准备;贷方登记消耗性生物资产可变现净值低于账面价值的差额,期末贷方余额反映企业已经计提但尚未转销的消耗性生物资产跌价准备。

(二)消耗性生物资产取得的核算

消耗性生物资产取得的核算首先要确定资产的入账价值。消耗性生物资产的初始入账价值,是指消耗性生物资产的取得成本。消耗性生物资产的取得方式包括外购、自行栽培、自行营造、自行繁殖、水产养殖、天然起源、盘盈、接受捐赠、接受投资、非货币性交易、债务重组等。取得方式的不同,其初始入账价值的确定也不相同。

1.外购的消耗性生物资产

外购的用材林、育肥畜等消耗性生物资产的实际成本,应当按其购买价款、相关税费、运输费、保险费以及可以直接归属于该资产的其他支出确定。包括场地整理费、装卸费、栽植费、专业人员服务费等。

外购的消耗性生物资产,应按计入消耗性生物资产成本的金额,借记"消耗性生物资产"科目,贷记"银行存款""应付账款""应付票据"等科目。

【工作任务7-1】

绿山川有限公司购入一批成年肉猪,买价25 000元,运输费1 000元,装卸费300元,保险费1 000元,用银行存款支付。应编制会计分录如下:

借:消耗性生物资产　　　　　　　　　　　　　　　　　　27 300
　　贷:银行存款　　　　　　　　　　　　　　　　　　　　　　27 300

2.自行栽培大田作物和蔬菜类消耗性生物资产

自行栽培大田作物和蔬菜类消耗性生物资产的成本,根据其在收获前耗用的种子、肥料、农药等材料费、人工费等必要支出进行确定。按收获前发生的必要支出,借记"消耗性生物资产"科目,贷记"银行存款"科目。

【工作任务7-2】

绿山川有限公司种植的农作物为水果玉米,耗用种子4 000元,肥料3 000元,农药6 000元,人工费15 000元。应编制会计分录如下:

借:消耗性生物资产　　　　　　　　　　　　　　　　　　28 000
　　贷:银行存款　　　　　　　　　　　　　　　　　　　　　　28 000

3.自行营造的林木类消耗性生物资产

自行营造的林木类消耗性生物资产的成本,根据其郁闭前发生的造林费、抚育费、森林保护费、营林设施费、良种试验费、调查设计费及应分摊的间接费用等必要支出确定。借记

"消耗性生物资产"科目,贷记"银行存款""应付账款""应付票据"等科目。

【工作任务7-3】

绿山川有限公司自行营造用材林,林木郁闭前用银行存款支付发生的育林费200 000元,抚育费30 000元,森林保护费10 000元,调查设计费10 000元,应编制会计分录如下:

借:消耗性生物资产　　　　　　　　　　　　　　　　250 000
　　贷:银行存款　　　　　　　　　　　　　　　　　　　　250 000

4.自行繁殖的育肥畜

自行繁殖的育肥畜类消耗性生物资产的实际成本,根据其在出售前发生的饲料费、人工费、其他直接费用和应分摊的间接费用等必要支出确定。按育肥畜出售前发生的必要支出,借记"消耗性生物资产"科目,贷记"银行存款""应付账款""应付票据"等科目。

【工作任务7-4】

绿山川有限公司繁殖一批仔猪,出售前用银行存款支付饲料费70 000元,人工费80 000元,其他直接费用10 000元。应编制会计分录如下:

借:消耗性生物资产　　　　　　　　　　　　　　　　160 000
　　贷:银行存款　　　　　　　　　　　　　　　　　　　　160 000

5.水产养殖的动物和植物消耗性生物资产

水产养殖的动物和植物消耗性生物资产的实际成本,根据其在出售或入库前耗用的苗种、饲料、肥料等材料费、人工费、其他直接费用和应分摊的间接费用等必要支出确定。按水产养殖动植物出售或入库前发生的必要支出,借记"消耗性生物资产"科目,贷记"银行存款""应付账款""应付票据"等科目。

【工作任务7-5】

绿山川有限公司养殖草鱼一批,出售前用银行存款支付苗种费10 000元,饲料费30 000元,人工费15 000元。应编制会计分录如下:

借:消耗性生物资产　　　　　　　　　　　　　　　　55 000
　　贷:银行存款　　　　　　　　　　　　　　　　　　　　55 000

6.天然起源的消耗性生物资产

对于天然林等天然起源的消耗性生物资产,当有确凿证据表明企业能够拥有、控制该消耗性生物资产时,才能予以确认。天然起源的消耗性生物资产的公允价值无法可靠地取得,应按名义金额确定消耗性生物资产的成本,同时计入当期损益,名义金额为1元人民币,即借记"消耗性生物资产"科目,贷记"营业外收入"科目。

【工作任务 7-6】

绿山川有限公司取得天然起源的天然林800亩,该批林木属于工业原料林,应编制会计分录如下:

借:消耗性生物资产　　　　　　　　　　　　　　1
　　贷:营业外收入　　　　　　　　　　　　　　　　　　1

(三)消耗性生物资产的后续计量

消耗性生物资产的后续计量通常有两种方式:历史成本计量和公允价值计量。采用历史成本对消耗性生物资产进行计量时,消耗性生物资产成本按成本减掉累计折旧和跌价准备计量。采用公允价值对消耗性生物资产进行计量需要同时满足两个条件:其一,消耗性生物资产有活跃的交易市场,即能够在交易市场中直接交易;其二,能够从交易市场上取得同类或类似消耗性生物资产的市场价格及其他相关信息,从而对该消耗性生物资产的公允价值做出科学合理的估计。

活跃的交易市场,是指同时具有下列三个特征的市场:市场内交易的对象具有同质性;可随时找到自愿交易的买方和卖方;市场价格信息是公开的。

同类或类似的消耗性生物资产,是指品种相同、质量等级相同或类似、生长时间相同或类似、所处气候和地理环境相同或类似的有生命的动物和植物。这一规定表明,企业能够客观而非主观随意地使用公允价值模式计量。

在公允价值模式下,企业不再对消耗性生物资产计提折旧和计提跌价准备或减值准备,应当以资产负债表日消耗性生物资产的公允价值减去估计销售时所发生的费用后的净额计量,各期变动计入当期损益。一般情况下,企业对消耗性生物资产的计量模式一经确定,不得随意变更。以下主要阐述在历史成本计量模式下的消耗性生物资产的会计核算方法。

以林木类消耗性生物资产为例,在其生长的过程中,经营者会对林木进行择伐、间伐或者因抚育更新而采伐,经过采伐后的林木需要补植,对于补植所发生的林木类资产后续经营支出,借记"消耗性生物资产"科目,贷记"银行存款""应付账款""应付票据"等科目。

【工作任务 7-7】

绿山川有限公司对工业原料林实行更新采伐,更新采伐后按作业计划对采伐迹地进行更新造林,用银行存款支付森林保护费5 000元,人工费15 000元,材料费7 000元。应编制会计分录如下:

借:消耗性生物资产　　　　　　　　　　　　　　27 000
　　贷:银行存款　　　　　　　　　　　　　　　　　　27 000

(四)消耗性生物资产减值的核算

1.消耗性生物资产发生减值的确认

鉴于消耗性生物资产具有未来经济利益的不确定性,企业至少应当于每年年度终了对消耗性生物资产进行检查,有确凿证据表明其发生减值的,应当计提消耗性生物资产跌价准备。

此外,消耗性生物资产存在下列情形之一的,通常表明该消耗性生物资产发生了减值:

(1)因遭受火灾、旱灾、水灾、冻灾、台风、冰雹等自然灾害,造成消耗性生物资产发生实体损坏,影响该资产的进一步生长或生产,从而降低其产生经济利益的能力。

(2)因遭受病虫害或动物疫病侵袭,造成消耗性生物资产的市场价格大幅度持续下跌,并且在可预见的未来无回升的希望。

(3)因消费者偏好改变而使企业消耗性生物资产收获的农产品的市场需求发生变化,导致市场价格逐渐下跌。

(4)因企业所处经营环境,如动植物检验检疫标准等发生重大变化,从而对企业产生不利影响,导致消耗性生物资产的市场价格逐渐下跌。

(5)其他足以证明消耗性或生产性生物资产实质上已经发生减值的情形。

2.消耗性生物资产减值的账务处理

会计期末农业企业需要按消耗性生物资产账面价值与可变现净值之间的差额计提减值准备,设置"资产减值损失——消耗性生物资产"科目核算资产价格波动所产生的损失,设置"存货跌价准备——消耗性生物资产"科目核算当期计提的跌价准备。若消耗性生物资产的可变现净值低于账面价值,则根据差额借记"资产减值损失——消耗性生物资产"科目,贷记"存货跌价准备——消耗性生物资产"科目。在发生减值损失之后,若引起资产减值的因素已经消失,则应将已计提的资产减值损失冲销,借记"存货跌价准备——消耗性生物资产"科目,贷记"资产减值损失——消耗性生物资产"科目。

【工作任务7-8】

绿山川有限公司种植玉米200公顷,6月发生自然灾害导致90公顷的玉米遭到严重损害,灾后可变现净值约为150 000元,灾后受损的玉米可变现净值低于账面价值120 000元,则应计提跌价准备120 000元,应编制会计分录如下:

借:资产减值损失——消耗性生物资产(玉米)　　　　120 000
　　贷:存货跌价准备——消耗性生物资产(玉米)　　　　　　120 000

【工作任务7-9】

接【工作任务7-8】,绿山川有限公司通过科学技术手段消除了自然灾害的影响,此时公司应对生物资产的可变现净值进行恢复,应编制会计分录如下:

借:存货跌价准备——消耗性生物资产(玉米)　　　　120 000
　　贷:资产减值损失——消耗性生物资产(玉米)　　　　　　120 000

(五)消耗性生物资产的收获以及处置

1.收获消耗性生物资产的会计核算方法

消耗性生物资产收获后转为企业拥有的农产品时,应当按消耗性生物资产账面价值结转成本,借记"农产品"科目,贷记"消耗性生物资产"科目,消耗性生物资产成本结转的具体方法包括个别计价法、加权平均法、蓄积量比例法、轮伐期年限法、折耗率法等,蓄积量比例法、轮伐期年限法、折耗率法等方法都是林业中通常使用的方法。

(1)加权平均法

加权平均法是畜牧养殖企业常用的方法,以下举例说明如何用加权平均法结转成本。

【工作任务7-10】

绿山川有限公司4月末养殖的肉猪账面余额为38 000元,共计50头;5月15日花费10 000元新购入一批肉猪养殖,共计20头;5月30日屠宰并出售肉猪25头,支付临时工屠宰费用500元,出售取得价款20 000元;5月份共发生饲养费用1 000元(其中,应付专职饲养员工资600元,饲料400元)。采用移动加权平均法结转成本。应编制会计分录如下:

平均单位成本=(38 000+10 000+1 000)÷(50+20)=700(元)
出售猪肉的成本=700×25=17 500(元)

借:消耗性生物资产——肉猪	10 000	
贷:银行存款		10 000
借:消耗性生物资产——肉猪	1 000	
贷:应付职工薪酬		600
原材料		400
借:农产品——猪肉	18 000	
贷:消耗性生物资产——肉猪		17 500
库存现金		500
借:库存现金	20 000	
贷:主营业务收入		20 000
借:主营业务成本	18 000	
贷:农产品——猪肉		18 000

(2)蓄积量比例法

蓄积量比例法以达到经济成熟可供采伐的林木为"完工"标志,将包括已成熟和未成熟的所有林木按照完工程度(林龄、林木培育程度、费用发生程度等)折算为达到经济成熟可供采伐的林木总体蓄积量,然后按照当期采伐林木的蓄积量占折算的林木总体蓄积量的比例,确定应该结转的林木资产成本。该方法主要适用于因择伐方式和林木资产由于择伐更新使其价值处于不断变动的情况。计算公式为:

$$\text{某期应结转的林木资产成本} = \left(\text{当期采伐林木的蓄积量} \div \text{林木总体蓄积量}\right) \times \text{期初林木资产账面总值}$$

(3)轮伐期年限法

轮伐期年限法将林木原始价值按照可持续经营的要求,在其轮伐期的年份内平均摊销,并结转林木资产成本。其中,轮伐期是指将一块林地上的林木均衡分批、轮流采伐一次所需要的时间(通常以年为单位计算)。计算公式为:

> 某期应结转的林木资产成本＝林木资产原值÷轮伐期

(4) 折耗率法

折耗率法也是林业上常用的方法之一。该方法按照采伐林木所消耗林木蓄积量占到采伐结束预计该地区、该树种可能达到的总蓄积量比例摊销、结转所采伐林木资产成本。计算公式为：

> 采伐的林木应摊销的林木资产价值＝折耗率×所采伐林木的蓄积量
> 折耗率＝林木资产总价值÷到采伐结束预计的总蓄积量

其中的折耗率应按树种、地区分别测算；林木资产总价值是指该地区、该树种的营造林历史成本总和；预计总蓄积量是指到采伐结束预计该地区、该树种可能达到的总蓄积量。

2. 处置消耗性生物资产的会计核算方法

消耗性生物资产在出售时，按交易实际收到金额借记"银行存款"科目，贷记"主营业务收入"科目。同时按消耗性生物资产账面余额借记"主营业务成本"科目，贷记"消耗性生物资产"科目。若资产已计提跌价或者减值准备或折旧的，则需结转相应的跌价或减值准备或累计折旧。

【工作任务7-11】

绿山川有限公司10月将育成的50头猪仔出售给某食品加工厂，价款总额22 000元，已经收到对方的银行付款。该批猪仔未计提跌价准备，出售猪仔时该批猪仔账面价值为18 000元。则B公司应编制会计分录如下：

借：银行存款	22 000
贷：主营业务收入	22 000
借：主营业务成本	18 000
贷：消耗性生物资产	18 000

【工作任务7-12】

绿山川有限公司11月出售鲜鲤鱼8 000千克，每千克鲤鱼售价5元，每千克鲤鱼成本3元，该批鲤鱼未计提跌价准备。未收到对方货款。应编制会计分录如下：

借：应收账款	40 000
贷：主营业务收入	40 000
借：主营业务成本	24 000
贷：消耗性生物资产	24 000

四、生产性生物资产的核算

相比消耗性生物资产，生产性生物资产在生产经营中可以被长期反复地使用，从而不断产出农产品或者是被长期役用。因此，生产性生物资产在一定程度上具有固定资产的特征，例如，果树每年产出水果、奶牛每年产奶等。

(一)生产性生物资产会计核算的科目设置

为了对生产性生物资产进行核算,需要设置"生产性生物资产""生产性生物资产减值准备""农业生产成本""生产性生物资产累计折旧"等科目。

"生产性生物资产"科目用于核算农业企业持有的生产性生物资产的实际成本。科目借方登记外购、自行栽培、营造、繁殖等各种方式取得的生产性生物资产的实际成本;贷方登记收获和处置生产性生物资产的实际成本,期末借方余额反映生产性生物资产的实际成本。

"生产性生物资产减值准备"科目用于核算生产性生物资产可收回金额低于成本或者账面价值时计提的准备。科目借方登记处置生产性生物资产时结转的减值准备;贷方登记生产性生物资产可收回金额低于成本或账面价值的差额,期末贷方余额反映企业已经计提但尚未结转的生产性生物资产减值准备。生产性生物资产减值准备一经计提不得转回,这点是与消耗性生物资产不同的地方。

"农业生产成本"科目用于核算企业在农业经营活动中发生的各项生产费用。按种植业、畜牧养殖业、林业和水产业等行业分类确定核算对象,对生产活动中发生的各项费用进行归集与分配。

"生产性生物资产累计折旧"科目用于核算成熟的生产性生物资产的累计折旧,按生产性生物资产的种类、群别等进行明细核算,其借方登记处置生产性生物资产结转的累计折旧,贷方登记计提的生产性生物资产的折旧,期末贷方余额反映成熟的生产性生物资产的累计折旧额。

(二)生产性生物资产取得的核算

与消耗性生物资产类似,生产性生物资产的取得,按方式不同分为外购、自行营造、盘盈、接受捐赠、自行繁殖、育肥畜转为产畜和役畜、天然起源获得等。取得方式不同,其初始入账价值的确定也不相同。

1.企业外购生产性生物资产

农业企业外购生产性生物资产,按应计入生产性生物资产成本的金额借记"生产性生物资产"科目,贷记"银行存款""应付账款"等科目。外购生产性生物资产的成本包括购买价款、相关税费、运输费、保险费以及可直接归属于购买该资产的其他支出。其中,可直接归属于购买该资产的其他支出包括场地整理费、装卸费、栽植费、专业人员服务费等。购买过程中发生的相关税费、运输费、保险费等可直接归属于购买该资产的其他支出,应当按照各项生产性生物资产的价款比例进行分配,分别确定各项生产性生物资产的成本。

【工作任务7-13】

绿山川有限公司购买15头种公猪、30头母猪,单价分别为4 000元/头和3 000元/头,支付的价款共计150 000元。此外,发生的运输费为4 500元,保险费为3 000元,装卸费为2 250元,款项尚未支付。

(1)确定应分摊的运输费、保险费和装卸费

分摊比例=(4 500+3 000+2 250)÷150 000=6.5%

因此15头种公猪应分摊的金额=4 000×15×6.5%=3 900(元)

30 头母猪应分摊的金额=3 000×30×6.5%=5 850(元)

(2)确定入账价值

15 头种公猪的入账价值=4 000×15+3 900=63 900(元)

30 头母猪的入账价值=3 000×30+5 850=95 850(元)

该公司应编制会计分录如下:

借:生产性生物资产——种公猪	63 900
——母猪	95 850
贷:应付账款	159 750

2.自行营造林木类生产性生物资产

自行营造林木类生产性生物资产的初始取得成本,按达到预先计划的生产经营目的前所发生的必要支出入账,借记"生产性生物资产"科目,贷记"银行存款""应付账款"或者"应付票据"等科目。

【工作任务 7-14】

绿山川有限公司自行营造具有生长特点的柑橘果树林 20 公顷,发生直接材料费用 100 000 元,人员工资 50 000 元,以银行存款支付技术咨询服务费 15 000 元。应编制会计分录如下:

借:生产性生物资产——未成熟生产性生物资产(柑橘)	165 000
贷:原材料	100 000
应付职工薪酬	50 000
银行存款	15 000

3.自行繁殖的产畜和役畜类生产性生物资产

自行繁殖的产畜和役畜类生产性生物资产,按其达到生产经营目的前发生的必要支出,借记"生产性生物资产"科目,贷记"银行存款""应付账款"和"应付票据"等科目。需要注意的是,在具体业务中,生产性生物资产在达到预定生产经营目的之前发生的必要支出在"生产性生物资产——未成熟生产性生物资产"科目归集。

未成熟生产性生物资产达到预定生产经营目的时,按其账面余额,借记"生产性生物资产——成熟生产性生物资产"科目,贷记"生产性生物资产——未成熟生产性生物资产"科目,未成熟生产性生物资产已计提减值准备的,还应同时结转已计提的减值准备。

【工作任务 7-15】

绿山川有限公司养殖奶牛 5 头,产奶前实际成本包括饲料费 30 000 元,人工饲养费 14 000 元,其他费用 8 000 元,应编制会计分录如下:

借:生产性生物资产——未成熟生产性生物资产(奶牛)	52 000
贷:原材料	30 000
应付职工薪酬	14 000
银行存款	8 000

4.育肥畜转为产畜和役畜

企业将育肥畜转为产畜和役畜,按照其消耗性生物资产账面余额,借记"生产性生物资产"科目,贷记"消耗性生物资产"科目。若原资产已经计提跌价准备的,还需要同时结转存货跌价准备。

【工作任务 7-16】

绿山川有限公司将一批肉羊转为种羊,这批肉羊的账面价值为46 000元,已计提存货跌价准备5 000元。应编制会计分录如下:

借:生产性生物资产	41 000
存货跌价准备——消耗性生物资产(肉羊)	5 000
贷:消耗性生物资产	46 000

5.天然起源的生产性生物资产

天然林等天然起源的生产性生物资产,当有确凿证据表明企业能够拥有、控制该生物资产时,才能予以确认。天然起源的生产性生物资产的公允价值无法可靠地取得,应按名义金额确定生产性生物资产的成本,同时计入当期损益,名义金额为1元人民币,借记"生产性生物资产"科目,贷记"营业外收入"科目。

【工作任务 7-17】

绿山川有限公司取得天然起源林1 000亩,该批林木属于生产性生物资产,应编制会计分录如下:

借:生产性生物资产	1
贷:营业外收入	1

(三)生产性生物资产的后续计量

生产性生物资产后续计量有两种模式:历史成本计量和公允价值计量。采用历史成本对生产性生物资产进行计量,未成熟的生产性生物资产按成本减去累计减值准备计量,成熟的生产性生物资产按成本减去累计折旧及累计减值准备计量。以下主要阐述在历史成本计量模式下的生产性生物资产的会计核算方法。

以林业为例,由于间伐、择伐或者抚育更新而补植林木类生产性生物资产发生的后续支出,借记"生产性生物资产"科目,贷记"银行存款""应付职工薪酬"等科目。

【工作任务 7-18】

绿山川有限公司对自有的橡胶林进行择伐,择伐后按照作业计划对择伐迹地进行更新造林,发生人工费用40 000元,材料费用20 000元,应编制会计分录如下:

借:生产性生物资产——未成熟生产性生物资产(橡胶林)	60 000
贷:原材料	20 000
应付职工薪酬	40 000

(四)生产性生物资产折旧的核算

生产性生物资产折旧的核算,是指在生产性生物资产的使用寿命内,按照确定的方法对应计折旧额进行系统分摊。其中,应计折旧额是指应当计提折旧的生产性生物资产的原价扣除预计净残值后的余额;如果已经计提减值准备,还应当扣除已计提的生产性生物资产减值准备累计金额。预计净残值是指预计生产性生物资产使用寿命结束时,在处置过程中所发生的处置收入扣除处置费用后的余额。

1.需要提取折旧的生产性生物资产

当生产性生物资产达到预定生产经营目的时,企业应当对该项资产按期计提折旧。

与固定资产计提折旧类似,企业一般应按月计提折旧,当月增加的成熟生产性生物资产,当月不提折旧,从下月起计提折旧;当月减少的成熟生产性生物资产,当月照提折旧,从下月起不提折旧。成熟生产性生物资产提足折旧后,不管能否继续使用,均不再提取折旧;提前报废的成熟生产性生物资产,也不再补提折旧。

2.影响生产性生物资产预计使用寿命的因素

企业在确定生产性生物资产的使用寿命时,应当考虑下列主要因素:一是该资产的预计生产能力或实物产量;二是该资产的有形损耗,如经济林木、产畜和役畜的老化情况等;三是该资产的无形损耗,如因新品种的出现而使现有的生产性生物资产的生产能力和产出品的质量相对下降等;四是有关资产使用的法律或者类似的限制。

如对于融资租赁的生产性生物资产,按租赁合同的规定,能够合理确定租赁期届满时将会取得租赁资产所有权的,应当在租赁资产尚可使用年限内计提折旧;如果无法合理确定租赁期届满时能够取得租赁资产所有权的,应当在租赁期与租赁资产尚可使用年限两者中较短的期间内计提折旧。

3.生产性生物资产的折旧方法

生物资产准则规定了企业可选用的折旧方法包括年限平均法、工作量法、产量法等。在具体运用时,企业应当根据生产性生物资产的具体情况,合理选择相应的折旧方法。

(1)年限平均法

年限平均法是将生产性生物资产的应计折旧额平均分摊到生产性生物资产预计使用年限中的一种方法,采用年限平均法计提折旧,在每一会计期间所计提的折旧额均是相等的,在资产使用年限到期时对资产进行报废,一般可收回部分残值。计算公式为:

$$年折旧率 = (1 - 净残值率) \div 预计使用寿命(年)$$
$$月折旧率 = 年折旧率 \div 12$$
$$月折旧额 = 固定资产原值 \times 月折旧率$$

【工作任务7-19】

绿山川有限公司一头奶牛原价为10 000元,预计这头奶牛产奶期为5年,预计净残值率为5%。则该头奶牛的月折旧额计算如下:

$$奶牛年折旧率 = (1 - 5\%) \div 5 = 19\%$$
$$奶牛月折旧率 = 19\% \div 12 = 1.58\%$$
$$奶牛本月月折旧额 = 10\ 000 \times 1.58\% = 158(元)$$

（2）工作量法

工作量法是根据实际工作量计提生产性生物资产折旧额的一种方法。计算公式为：

$$单位工作量折旧额 = \frac{生产性生物资产原值 \times (1 - 预计净残值率)}{预计工作总量}$$

$$某项生产性生物资产月折旧额 = 该项生产性生物资产当月工作量 \times 单位工作量折旧额$$

（3）产量法

产量法是按照生产性生物资产提供的农产品产量或者新的生物资产的数量来计提累计折旧的一种方法，实质上是工作量法的一种特殊形式。而产量法更能体现生物资产自身生长发育的规律，能很好地与成本收益原则保持一致。计算公式为：

$$单位产出品折旧额 = \frac{生产性生物资产原值 \times (1 - 预计净残值率)}{预计产出品总量}$$

$$某项生产性生物资产月折旧额 = 该项生产性生物资产当月产出品数量 \times 单位产出品折旧额$$

【工作任务 7-20】

绿山川有限公司奶牛原价为 10 000 元，预计生产牛奶综合产量为 50 000 千克，预计净残值率为 5%。当月该奶牛产奶 500 千克，则该奶牛的本月折旧额计算如下：

$$每千克奶牛折旧额 = \frac{10\,000 \times (1 - 5\%)}{50\,000} = 0.19(元/千克)$$

本月折旧额 = 500 × 0.19 = 95（元）

4. 生产性生物资产折旧的账务处理

企业按月对成熟的生产性生物资产进行计提折旧，借记"农业生产成本""管理费用"等科目，贷记"生产性生物资产累计折旧"科目。

【工作任务 7-21】

绿山川有限公司为保护种植的经济作物，公司种了一批农田防护林，该批农田防护林本月应计提折旧 300 元，应编制会计分录如下：

借：管理费用　　　　　　　　　　　　　　　　　　300
　　贷：生产性生物资产累计折旧　　　　　　　　　　　　300

【工作任务 7-22】

绿山川有限公司对本公司用于产奶的奶牛计提折旧 2 000 元。应编制会计分录如下：

借：农业生产成本——奶牛　　　　　　　　　　　2 000
　　贷：生产性生物资产累计折旧　　　　　　　　　　　2 000

(五)生产性生物资产减值准备的核算

1.生产性生物资产减值准备的确认

由于生产性生物资产同样具有未来经济利益不确定性和高风险性,《企业会计准则》规定企业每年年末需要对生产性生物资产进行检查,在有确凿的证据表明由于自然灾害、病虫害、动物疫病侵袭或市场需求变化等原因,可能导致生产性生物资产可收回金额低于账面价值的情况下,要对生产性生物资产计提减值准备。计提减值准备以生产性生物资产可收回金额与账面价值之间的差额入账,同时确认当期损益。根据《企业会计准则》的规定,生产性生物资产减值准备一经计提,不得转回。

2.判断生产性生物资产的减值

具体来说,可能造成生产性生物资产可收回金额低于账面价值的情况如下:

(1)因遭受火灾、旱灾、水灾、冻灾、台风、冰雹等自然灾害,造成消耗性生物资产或生产性生物资产发生实体损坏,影响该资产的进一步生长或生产,从而降低其产生经济利益的能力。

(2)因遭受病虫害或者疯牛病、禽流感、口蹄疫等动物疫病侵袭,造成消耗性生物资产或生产性生物资产的市场价格大幅度持续下跌,并且在可预见的未来无回升的希望。

(3)因消费者偏好改变而使企业的生产性生物资产收获的农产品的市场需求发生变化,导致市场价格逐渐下跌。与工业产品不同,一般情况下技术进步不会对生产性生物资产的价值产生明显的影响。

(4)因企业所处经营环境,如动植物检验检疫标准等发生重大变化,从而对企业产生不利影响,导致生产性生物资产的市场价格逐渐下跌。

(5)同期市场利率或者其他市场投资报酬率大幅度提高,进而很可能影响企业计算生产性生物资产可收回金额的折现率,并导致生产性生物资产可收回金额大幅度降低。

(6)其他足以证明生产性生物资产实质上已经发生减值的情形。

3.计提生产性生物资产减值准备

经过严谨的判断,生产性生物资产确实已经发生减值的,企业应当根据《企业会计准则》进行相应的资产减值处理。计提生产性生物资产减值准备具体步骤如下:

(1)判断生产性生物资产减值迹象。

(2)计算确定生产性生物资产可收回金额,并比较可收回金额与资产账面价值。首先,确定生产性生物资产可收回金额需要计算资产公允价值减去处置费用后的净额,以及预计资产在未来所能带来的现金流量现值;其次,如果可收回金额低于账面价值,取其差额作为计提减值准备的金额。

【工作任务7-23】

绿山川有限公司12月31日对自有橡胶园进行资产减值测试,发现该橡胶园存在减值迹象。12月31日账面价值为3 200 000元,预计剩余使用年限为6年,在未来5年中每年的预计现金流量为800 000元、600 000元、550 000元、500 000元、450 000元;第6年预计资产产生现金流量与处置资产获得现金流量之和为600 000元;以前年度未计提资产减值准备。综合考虑市场利率和风险因素,公司采用6%折现率,该橡胶园公允价值减去处置费用之后的净额为1 600 000元。

根据上述有关资产现金流量、折现率等数据计算橡胶园预计未来现金流量现值，有关计算过程见表 7-1。

表 7-1　　　　　　　　预计未来现金流量现值计算表　　　　　　　单位：元

未来年度	预计未来现金流量	折现率	复利现值系数	现值
1	800 000	0.06	0.943	754 400
2	600 000	0.06	0.89	534 000
3	550 000	0.06	0.84	462 000
4	500 000	0.06	0.792	396 000
5	450 000	0.06	0.747	336 150
6	600 000	0.06	0.705	423 000
合计	3 500 000	—		2 905 550

该橡胶园的公允价值减去处置费用之后净额为 1 600 000 元，预计未来现金流量现值为 2 905 550 元，2 905 550 元＞1 600 000 元，橡胶园的可收回金额为 2 905 550 元，橡胶园账面价值高于可收回金额，资产已经发生减值，减值金额为 294 450 元。

（3）对符合计提减值条件生产性生物资产进行账务处理。借记"资产减值损失"科目，贷记"生产性生物资产减值准备"科目。企业计提生产性生物资产减值损失之后，不得转回。

【工作任务 7-24】

接〖工作任务 7-23〗，12 月 31 日橡胶园发生资产减值。应编制会计分录如下：

橡胶园资产减值损失＝3 200 000－2 905 550＝294 450（元）

借：资产减值损失——生产性生物资产（橡胶）　　　294 450
　　贷：生产性生物资产减值准备——橡胶　　　　　　　　294 450

（六）生产性生物资产的收获和处置

1.收获生产性生物资产的会计核算方法

生产性生物资产达到成熟之后，就可以开始收获农产品。收获农产品的成本类似于消耗性生物资产的收获业务，需要归集在收获过程中发生的原材料、人工费、其他间接费用。与消耗性生物资产不同之处是成熟生产性生物资产收获的农产品还需要分摊应该负担的生产性生物资产累计折旧。

【工作任务 7-25】

绿山川有限公司的奶牛已经进入产奶期，本月发生饲养费用为饲料费用 3 000 元、人工费 5 000 元、银行存款支付防疫费用 1 000 元，本月应提取折旧费用 1 500 元。应编制会计分录如下：

借:农业生产成本——奶牛	10 500	
贷:生产性生物资产累计折旧		1 500
原材料		3 000
应付职工薪酬		5 000
银行存款		1 000

生产性生物资产成本结转的各种方法与消耗性生物资产成本结转方法类似,具体方法包括个别计价法、加权平均法、折耗率法、蓄积量比例法、轮伐期年限法等。

【工作任务7-26】

绿山川有限公司入库牛奶260 000千克,每千克牛奶成本为1元,应编制会计分录如下:

借:农产品——牛奶	260 000	
贷:农业生产成本——奶牛		260 000

2.处置生产性生物资产的会计核算方法

企业处置生产性生物资产,按实际交易的金额借记"银行存款""应收账款"等科目,按已计提的生产性生物资产累计折旧借记"生产性生物资产累计折旧"科目,按已计提的生产性生物资产减值准备金额借记"生产性生物资产减值准备"科目,按生产性生物资产账面价值贷记"生产性生物资产——××"科目,最后按借贷方差额确认处置收入,贷记"资产处置损益——处置非流动资产利得"科目。

【工作任务7-27】

绿山川有限公司将6头奶牛转让给当地农户,奶牛转让价格48 000元,6头奶牛账面原值66 000元,已计提折旧26 000元,计提减值准备15 000元,已收到农户汇入银行的购买奶牛款,应编制会计分录如下:

借:银行存款	48 000	
生产性生物资产减值准备	15 000	
生产性生物资产累计折旧	26 000	
贷:生产性生物资产——奶牛		66 000
资产处置损益——处置非流动资产利得		23 000

五、公益性生物资产的核算

(一)公益性生物资产的确认与计量

1.公益性生物资产的初始计量

企业取得公益性生物资产一般按其实际成本进行初始计量,公益性生物资产取得方式包括外购取得、自行营造取得、天然起源取得等。

(1)外购公益性生物资产的取得成本包括购买价款、相关税费、运输费、保险费以及可直接归属于购买该资产的其他支出。其中,可直接归属于购买该资产的其他支出包括场地整理费、装卸费、栽植费、专业人员服务费等。

(2)自行营造生物资产的取得成本包括郁闭前发生的造林费、抚育费、森林保护费、营林设施费、良种试验费、调查设计费和应分摊的间接费用等必要支出。

(3)天然起源取得公益性生物资产按名义金额确定公益性生物资产成本。

2.公益性生物资产的后续计量

公益性生物资产后续计量模式有历史成本计量和公允价值计量。由于公允价值不易取得,在我国,公益性生物资产一般使用历史成本对资产进行后续计量。公益性生物资产不计提折旧,因此,确认公益性生物资产的历史成本不需要扣除累计折旧。

需要注意的是,与生产性生物资产和消耗性生物资产不同,对于公益性生物资产而言,由于其持有目的与消耗性生物资产和生产性生物资产有本质不同,其主要是出于防护、环境保护等特殊公益性目的,具有非经营性的特点,因此,生物资产准则规定公益性生物资产不计提减值准备。

(二)公益性生物资产的核算科目设置

设置"公益性生物资产"科目对公益性生物资产进行核算,科目借方登记外购、自行营造取得的公益性生物资产的实际成本,贷方登记公益性生物资产的减少,期末借方余额表示现存公益性生物资产成本。

(三)公益性生物资产取得的核算

1.外购公益性生物资产

企业外购公益性生物资产,按应计入成本的相关费用项目合计,借记"公益性生物资产"科目,贷记"银行存款""应付账款"等科目。

【工作任务7-28】

绿山川有限公司使用自有资金购入一批杨树种苗,作为公益性生物资产,各种成本项目花费总计150 000元,款项尚未支付,应编制会计分录如下:

借:公益性生物资产　　　　　　　　　　　　　　　150 000
　　贷:应付账款　　　　　　　　　　　　　　　　　　　　150 000

2.自行营造公益性生物资产

自行营造公益性生物资产,按林木郁闭前的必要支出借记"公益性生物资产"科目,贷记"银行存款"等科目。

【工作任务7-29】

绿山川有限公司自行营造20公顷公益林,该批公益林的实际成本是90 000元,林木已经郁闭,应编制会计分录如下:

借:公益性生物资产　　　　　　　　　　　　　　　90 000
　　贷:应付账款　　　　　　　　　　　　　　　　　　　　90 000

3.天然起源取得公益性生物资产

天然起源取得公益性生物资产,企业应当按名义价格1元借记"公益性生物资产"科目,贷记"银行存款"等科目。

(四)公益性生物资产后续计量与核算

消耗性生物资产和生产性生物资产转为公益性生物资产,按已计提折旧借记"消耗性生物资产累计折旧"科目或"生产性生物资产累计折旧"科目,按已计提资产减值借记"存货跌价准备——消耗性生物资产"科目,按消耗性生物资产或生产性生物资产的账面原值,贷记"生产性生物资产"或"消耗性生物资产"科目,按借贷方差额借记"公益性生物资产"科目。

【工作任务7-30】

根据环境保护需要,绿山川有限公司将30公顷生产原料林划转为公益林,该生产原料林账面原值180 000元,已计提存货跌价准备30 000元,应编制会计分录如下:

借:公益性生物资产　　　　　　　　　　　　　　　　150 000
　　存货跌价准备——消耗性生物资产　　　　　　　　 30 000
　　贷:消耗性生物资产　　　　　　　　　　　　　　　　　　180 000

最后,如前所述,需要注意的是,公益性生物资产不需要计提折旧以及确认资产减值损失。

项目小结

本项目主要阐述了农业企业的会计核算方法,在农业企业会计核算中首先要注意区分消耗性生物资产和生产性生物资产。消耗性生物资产具有存货的特点,在生产中资产的耗费一次性转入产品中;生产性生物资产具有固定资产的特点,在生产过程中分期计提资产的损耗。

本项目的难点在于生产性生物资产减值的计提。生产性生物资产减值计提的关键是要掌握生物资产的可收回金额、公允价值减去处置费用后净值、资产未来现金流量现值等概念。资产未来现金流量现值由两部分组成,分别是资产剩余使用寿命期间产生的现金流量现值以及在处置资产时所产生的现金流量现值。确定现金流量现值时所选择的折现率要考虑市场投资回报率等多种因素。

项目练习

一、单项选择题

1.生物资产的基本分类是(　　　)。

A.消耗性、生产性和公益性生物资产

B.牲畜类、林木类和水产类资产

C.未成熟生产性生物资产和已成熟生产性生物资产

D.幼畜、育肥畜、产畜和役畜

2.外购消耗性生物资产的实际成本不包括( )。

A.实际买价 B.保险费

C.运输费 D.自行种植植物成熟前种子购买费用

3.消耗性生物资产的成本结转方法不包括( )。

A.加权平均法 B.折耗率法 C.蓄积量比例法 D.年限平均法

4.用于核算生产性生物资产折旧的是( )科目。

A."生产性生物资产累计折旧" B."累计折旧"

C."生产性生物资产减值准备" D."生产性生物资产跌价准备"

5.消耗性生物资产发生减值损失时,应借记"资产减值损失——消耗性生物资产"科目,贷记( )科目。

A."存货跌价准备——消耗性生物资产"

B."生产性生物资产减值准备"

C."资产减值损失——消耗性生物资产"

D."资产减值损失——生产性生物资产"

6.在移动加权平均法下结转消耗性生物资产成本时,以( )为依据计算单位平均成本。

A.资产本期期初数与本期增加数之和减去本期减少数

B.本期收入数

C.资产期初数与本期增加数之和

D.资产期初数

7.天然起源生物资产,例如天然起源的林木等其初始的入账价值为( )。

A.500元 B.5 000元 C.1 000元 D.1元

8.A农场外购25头公牛,45头母牛,公牛单价9 000元/头,母牛单价11 000元/头,外购生物资产的运输费30 000元,保险费10 000元,母牛应负担的运输费与保险费合计为( )。

A.12 500元 B.27 500元 C.10 000元 D.17 500元

9.B农业公司主要从事大豆、玉米等经济作物的种植业务,为了对种植的经济作物进行保护,公司种了一批农田防护林,该批农田防护林预计使用寿命10年,净残值率5%,则该资产在年限平均法下的月折旧率是( )。

A.1% B.0.95% C.9.5% D.0.79%

10.处置生产性生物资产所得收入应该用( )科目进行核算。

A."其他业务收入"

B."主营业务收入"

C."营业外收入——处置非流动资产利得"

D."公允价值变动收益"

二、多项选择题

1.生物资产具有以下( )特点。
   A.生物资产的生物转化性　　B.生物资产的流动性
   C.生物资产的长期性　　　　D.生物资产的产品生命性

2.以下各项属于生产性生物资产折旧方法的是( )。
   A.年限平均法　　　　　　　B.工作量法
   C.生产量法　　　　　　　　D.轮伐期年限法

3.下列计量模式被用于生物资产后续计量中的有( )。
   A.历史成本计量　　　　　　B.公允价值计量
   C.现行成本计量　　　　　　D.可变现净值计量

4.下列情况可能造成生产性生物资产可收回金额低于账面价值的有( )。
   A.遭受火灾、旱灾、水灾、冻灾、台风、冰雹等自然灾害
   B.遭受病虫害或者动物疫病
   C.消费者偏好改变使得市场需求发生变化所导致的市场价格下跌
   D.同期市场利率或者其他市场投资报酬率大幅度提高

5.在判断生产性生物资产是否存在减值迹象时,需要用到资产价值相关的数据,这些数据包括( )。
   A.生产性生物资产可收回金额
   B.资产公允价值减去处置费用后的净额
   C.预计资产在未来所能带来的现金流量现值
   D.资产账面价值

三、计算及会计处理题

1.某农贸养殖有限责任公司以生猪养殖为主业。在日常会计核算中成本结转采用移动加权平均法,生物资产折旧使用的是年限平均法。今年年初公司养殖生猪65头,账面价值104 000元,本年年在经营的过程中发生了以下业务:

(1)1月,外购肉猪45头,买价72 000元,运输费3 000元,保险费2 000元,装卸费1 000元。

(2)2月,外购的生猪遭受疫病,可变现净值约为65 000元。

(3)2月和3月,发生饲养费4 000元,3月30日出售生猪15头。出售取得价款共计28 500元。

(4)5月,将育成的25头猪仔出售,价款总额11 000元,已经收到对方的银行付款,该批猪仔未计提跌价准备,出售猪仔时该批猪仔账面价值为9 000元。

要求:根据上述业务,为该公司编制相应的会计分录。

2.某国有林场拥有自有橡胶林,今年年初账面价值1 500 000元,橡胶林尚未达到预定生产经营目的,经营过程中发生以下业务:

(1)3月,橡胶林已经达到预定生产经营目的,3月31日,该橡胶林账面价值850 000元。

(2)4月,对自有的橡胶林进行择伐,择伐后按照作业计划对择伐迹地进行更新造林,发生人工费用40 000元,材料费用20 000元。

(3)12月,橡胶林遭到台风袭击,橡胶林12月31日账面价值为1 900 000元,预计剩余使用年限为6年,在未来5年中每年的预计现金流量为400 000元、350 000元、150 000元、300 000元、250 000元;第六年预计资产产生现金流量与处置资产获得现金流量之和为500 000元;以前年度未计提资产减值准备。综合考虑市场利率和风险因素,公司采用7%的折现率,该橡胶林公允价值减去处置费用之后的净额为1 600 000元。(对应的复利现值系数为第一年0.934 6,第二年0.873 4,第三年0.816 3,第四年0.762 9,第五年0.713,第六年0.666 3)

要求:根据上述业务,为该林场编制相应的会计分录。

项目八 行政事业单位会计

学习目标

1. 理解行政事业单位经济业务内容；
2. 掌握行政事业单位会计处理核算方法；
3. 熟练判断相关经济业务，并运用相关会计科目编制会计分录。

任务一　行政事业单位会计认知

一、行政事业单位会计的概念

行政事业单位会计分为行政单位会计与事业单位会计两大体系，是各级行政机关、事业单位和其他类似组织核算、反映和监督单位预算执行和各项业务活动的专业会计，是预算会计的组成部分。

二、行政事业单位会计组织系统

根据机构建制和经费领报关系，行政单位会计、事业单位会计组织系统分为主管会计单位、二级会计单位和基层会计单位三级。

主管会计单位，是指向同级财政部门领报经费，并发生预算管理关系，有下一级会计单位的行政单位、事业单位。

二级会计单位，是指向主管会计单位或上一级会计单位领报经费，并发生预算管理关系，有下一级会计单位的行政单位、事业单位。

基层会计单位，是指向上一级会计单位领报经费，并发生预算管理关系，没有下一级会计单位的行政单位、事业单位。向同级财政部门领报经费、没有下一级会计单位的行政单位，视同基层会计单位。

以上三级会计单位实行独立会计核算，负责组织管理本部门、本单位的全部会计工作。不具备独立核算条件的，实行单据报账制度，作为"报销单位"管理。

三、行政事业单位会计的特点

行政事业单位会计的特点是相对于企业会计而言的。由于行政事业单位的非营利性质、本身业务活动较为简单以及纳入财政预算管理等管理要求,行政事业单位会计具有明显区别于企业会计的特点,主要包括:

第一,会计目标侧重于满足预算管理的需要,兼顾内部管理需要和其他信息需要。行政事业单位会计的目标是:提供的会计信息应当符合国家宏观经济管理的需要,适应预算管理和有关方面了解单位财务状况及收支情况的需要,并有利于单位加强内部财务或经营管理。企业会计的目标是:向财务会计报告使用者提供与企业财务状况、经营成果和现金流量等有关的会计信息,有助于财务报告使用者做出经济决策。

第二,会计核算基础以收付实现制为主。行政单位会计核算以收付实现制为基础;事业单位会计核算一般采用收付实现制,但经营性收支业务核算可以采用权责发生制。企业以权责发生制为基础进行会计确认、计量和报告。

第三,会计要素分为五大类。行政事业单位会计要素分为五大类:即资产、负债、净资产、收入和费用;其会计等式为:资产=负债+净资产,资产+费用=负债+净资产+收入。而企业会计要素包括资产、负债、所有者权益、收入、费用和利润。

第四,会计报表较为简单,主要包括资产负债表和收入支出表。由于行政事业单位在月末一般不结账,其资产负债表月报的平衡等式通常为"资产+费用=负债+净资产+收入",这是不同于企业资产负债表之处。

四、行政事业单位会计科目

《行政单位会计制度》中规定的行政单位会计科目与《事业单位会计制度》中规定的事业单位通用会计科目,见表8-1。

表8-1 　　　　　　　　　　行政事业单位会计科目表

行政单位会计科目	事业单位通用会计科目
(一)资产类	
库存现金	库存现金
银行存款	银行存款
暂付款	应收票据
	应收账款
	预付账款
	其他应收款
库存材料	在途物品
	库存物品
有价证券	短期投资
固定资产	固定资产
	无形资产

(续表)

行政单位会计科目	事业单位通用会计科目
（二）负债类	
	短期借款
应缴预算款	应交增值税
应缴财政专户款	其他应交税费
	应缴财政款
	应付票据
	应付账款
行政单位会计科目	应付政府补贴款
	预收账款
暂存款	其他应付款
（三）净资产类	
	累计盈余
固定基金	专用基金
结余	权益法调整
	本期盈余
	本年盈余分配
（四）收入类	
拨入经费	财政拨款收入
	事业收入
	上级补助收入
预算外资金收入	附属单位上缴收入
	经营收入
	非同级财政拨款收入
其他收入	其他收入
（五）费用类	
拨出经费	业务活动费用
	单位管理费用
	经营费用
经费支出	资产处置费用
	上缴上级费用
	对附属单位补助费用
	所得税费用
结转自筹基建	其他费用

行政单位会计与事业单位会计虽然是两个不同的体系，但都属于预算会计的组成部分，会计要素分类和主要账务处理方法相同，会计报表种类及主要项目也相同，为简化起见，下面以事业单位为例，主要介绍事业单位的资产、负债、净资产、收入、费用相关账务处理。

任务二　资产和负债的核算

一、资　产

事业单位的资产,是指事业单位占有或者使用的,能以货币计量的经济资源。事业单位的资产包括流动资产、对外投资、固定资产和无形资产。其中,流动资产的处理和企业会计处理有较大相似之处,本文主要介绍对外投资和固定资产的账务处理。

(一)短期投资

事业单位的短期投资是指事业单位使用货币资金、实物和无形资产等方式向其他单位不超过一年的投资。以货币资金的方式对外投资,应当按照实际支付的款项记账。以实物或无形资产的方式对外投资,应当按照评估确认的价值记账。投资期内实际取得的利息、红利等各项投资收益,应当计入当期收益。转让债券取得的价款或者债券到期收回的本息与其账面成本的差额,应当计入当期收益。

为核算对外投资业务,事业单位应当设置"短期投资"科目,借方登记短期投资的增加,贷方登记短期投资的减少,期末借方余额反映尚未转让或兑付的短期投资成本。

以事业单位投资国债为例,按照实际支付的款项,借记"短期投资"科目,贷记"银行存款"等科目。事业单位转让国债,按照实际收到的金额,借记"银行存款"科目,按投资成本,贷记"短期投资"科目,按收到的国债利息,贷记"投资收益"科目。

【工作任务 8-1】

2020 年 5 月 1 日,某事业单位用银行存款购入 5 年期、年利率 4%、面值为 60 000 元的国库券,实际支付价款 60 000 元。2021 年 4 月 30 日,对外转让了国库券,实际收到价款 62 400 元。

购进国库券时,应编制会计分录如下:

借:短期投资　　　　　　　　　　　　　　　　　　　　60 000
　　贷:银行存款　　　　　　　　　　　　　　　　　　　　　　60 000

转让国库券时,应编制会计分录如下:

从购买日起至转让日止的利息=60 000×4%=2 400(元)

借:银行存款　　　　　　　　　　　　　　　　　　　　62 400
　　贷:短期投资　　　　　　　　　　　　　　　　　　　　　　60 000
　　　　投资收益　　　　　　　　　　　　　　　　　　　　　　 2 400

(二)固定资产

事业单位的固定资产是指使用年限在一年以上,单位价值在规定的标准以上,并在使用过程中基本保持原来物质形态的资产。事业单位的固定资产包括房屋和建筑物、专用设备、一般设备、文物和陈列品、图书、其他固定资产等。单位价值虽然未达到规定标准,但使用年限在一年以上的大批同类资产,也应作为固定资产核算。

事业单位的固定资产应当按照实际成本入账,购置固定资产过程中发生的差旅费不计入固定资产的价值。按照取得来源不同,固定资产入账价值的确定具体如下:

(1)购入、有偿调入的固定资产,按照实际支付的买价或调拨价、运杂费、安装费等记账。

(2)自行建造的固定资产,按照建造过程中实际发生的全部支出记账。

(3)在原有固定资产基础上进行改建、扩建的固定资产,按照改建、扩建发生的支出减去改建、扩建过程中的变价收入后的净增加值,增记固定资产。

(4)接受捐赠的固定资产,按照同类固定资产的市场价格或有关凭据记账。接受捐赠固定资产时发生的相关费用,应当计入固定资产价值。

(5)盘盈的固定资产,按照重置完全价值入账。

为核算固定资产业务,事业单位应当设置"固定资产"科目,借方登记因购入、调入、盘盈、接受捐赠等增加的固定资产,贷方登记因报废、毁损、盘亏、出售等减少的固定资产,期末借方余额反映事业单位占有或者使用的固定资产价值总额。购入、有偿调入固定资产时,借记"事业支出"等有关科目,贷记"银行存款"科目;接受捐赠固定资产,借记"固定资产"科目,贷记"捐赠收入"科目。

【工作任务8-2】

某事业单位用当年财政拨款购入一台专业业务用设备,价款为7 000元,运费500元,共支付7 500元。

购买时,编制会计分录如下:

借:固定资产	7 500
贷:财政拨款收入	7 500

【工作任务8-3】

某事业单位动用银行存款购入一台需要安装的设备,价款为80 000元,安装费1 000元。

购买时,编制会计分录如下:

借:在建工程	80 000
贷:银行存款	80 000

支付安装费时,编制会计分录如下:

借:在建工程	1 000
贷:银行存款	1 000

安装完毕转入固定资产时,编制会计分录如下:

借:固定资产	81 000
贷:在建工程	81 000

事业单位的固定资产应当定期进行清查盘点,应至少每年盘点一次。盘亏、毁损、报废或出售的固定资产,应当相应减少固定资产账面余额;盘盈的固定资产,应当相应增加固定资产账面余额。

【工作任务 8-4】

某事业单位经批准报废台式计算机 2 台,每台计算机的账面原值为 8 000 元,每台累计计提折旧 7 500 元,以银行存款支付清理费用 100 元,残料收入每台 300 元。

经批准报废计算机时,应编制会计分录如下:

借:资产处置费用	1 000	
固定资产累计折旧	15 000	
贷:固定资产		16 000

支付清理费用时,应编制会计分录如下:

借:应缴财政款	100	
贷:银行存款		100

取得残料收入时,应编制会计分录如下:

借:银行存款	600	
贷:应缴财政款		600

二、负 债

事业单位的负债,是指事业单位承担的能以货币计量、需要以资产或劳务偿付的债务,包括借入款项、应缴款项、应付及预收款项等。各项负债应当按实际数额记账。各种应付款项及应缴款项应当及时清理并按规定办理结算,不得长期挂账。

(一)短期借款

事业单位的短期借款是指事业单位从财政部门、上级主管部门、金融机构借入的时间在一年以内有偿使用的款项。事业单位应设置"短期借款"科目,核算借入款项的借入、偿还及余额,该科目期末贷方余额反映事业单位尚未偿还的借入款项数额。事业单位借入款项时,借记"银行存款"科目,贷记"短期借款"科目;归还本金时,借记"短期借款"科目,贷记"银行存款"科目;支付借款利息时,借记"事业支出""经营支出"科目,贷记"银行存款"科目。

【工作任务 8-5】

2020 年 7 月 1 日,某事业单位为开展经营活动需要,向某银行借入 200 000 元,期限 1 年,年利率 6%,到期一次还本付息。2021 年 6 月 30 日,单位按期归还本息。

借入款项时,应编制会计分录如下:

借:银行存款	200 000	
贷:短期借款		200 000

到期还本付息时,应编制会计分录如下:

借:短期借款	200 000	
经营支出	12 000	
贷:银行存款		212 000

(二)应缴财政款

事业单位的应缴财政款包括按财政部门规定应缴国库款项和应缴财政专户款。

1.应缴国库款项

事业单位的应缴国库款项是指事业单位按规定取得的应缴入财政预算的各种款项。应缴预算款主要包括事业单位代收的纳入预算管理的基金、行政性收费收入、罚没收入、无主财物变价收入和其他按预算管理规定应上缴预算的款项。

事业单位应当设置"应缴财政款——应缴国库款项"科目,核算各项应缴国库款项的收取和上缴情况,该科目期末贷方余额反映应缴未缴数,年终该科目应无余额。取得应缴预算的各项收入时,借记"银行存款"等科目,贷记"应缴预算款"科目;上缴时,借记"应缴预算款"科目,贷记"银行存款"等科目。

【工作任务8-6】

某事业单位于2021年9月依法没收一批物资,已委托某拍卖行拍卖,取得拍卖收入450 000元。

收到款项时,应编制会计分录如下:

借:银行存款　　　　　　　　　　　　　　　　　　　450 000
　　贷:应缴财政款——应缴国库款项　　　　　　　　　　　450 000

按规定上缴时,应编制会计分录如下:

借:应缴财政款——应缴国库款项　　　　　　　　　　　450 000
　　贷:银行存款　　　　　　　　　　　　　　　　　　　450 000

2.应缴财政专户款

事业单位的应缴财政专户款是指事业单位按规定代收的应上缴财政专户的预算外资金。

事业单位应设置"应缴财政款——应缴财政专户款"科目,核算各项应上缴财政专户的预算资金的收取和上缴情况,该科目期末贷方余额反映应缴未缴数,年终该科目应无余额。收到应缴财政专户的各项款项时,借记"银行存款"等科目,贷记"应缴财政专户款"科目;上缴财政专户时,借记"应缴财政专户款"科目,贷记"银行存款"等科目。

【工作任务8-7】

某事业单位预算外资金采取全额上缴的办法,2020年10月1日收到应缴财政专户的行政事业性收费8 000 000元。2020年10月31日,将上述款项上缴财政专户。

收到款项时,应编制会计分录如下:

借:银行存款　　　　　　　　　　　　　　　　　　　8 000 000
　　贷:应缴财政款——应缴财政专户款　　　　　　　　　　8 000 000

按规定上缴时,应编制会计分录如下:

借:应缴财政款——应缴财政专户款　　　　　　　　　　8 000 000
　　贷:银行存款　　　　　　　　　　　　　　　　　　　8 000 000

任务三　净资产的核算

事业单位的净资产,是指资产减去负债的差额,包括累计盈余、专用基金、本期盈余、本年盈余分配等。

一、累计盈余

累计盈余是单位历年实现的盈余扣除盈余分配后滚存的金额,以及因无偿调入、调出资产产生的净资产变动额。按照规定上缴、缴回、单位间调剂结转结余资金产生的净资产变动额,以及对以前年度盈余的调整金额,也通过本科目核算。

累计盈余的主要账务处理如下:

(1)年末,将"本年盈余分配"科目的余额转入"累计盈余"科目,借记或贷记"本年盈余分配"科目,贷记或借记本科目。

(2)年末,将"无偿调拨净资产"科目的余额转入"累计盈余"科目,借记或贷记"无偿调拨净资产"科目,贷记或借记本科目。

(3)按照规定上缴财政拨款结转结余、缴回非财政拨款结转资金、向其他单位调出财政拨款结转资金时,按照实际上缴、缴回、调出金额,借记本科目,贷记"财政应返还额度""零余额账户用款额度""银行存款"等科目。

按照规定从其他单位调入财政拨款结转资金时,按照实际调入金额,借记"零余额账户用款额度""银行存款"等科目,贷记本科目。

(4)将"以前年度盈余调整"科目的余额转入本科目,借记或贷记"以前年度盈余调整"科目,贷记或借记本科目。

(5)按照规定使用专用基金购置固定资产、无形资产的,按照固定资产、无形资产成本金额,借记"固定资产""无形资产"科目,贷记"银行存款"等科目;同时,按照专用基金使用金额,借记"专用基金"科目,贷记本科目。

本科目期末余额,反映单位未分配盈余(或未弥补亏损)的累计数以及截至上年年末无偿调拨净资产变动的累计数。

二、专用基金

专用基金是指事业单位按照规定提取或设置的具有专门用途的净资产,主要包括职工福利基金、科技成果转换基金等。本科目应当按照专用基金的类别进行明细核算。

专用基金的主要账务处理如下:

(1)年末,根据有关规定从本年度非财政拨款结余或经营结余中提取专用基金的,按照预算会计下计算的提取金额,借记"本年盈余分配"科目,贷记本科目。

(2)根据有关规定从收入中提取专用基金并计入费用的,一般按照预算会计下基于预算收入计算提取的金额,借记"业务活动费用"等科目,贷记本科目。国家另有规定的,从其规定。

(3)根据有关规定设置的其他专用基金,按照实际收到的基金金额,借记"银行存款"等科目,贷记本科目。

(4)按照规定使用提取的专用基金时,借记本科目,贷记"银行存款"等科目。

使用提取的专用基金购置固定资产、无形资产的,按照固定资产、无形资产成本金额,借记"固定资产""无形资产"科目,贷记"银行存款"等科目;同时,按照专用基金使用金额,借记本科目,贷记"累计盈余"科目。本科目期末贷方余额,反映事业单位累计提取或设置的尚未使用的专用基金。

三、本期盈余

本期盈余是指单位本期各项收入、费用相抵后的余额。本期盈余的主要账务处理如下:

(1)期末,将各类收入科目的本期发生额转入本期盈余,借记"财政拨款收入""事业收入""上级补助收入""附属单位上缴收入""经营收入""非同级财政拨款收入""投资收益""捐赠收入""利息收入""租金收入""其他收入"科目,贷记本科目;将各类费用科目本期发生额转入本期盈余,借记本科目,贷记"业务活动费用""单位管理费用""经营费用""所得税费用""资产处置费用""上缴上级费用""对附属单位补助费用""其他费用"科目。

(2)年末,完成上述结转后,将本科目余额转入"本年盈余分配"科目,借记或贷记本科目,贷记或借记"本年盈余分配"科目。

本科目期末如为贷方余额,反映单位自年初至当期期末累计实现的盈余;如为借方余额,反映单位自年初至当期期末累计发生的亏损。年末结账后,本科目应无余额。

四、本年盈余分配

本年盈余分配核算单位本年度盈余分配的情况和结果。本年盈余分配的主要账务处理如下:

(1)年末,将"本期盈余"科目余额转入本科目,借记或贷记"本期盈余"科目,贷记或借记本科目。

(2)年末,根据有关规定从本年度非财政拨款结余或经营结余中提取专用基金的,按照预算会计下计算的提取金额,借记本科目,贷记"专用基金"科目。

(3)年末,按照规定完成上述(1)(2)处理后,将本科目余额转入"累计盈余"科目,借记或贷记本科目,贷记或借记"累计盈余"科目。年末结账后,本科目应无余额。

【工作任务8-8】

接〖工作任务8-7〗,2020年年末结账后,某事业单位本期盈余100 000元,假设该单位按当年本期盈余的10%提取职工福利基金。

结转事业结余和经营结余时,应编制会计分录如下:

借:本期盈余　　　　　　　　　　　　　　　　　　　　100 000
　　贷:本年盈余分配　　　　　　　　　　　　　　　　　　　100 000

计算提取职工福利基金时,应编制会计分录如下:
职工福利基金＝100 000×10％＝10 000(元)
借:本年盈余分配——提取专用基金　　　　　　　　　　10 000
　　贷:专用基金——职工福利基金　　　　　　　　　　　　　　10 000
结转未分配结余时,应编制会计分录如下:
未分配结余＝100 000－10 000＝90 000(元)
借:本年盈余分配　　　　　　　　　　　　　　　　　　90 000
　　贷:累计盈余　　　　　　　　　　　　　　　　　　　　　　90 000

任务四　收入和费用的核算

一、收入

事业单位的收入,是指事业单位为开展业务活动,依法取得的非偿还性资金。从收入来源看,事业单位的收入包括财政拨款收入、事业收入、上级补助收入、附属单位上缴收入、经营收入、非同级财政拨款收入、投资收益、其他收入等。

事业单位的收入一般应当采用收付实现制核算,即在实际收到款项时予以确认;对于取得的经营收入,采用权责发生制核算,即在提供劳务或者发出商品,同时收讫价款或者取得索取价款的凭据时予以确认。各项收入应当按照实际发生数额记账。

(一)财政拨款收入

财政拨款收入是单位从同级政府财政部门取得的各类财政拨款。同级政府财政部门预拨的下期预算款和没有纳入预算的暂付款项,以及采用实拨资金方式通过本单位转拨给下属单位的财政拨款,通过"其他应付款"科目核算,不通过本科目核算。

本科目可按照一般公共预算财政拨款、政府性基金预算财政拨款等拨款种类进行明细核算。财政拨款收入的主要账务处理如下:

(1)在财政直接支付方式下,根据收到的"财政直接支付入账通知书"及相关原始凭证,按照通知书中的直接支付入账金额,借记"库存物品""固定资产""业务活动费用""单位管理费用""应付职工薪酬"等科目,贷记本科目。涉及增值税业务的,相关账务处理参见"应交增值税"科目。年末,根据本年度财政直接支付预算指标数与当年财政直接支付实际支付数的差额,借记"财政应返还额度——财政直接支付"科目,贷记本科目。

(2)在财政授权支付方式下,根据收到的"财政授权支付额度到账通知书",按照通知书中的授权支付额度,借记"零余额账户用款额度"科目,贷记本科目。年末,本年度财政授权支付预算指标数大于零余额账户用款额度下达数的,根据未下达的用款额度,借记"财政应返还额度——财政授权支付"科目,贷记本科目。

(3)在其他方式下收到财政拨款收入时,按照实际收到的金额,借记"银行存款"等科目,贷记本科目。

(4)期末,将本科目本期发生额转入本期盈余,借记本科目,贷记"本期盈余"科目。

【工作任务 8-9】

2020年10月15日,某事业单位按核定的预算和经费领报关系向财政部门申请取得本季度财政拨款 800 000 元。

取得拨款时,应编制会计分录如下:

借:银行存款　　　　　　　　　　　　　　　　800 000
　　贷:财政拨款收入　　　　　　　　　　　　　　　800 000

在已经实行国库集中收付制度的地区,财政部门可以通过财政直接支付或财政授权支付的方式向事业单位支付财政拨款。

(二)事业收入

事业收入是指事业单位开展专业业务活动及其辅助活动实现的收入,不包括从同级政府财政部门取得的各类财政拨款。

本科目应当按照事业收入的类别、来源等进行明细核算。对于因开展科研及其辅助活动从非同级政府财政部门取得的经费拨款,应当在本科目下单设"非同级财政拨款"明细科目进行核算。

事业收入的主要账务处理如下:

(1)采用财政专户返还方式管理的事业收入

①实现应上缴财政专户的事业收入时,按照实际收到或应收的金额,借记"银行存款""应收账款"等科目,贷记"应缴财政款"科目。

②向财政专户上缴款项时,按照实际上缴的款项金额,借记"应缴财政款"科目,贷记"银行存款"等科目。

③收到从财政专户返还的事业收入时,按照实际收到的返还金额,借记"银行存款"等科目,贷记本科目。

(2)采用预收款方式确认的事业收入

①实际收到预收款项时,按照收到的款项金额,借记"银行存款"等科目,贷记"预收账款"科目。

②以合同完成进度确认事业收入时,按照基于合同完成进度计算的金额,借记"预收账款"科目,贷记本科目。

(3)采用应收款方式确认的事业收入

①根据合同完成进度计算本期应收的款项,借记"应收账款"科目,贷记本科目。

②实际收到款项时,借记"银行存款"等科目,贷记"应收账款"科目。

(4)其他方式下确认的事业收入,按照实际收到的金额,借记"银行存款""库存现金"等科目,贷记本科目。

上述(2)至(4)中涉及增值税业务的,相关账务处理参见"应交增值税"科目。

(5)期末,将本科目本期发生额转入本期盈余,借记本科目,贷记"本期盈余"科目。期末结转后，本科目应无余额。

【工作任务 8-10】

某事业单位 2020 年 12 月 20 日开展专业业务活动取得收入 50 000 元，款项存入银行。

收到款项时，应编制会计分录如下：

借：银行存款　　　　　　　　　　　　　　　50 000
　　贷：事业收入　　　　　　　　　　　　　　　　50 000

（三）上级补助收入

上级补助收入是指事业单位从主管部门和上级单位取得的非财政拨款收入。本科目应当按照发放补助单位、补助项目等进行明细核算。

上级补助收入的主要账务处理如下：

(1)确认上级补助收入时，按照应收或实际收到的金额，借记"其他应收款""银行存款"等科目，贷记本科目。实际收到应收的上级补助款时，按照实际收到的金额，借记"银行存款"等科目，贷记"其他应收款"科目。

(2)期末，将本科目本期发生额转入本期盈余，借记本科目，贷记"本期盈余"科目。期末结转后，本科目应无余额。

【工作任务 8-11】

2020 年 12 月 15 日，某事业单位接到银行通知，收到上级单位拨来的补助款项 80 000 元。

收到拨款时，应编制会计分录如下：

借：银行存款　　　　　　　　　　　　　　　80 000
　　贷：上级补助收入　　　　　　　　　　　　　　80 000

（四）经营收入

经营收入是指事业单位在专业业务活动及其辅助活动之外开展非独立核算经营活动取得的收入。

本科目应当按照经营活动类别、项目和收入来源等进行明细核算。

经营收入应当在提供服务或发出存货，同时收讫价款或者取得索取价款的凭据时，按照实际收到或应收的金额予以确认。

经营收入的主要账务处理如下：

(1)实现经营收入时，按照确定的收入金额，借记"银行存款""应收账款""应收票据"等科目，贷记本科目。涉及增值税业务的，相关账务处理参见"应交增值税"科目。

(2)期末，将本科目本期发生额转入本期盈余，借记本科目，贷记"本期盈余"科目。期末结转后，本科目应无余额。

(五)附属单位上缴收入

附属单位上缴收入是指事业单位取得的附属独立核算单位按照有关规定上缴的收入。本科目应当按照附属单位、缴款项目等进行明细核算。

附属单位上缴收入的主要账务处理如下：

(1)确认附属单位上缴收入时,按照应收或收到的金额,借记"其他应收款""银行存款"等科目,贷记本科目。实际收到应收附属单位上缴款时,按照实际收到的金额,借记"银行存款"等科目,贷记"其他应收款"科目。

(2)期末,将本科目本期发生额转入本期盈余,借记本科目,贷记"本期盈余"科目。期末结转后,本科目应无余额。

(六)其他收入

其他收入是指单位取得的除财政拨款收入、事业收入、上级补助收入、附属单位上缴收入、经营收入、非同级财政拨款收入、投资收益、捐赠收入、利息收入、租金收入以外的各项收入,包括现金盘盈收入、按照规定纳入单位预算管理的科技成果转化收入、行政单位收回已核销的其他应收款、无法偿付的应付及预收款项、置换换出资产评估增值等。

本科目应当按照其他收入的类别、来源等进行明细核算。

其他收入的主要账务处理如下：

(1)现金盘盈收入。每日现金账款核对中发现的现金溢余,属于无法查明原因的部分,报经批准后,借记"待处理财产损溢"科目,贷记本科目。

(2)科技成果转化收入。单位科技成果转化所取得的收入,按照规定留归本单位的,按照所取得收入扣除相关费用之后的净收益,借记"银行存款"等科目,贷记本科目。

(3)收回已核销的其他应收款。行政单位已核销的其他应收款在以后期间收回的,按照实际收回的金额,借记"银行存款"等科目,贷记本科目。

(4)无法偿付的应付及预收款项。无法偿付或债权人豁免偿还的应付账款、预收账款、其他应付款及长期应付款,借记"应付账款""预收账款""其他应付款""长期应付款"等科目,贷记本科目。

(5)期末,将本科目本期发生额转入本期盈余,借记本科目,贷记"本期盈余"科目。期末结转后,本科目应无余额。

二、费用

事业单位的费用是指事业单位为开展业务活动和其他活动所发生的各项资金耗费及损失。事业单位的支出包括业务活动费用、单位管理费用、经营费用、资产处置费用、上缴上级费用、对附属单位补助费用、所得税费用、其他费用等。

(一)业务活动费用

业务活动费用是指单位为实现其职能目标,依法履职或开展专业业务活动及其辅助活动所发生的各项费用。

本科目应当按照项目、服务或者业务类别、支付对象等进行明细核算。

为了满足成本核算需要,本科目下还可按照"工资福利费用""商品和服务费用""对个人和家庭的补助费用""对企业补助费用""固定资产折旧费""无形资产摊销费""公共基础设施折旧(摊销)费""保障性住房折旧费""计提专用基金"等成本项目设置明细科目,归集能够直接计入业务活动或采用一定方法计算后计入业务活动的费用。

业务活动费用的主要账务处理如下:

(1)为履职或开展业务活动人员计提的薪酬,按照计算确定的金额,借记本科目,贷记"应付职工薪酬"科目。

(2)为履职或开展业务活动发生的外部人员劳务费,按照计算确定的金额,借记本科目,按照代扣代缴个人所得税的金额,贷记"其他应交税费——应交个人所得税"科目,按照扣税后应付或实际支付的金额,贷记"其他应付款""财政拨款收入""零余额账户用款额度""银行存款"等科目。

(3)为履职或开展业务活动领用库存物品,以及动用发出相关政府储备物资,按照领用库存物品或发出相关政府储备物资的账面余额,借记本科目,贷记"库存物品""政府储备物资"科目。

(4)为履职或开展业务活动所使用的固定资产、无形资产以及为所控制的公共基础设施、保障性住房计提的折旧、摊销,按照计提金额,借记本科目,贷记"固定资产累计折旧""无形资产累计摊销""公共基础设施累计折旧(摊销)""保障性住房累计折旧"科目。

(5)为履职或开展业务活动发生的城市维护建设税、教育费附加、地方教育附加、车船税、房产税、城镇土地使用税等,按照计算确定应缴纳的金额,借记本科目,贷记"其他应交税费"等科目。

(6)为履职或开展业务活动发生其他各项费用时,按照费用确认金额,借记本科目,贷记"财政拨款收入""零余额账户用款额度""银行存款""应付账款""其他应付款""其他应收款"等科目。

(7)按照规定从收入中提取专用基金并计入费用的,一般按照预算会计下基于预算收入计算提取的金额,借记本科目,贷记"专用基金"科目。国家另有规定的,从其规定。

(8)发生当年购货退回等业务,对于已计入本年业务活动费用的,按照收回或应收的金额,借记"财政拨款收入""零余额账户用款额度""银行存款""其他应收款"等科目,贷记本科目。

(9)期末,将本科目本期发生额转入本期盈余,借记"本期盈余"科目,贷记本科目。期末结转后,本科目应无余额。

【工作任务8-12】

2020年11月25日,某事业单位计提业务活动设备折旧,金额为60 000元。

计提折旧时,应编制会计分录如下:

借:业务活动费用　　　　　　　　　　　　　　　　60 000
　　贷:固定资产累计折旧　　　　　　　　　　　　　　　　60 000

(二)单位管理费用

单位管理费用是指事业单位本级行政及后勤管理部门开展管理活动发生的各项费用,包括单位行政及后勤管理部门发生的人员经费、公用经费、资产折旧(摊销)等费用,以及由单位统一负担的离退休人员经费、工会经费、诉讼费、中介费等。

本科目应当按照项目、费用类别、支付对象等进行明细核算。

为了满足成本核算需要,本科目下还可按照"工资福利费用""商品和服务费用""对个人和家庭的补助费用""固定资产折旧费""无形资产摊销费"等成本项目设置明细科目,归集能够直接计入单位管理活动或采用一定方法计算后计入单位管理活动的费用。

单位管理费用的主要账务处理如下:

(1)为管理活动人员计提的薪酬,按照计算确定的金额,借记本科目,贷记"应付职工薪酬"科目。

(2)为开展管理活动发生的外部人员劳务费,按照计算确定的费用金额,借记本科目,按照代扣代缴个人所得税的金额,贷记"其他应交税费——应交个人所得税"科目,按照扣税后应付或实际支付的金额,贷记"其他应付款""财政拨款收入""零余额账户用款额度""银行存款"等科目。

(3)开展管理活动内部领用库存物品,按照领用物品实际成本,借记本科目,贷记"库存物品"科目。

(4)为管理活动所使用固定资产、无形资产计提的折旧、摊销,按照应提折旧、摊销额,借记本科目,贷记"固定资产累计折旧""无形资产累计摊销"科目。

(5)为开展管理活动发生城市维护建设税、教育费附加、地方教育附加、车船税、房产税、城镇土地使用税等,按照计算确定应缴纳的金额,借记本科目,贷记"其他应交税费"等科目。

(6)为开展管理活动发生的其他各项费用,按照费用确认金额,借记本科目,贷记"财政拨款收入""零余额账户用款额度""银行存款""其他应付款""其他应收款"等科目。

(7)发生当年购货退回等业务,对于已计入本年单位管理费用的,按照收回或应收的金额,借记"财政拨款收入""零余额账户用款额度""银行存款""其他应收款"等科目,贷记本科目。

(8)期末,将本科目本期发生额转入本期盈余,借记"本期盈余"科目,贷记本科目。期末结转后,本科目应无余额。

【工作任务8-13】

2020年12月26日,某事业单位发放管理人员工资30 000元,业务人员工资20 000元。

取得收入时,应编制会计分录如下:

借:业务活动费用	20 000
单位管理费用	30 000
贷:应付职工薪酬	50 000

(三)经营费用

经营费用是指事业单位在专业业务活动及其辅助活动之外开展非独立核算经营活动发生的各项费用。

本科目应当按照经营活动类别、项目、支付对象等进行明细核算。

为了满足成本核算需要,本科目下还可按照"工资福利费用""商品和服务费用""对个人和家庭的补助费用""固定资产折旧费""无形资产摊销费"等成本项目设置明细科目,归集能够直接计入单位经营活动或采用一定方法计算后计入单位经营活动的费用。

经营费用的主要账务处理如下:

(1)为经营活动人员计提的薪酬,按照计算确定的金额,借记本科目,贷记"应付职工薪酬"科目。

(2)开展经营活动领用或发出库存物品,按照物品实际成本,借记本科目,贷记"库存物品"科目。

(3)为经营活动所使用固定资产、无形资产计提的折旧、摊销,按照应提折旧、摊销额,借记本科目,贷记"固定资产累计折旧""无形资产累计摊销"科目。

(4)开展经营活动发生城市维护建设税、教育费附加、地方教育附加、车船税、房产税、城镇土地使用税等,按照计算确定应缴纳的金额,借记本科目,贷记"其他应交税费"等科目。

(5)发生与经营活动相关的其他各项费用时,按照费用确认金额,借记本科目,贷记"银行存款""其他应付款""其他应收款"等科目。涉及增值税业务的,相关账务处理参见"应交增值税"科目。

(6)发生当年购货退回等业务,对于已计入本年经营费用的,按照收回或应收的金额,借记"银行存款""其他应收款"等科目,贷记本科目。

(7)期末,将本科目本期发生额转入本期盈余,借记"本期盈余"科目,贷记本科目。期末结转后,本科目应无余额。

【工作任务8-14】

2020年12月26日,某事业单位对外开展服务领用库存物品30 000元。

领用时,应编制会计分录如下:

借:经营费用　　　　　　　　　　　　　　　　　　30 000
　　贷:库存物品　　　　　　　　　　　　　　　　　　　30 000

(四)资产处置费用

资产处置费用是指单位经批准处置资产时发生的费用,包括转销的被处置资产价值,以及在处置过程中发生的相关费用或者处置收入小于相关费用形成的净支出。资产处置的形式按照规定包括无偿调拨、出售、出让、转让、置换、对外捐赠、报废、毁损以及货币性资产损失核销等。

单位在资产清查中查明的资产盘亏、毁损以及资产报废等,应当先通过"待处理财产损溢"科目进行核算,再将处理资产价值和处理净支出记入本科目。短期投资、长期股权投资、长期债券投资的处置,按照相关资产科目的规定进行账务处理。

本科目应当按照处置资产的类别、资产处置的形式等进行明细核算。

资产处置费用的主要账务处理如下：

(1)不通过"待处理财产损溢"科目核算的资产处置

①按照规定报经批准处置资产时，按照处置资产的账面价值，借记本科目。处置固定资产、无形资产、公共基础设施、保障性住房的，还应借记"固定资产累计折旧""无形资产累计摊销""公共基础设施累计折旧(摊销)""保障性住房累计折旧"科目，按照处置资产的账面余额，贷记"库存物品""固定资产""无形资产""公共基础设施""政府储备物资""文物文化资产""保障性住房""其他应收款""在建工程"等科目。

②处置资产过程中仅发生相关费用的，按照实际发生金额，借记本科目，贷记"银行存款""库存现金"等科目。

③处置资产过程中取得收入的，按照取得的价款，借记"库存现金""银行存款"等科目，按照处置资产过程中发生的相关费用，贷记"银行存款""库存现金"等科目，按照其差额，借记本科目或贷记"应缴财政款"等科目。涉及增值税业务的，相关账务处理参见"应交增值税"科目。

(2)通过"待处理财产损溢"科目核算的资产处置

①单位账款核对中发现的现金短缺，属于无法查明原因的，报经批准核销时，借记本科目，贷记"待处理财产损溢"科目。

②单位资产清查过程中盘亏或者毁损、报废的存货、固定资产、无形资产、公共基础设施、政府储备物资、文物文化资产、保障性住房等，报经批准处理时，按照处置资产价值，借记本科目，贷记"待处理财产损溢——待处理财产价值"科目。处理收支结清时，处理过程中所取得收入小于所发生相关费用的，按照相关费用减去处理收入后的净支出，借记本科目，贷记"待处理财产损溢——处理净收入"科目。

(3)期末，将本科目本期发生额转入本期盈余，借记"本期盈余"科目，贷记本科目。期末结转后，本科目应无余额。

(五)上缴上级费用

上缴上级费用是指事业单位按照财政部门和主管部门的规定上缴上级单位款项发生的费用。

本科目应当按照收缴款项单位、缴款项目等进行明细核算。

上缴上级费用的主要账务处理如下：

(1)单位发生上缴上级支出的，按照实际上缴的金额或者按照规定计算出应当上缴上级单位的金额，借记本科目，贷记"银行存款""其他应付款"等科目。

(2)期末，将本科目本期发生额转入本期盈余，借记"本期盈余"科目，贷记本科目。期末结转后，本科目应无余额。

【工作任务8-15】

2020年12月25日，某事业单位上缴上级单位50 000元。

上缴时，应编制会计分录如下：

借：上缴上级费用	50 000
贷：银行存款	50 000

(六)其他费用

其他费用是指单位发生的除业务活动费用、单位管理费用、经营费用、资产处置费用、上缴上级费用、附属单位补助费用、所得税费用以外的各项费用,包括利息费用、坏账损失、罚没支出、现金资产捐赠支出以及相关税费、运输费等。

本科目应当按照其他费用的类别进行明细核算。单位发生的利息费用较多的,可以单独设置"利息费用"科目。

其他费用的主要账务处理如下:

(1)利息费用

按期计算确认借款利息费用时,按照计算确定的金额,借记"在建工程"科目或本科目,贷记"应付利息""长期借款——应计利息"科目。

(2)坏账损失

年末,事业单位按照规定对收回后不需上缴财政的应收账款和其他应收款计提坏账准备时,按照计提金额,借记本科目,贷记"坏账准备"科目;冲减多提的坏账准备时,按照冲减金额,借记"坏账准备"科目,贷记本科目。

(3)罚没支出

单位发生罚没支出的,按照实际缴纳或应当缴纳的金额,借记本科目,贷记"银行存款""库存现金""其他应付款"等科目。

(4)现金资产捐赠

单位对外捐赠现金资产的,按照实际捐赠的金额,借记本科目,贷记"银行存款""库存现金"等科目。

(5)其他相关费用

单位接受捐赠(或无偿调入)以名义金额计量的存货、固定资产、无形资产,以及成本无法可靠取得的公共基础设施、文物文化资产等发生的相关税费、运输费等,按照实际支付的金额,借记本科目,贷记"财政拨款收入""零余额账户用款额度""银行存款""库存现金"等科目。

单位发生的与受托代理资产相关的税费、运输费、保管费等,按照实际支付或应付的金额,借记本科目,贷记"零余额账户用款额度""银行存款""库存现金""其他应付款"等科目。

(6)期末,将本科目本期发生额转入本期盈余,借记"本期盈余"科目,贷记本科目。期末结转后,本科目应无余额。

项目小结

本项目主要介绍行政事业单位会计。行政事业单位会计分为行政单位会计与事业单位会计两大体系,是各级行政机关、事业单位和其他类似组织核算、反映和监督单位预算执行和各项业务活动的专业会计,是预算会计的组成部分。本章主要介绍行政事业单位会计的特点,并通过介绍其会计要素及会计账务处理过程来反映行政事业单位会计的特点。本章重点介绍的是事业单位的账务处理。

项目练习

一、练习固定资产业务处理

某事业单位,2021年5月发生下列经济业务:

1.建设部门将竣工的办公楼一幢,办理交接手续,行政单位凭"固定资产交接清册"及相关单证入账,造价1 800 000元。

2.经上级主管部门批准,购入电脑30台,每台购价10 000元,共计300 000元,已验收交付使用。

3.该单位用专项资金购买专用仪器一台,价款80 000元,仪器经技术验收合格,交付使用。

4.收到上级主管部门捐赠的一台复印机,价值18 000元,并支付运输费400元。

5.经主管单位批准,由外单位无偿调入本单位一批办公设备,价值50 000元。

6.单位出租某项设备,本月取得租金2 000元,价款已通过银行收讫。要求做出相关分录。

二、事业单位经济业务（一般纳税人）

1.收到财政拨入的事业经费补助250 000元。

2.购入生产用材料一批,价款20 000元,增值税发票上注明的增值税3 200元,材料已验收入库,货款通过银行转账支付。

3.出售非应税产品一批,收入180 000元,成本100 000元,收到不带息的商业汇票一张,面额为180 000元,期限为6个月。

4.旧电机报废,账面原值为30 000元,残值变价收入2 000元,已存入银行,用库存现金支付清理费用500元。

5.收到应缴财政专户储存的预算外资金收入52 000元,存入银行。单位预算外资金采用全部上缴财政专户的办法。

6.开展专业辅助活动取得的收入30 000元,款项已存入银行。

7.通过银行上缴本单位利润分成款给上级单位50 000元。

8.融资租入固定资产,应付租赁费100 000元。

9.拨给附属单位经费130 000元。

10.本单位职工800人,按每人每月5元计提职工福利费。

11.用固定资产对外投资,其账面价值25 000元,评估价23 000元。

12.接受捐赠图书一批,价值3 500元。

13.按规定提取医疗基金8 500元,其中由事业支出负担6 100元,经营支出负担2 400元。

14.按规定比例从当年结余计提职工福利费2 300元。

要求做出相关会计分录。